尹小俊　张春华　杨红娟／主编

The Exploration
of Qualitative Sociology

质性社会学的探索：
理论·方法·应用

Theory · Method · Application

社会科学文献出版社
SOCIAL SCIENCES ACADEMIC PRESS (CHINA)

学术顾问

任宗哲 陕西省社会科学院院长、教授、博士生导师。主要研究方向为行政管理学与社会保障学。在《光明日报》、《中国社会发展战略》、《社会科学》等杂志发表学术论文98篇，著有《市政管理新论》、《中国地方政府研究》等学术著作多部。

石 英 陕西省社会科学院副院长、研究员、博士生导师。主要研究方向为人口社会学。著有《陕西人口与人力资源开发》、《西安城市社会问题研究》、《贫困对教育的呼唤》、《贫困对健康的呼唤》、《新人才观与陕西人才强省战略研究》，主编《中国西北发展报告》（2012）等。

主要编撰者

尹小俊 陕西省社会科学院社会学研究所副研究员，质性社会学研究室主任，《质性社会学研究》（季刊）执行主编。主要研究方向为质性社会学、社会学理论。主持及参与国家社科基金项目六项。合作撰写《西部计划生育利益导向机制研究》、《贫困对健康的呼唤》等著作。

张春华 陕西省社会科学院社会学研究所助理研究员，社会舆情研究室主任。主要研究方向为网络社会学、社会舆情研究。主持、参与完成国家社科基金项目、省部级课题十余项。合作撰写《大城市卫星城研究》、《流动务工人口城市融入——评估·干预·反思》等著作。

杨红娟 陕西省社会科学院社会学研究所副研究员，社会政策研究室主任。主要研究方向为应用社会学、社会政策。主编《陕西人力资源和社会保障发展报告（2010）》、《社会管理创新25题：社会学与社会管理》，合作撰写《贫困对教育的呼唤》等著作，主持、参与完成十多项国家级、省部级课题。

为了中国质性社会学的发展
我们需要做些什么（代序）

  质性社会学到目前为止还不能说已经形成了一个完整的关于描述、分析社会关系和社会结构的理论体系。它的出现，既延续了社会学发生时期传统学科脉络中关于社会认识的理念，又包含了对当今主流社会学研究的反思。

  到目前为止，尽管对社会学的质性研究已经多少得到了学界的认同，但作为一门成熟的质性社会学，显然还远没有达成广泛的共识。这一方面是因为从事这一领域的部分研究者有感于传统社会学的"结构"束缚之"苦"，不愿意构建宏大的理论体系，不想再为质性社会学的发展制造新的知识"牢笼"；另一方面，也是因为对于这个分支学科还缺少深度的理论探讨和实践上的不断反思，学科积累还显薄弱，倡导质性社会学的表达条件也还没有成熟。

  客观地说，对社会的"质性研究"或"质的研究"在国外学界已有较成熟的发展，它涉及多门学科知识的融合。如果要归纳出质性社会研究的核心理念，那就是脱离实证主义研究取向，转向解释、建构知识的立场，从人们的经验感受和日常互动中寻求了解和解释"社会是什么"的问题，以及这些问题是如何发生和建构的。社会学的质性研究为认知人的行为、互动关系以及人类社会提供了宽广、丰富而又不同于传统社会研究的视角。

  中国的社会学界从它的发生之日起就自觉和不自觉地参与到社会质性研究或质性社会学的建构中。在此尤其需要指出的是，在中国社会学成长的关键时期，以费孝通先生为代表的中国社区学派便体现出十足的质性研究的味道。中国社会学的前辈们，以志在富民、文化关怀、深入田野、自我反思的学术传统为志向，融合人类学、民族学知识，无论在解决中国实际问题，还是在推动社会学学科建设方面，都作出了具有里程碑式的贡献。这一社会学发展的学术脉络，也影响和培育了中国社会学界的人类学、民族学、社会学之间的密切逻辑联系和相互融合的基础。

质性社会研究发展到今天，迎来了质性社会学建立与成长"因缘具足"的时机。在这个时期，对社会的质性研究成果日渐增多，需要寻求某种综合认识和提高质性社会研究的呼声渐渐高涨；反抗社会学界实证主义"霸权"的意识也日渐抬头；人们意识到传统研究取向对质性社会研究的发展带来了不少障碍；关键的一点还在于，随着社会质性研究的逐步成长，尤其是质性社会学的提出，相关的研究者已经感受到学科发展需要跨界的对话、积极的实践和理论的建构。

综观目前社会学的质性研究或质性社会学的状况，可以发现如下的欠缺：其一，虽然质性研究逐步成为社会科学研究的关注点，但自觉地站在社会学质性研究的立场，运用质性社会学分析范畴的研究成果还不多见；其二，社会学质性研究成果中更多的是围绕较边缘的社会领域，其成果形式和数量也还未被纳入社会学研究的主流；其三，质性研究方法还远未成熟，分析工具过于简单；其四，一些学者更多的是将质性研究当成工具，而缺乏方法论的反思。

建构质性社会学分支学科，就要有自己的分析术语，而不能被禁锢在定量研究的语境和话语体系中。要培育质性的思维，而不是用二元对立的观念去看待世界。更要关注日常生活，由体验、感受事件去发现认识社会的线索，由经验论的立场去分析社会。

质性社会研究一定涉及知识的生产。对于这个过程，归纳起来大致有两大取向，其一是"协调派"，依附于主流的概念和思维阐释质性研究；其二是"对立派"，强调定量研究与质性研究间的不可通融性。无论怎样，为了质性社会研究的发展，可遵循以下策略。

策略一：重新理解"社会"。随着"社会"被概念化，它所强调的不单单是一个整体的意义，而是"本质"性特征。人们的思维被固化在这样的词语中，而很难探索社会的结构化过程。正是如此，定量思维才有了活跃的学科空间，而质性的观念被置于另类的位置。不解构习以为常的"社会"的存在，就很难突破已经建筑起来的"概念牢房"。

策略二：不拒绝数字。质性社会研究并非要拒绝对数字的使用，并非意味着不要数字、量的描述。不然，它很可能成为制约自身发展的包袱。数字其实也是一个"质"的符号，其真实的意义还要在各元素的交互作用中得以体现。在这里又不得不感谢从事定量研究的输出者，他们对定量研究的反思与走向精致化的过程，给质性研究者带来了新的启示，促使质性研究者理解对方的观点，反思自身。

策略三：横跨超越的胆识。质性社会学不应追随传统社会学定量方法一味迷恋社会发展的规律和普遍的准则及"莫须有"的"客观性"观念，而需要积极地回应来自这些危机的挑战，重新认识经验的价值，聚焦于社会的细节，而不是统一的、完备的概念，重新分析不确定的社会现象及其知识，重新认识社会。

策略四：搁置以往的概念。这是常常采用的方法，比如将"结构"变为"结构化"，将"差异"变为"延异"，将"性别"变为"社会性别"，将"抽样"变为"理论抽样"，将"效度"变为"实践效度"，等等，体现的是对原有意义的发展与重新解释，使其更能反映社会现象，令传统词汇充满新的解释力。另外，过度引用外来理论和方法，脱离文化联络、情境，过度局限在定量思维的构架内修正方法，只通过"技术化"结果完成建构，也是不可取的。只有借鉴"以熟换生"的办法，才能发现新的成长点。

策略五："内观"而非"俯视"。由外而内、由上而下的视角是很难理解质性社会研究的追求和目标的。质性社会研究要立足于人的经验、感受，从本土的知识中提炼相关的理论概念，这是一项很重要的实践活动。质性社会学的发展要有多区域、多文化的视角。将中外质性研究的结果进行比较，深度研究本土经验和对定量研究展开反思都是深化质性社会研究的有效方法。

为了中国质性社会学的发展，第一，需要对经典/传统社会学思想体系和已经形成定式的多元质性研究实践展开反思性讨论。在建构中国社会学质性研究方法特色的过程中，要将多元的本土经验作为知识生产的基础。第二，探讨社会学质性研究方法离不开对作为其存在背景的不同社会学理论的理解与阐释，也需要在大量实践经验/案例和文献成果分析和比较的基础上才能提出社会学质性研究体系的主张。第三，既然社会学质性研究是认识社会的另一种取向，也就存在有别于其他社会学理论流派的不同研究方法。它在知识生产中更强调建构性、权力关系，不拒绝"整体"、"科学"，但更热衷于感受和经验。第四，要有去"西方化"、去经典社会学"中心化"的勇气。社会学领域，其基本分析范畴和知识生产中的权力关系，大都由"西方"控制，同样，传统社会学的定量研究也以"规范"标榜，成为学术主流。开展社会学质性研究可以扩展到定量研究无法触及的领域和主题，丰富与发展中国的、属于人民的社会学。第五，中国社会学本土资源中具有"通融性"的特征，这正是挖掘"质性研究"的文化优势。在此基础上，提出建立中国质性社会学分支学科体系的主张。为了实现这样的理想，重要的工作是：

其一，梳理社会学研究的理论脉络。阐释中外不同历史时期、阶段社会学研究的流派、理论体系；厘清社会理论与社会学理论、社会研究与社会学研究的取向差别；探讨社会学理论与社会学研究方法的关系；区分社会学定量研究方法与社会学质性研究方法在理论背景和取向上的差异。

其二，分析社会学质性研究的基本理论、概念与方法。回顾经典/传统社会理论、后现代社会理论与质性社会研究的关系；整合人类学、现象学、符号学、精神分析、批判理论与质性社会研究；分析质性社会研究的基本方法/工具及其优势与局限；提出社会学质性研究过程中的价值观与伦理。

其三，分析基于本土经验的社会学质性研究案例。以中国本土质性社会研究的经验为主线，结合本研究团队以往从事质性社会研究的经验展开讨论与分析。归纳质性社会研究的方法论，包括东方传统文化中的社会观、参与性、建构性、实践性理念等；总结质性社会研究实践，包括人类学、民族学取向的社区研究、社区发展实践等；分析质性社会研究中的方法（工具/技术），将研究重点集中在个案深度访问、焦点小组、行动研究、影像发声等方法讨论上；探索质性社会研究结果的呈现方式，包括不同年代的研究结果的"再现"与文本书写等。

其四，跨国界、学界、方法和使用工具/技术的比较分析。将后现代社会学与传统社会学的理论与方法进行比较，揭示它们在方法论和具体方法等方面存在的差异，进一步明晰社会学质性研究的特征。将社会学、民族学、语言学、教育学、心理学等不同学科的质性研究方法进行比较，发现质性研究方法在各自领域的成就及可能互补的前景。将定量研究与质性研究方法进行比较，梳理二者在不同研究领域和对象上存在的优势和需要警觉的地方。对质性研究的具体方法进行比较，反思在实践语境下工具使用的差异性。

其五，总结社会学质性研究方法。尝试提出社会学研究中视域融合的理论构想；提炼描述社会学质性研究方法的基本理念、核心概念、关注领域和应用空间；揭示质性研究方法在社会学研究中的潜力、局限与创新点。

其六，阐释质性社会学的理论体系与实践方法。从质性社会学学科建设的角度，探讨质性社会学的理论基础、理论建构，揭示质性社会学的理论倾向；描述质性社会学的核心概念、议题和重要方法；提出建立质性社会学分支学科体系的主张。

其七，倡导质性社会研究实践。鼓励学界勇于跳出定量研究的"藩篱"，应用质性社会研究的方法开展研究实践；即使在定量研究占据主流的背景下，在实践中也将培养持有"质性"思维和情感投向社会的"质性情怀"，探讨质性社会学的健康发展之路。

与其在原有的社会学理论空间内生产质性社会学知识，不如创立质性社会学研究的新空间。希望关心中国质性社会学发展的同仁能通过这本《质性社会学的探索：理论·方法·应用》打开交流的大门，建立起更广泛的联系，为推动中国质性社会学学科建设添砖加瓦。

目　　录

质性社会学的实践及其印迹

Contents

The Practices of Qualitative Sociology and Foot Prints

质性社会学的脉络
及其基本论题

构建"质性社会"与社会学的使命

在各种社会思潮的裹挟下,人们对"社会"的理解已经越来越偏离社会的本质。即便是在社会学界,受到各种学术理论的支配,"社会"也已演变为受权力影响的不同的知识图式。更有甚者,一些研究社会的知识已经不再关心社会及其建设,而只关心研究者生产知识的权力,关心学术游戏下的自我欣赏,社会已经被解构为关于个人兴趣的知识。事实上,不少学者在何谓"社会"的问题上语焉不详,从个人的爱好和利益诉求出发,自我意象式地界定社会学。可见,社会学作为建设健康社会的学术力量需要不断地自我完善,以实现其使命。

一 社会发展的呼唤

社会是由什么构成的,从根本上说是由各种关系构成的,尤其是人与人、人与物的关系。追根溯源,正如鲍曼曾指出的那样,"'伙伴关系'、'同他人友好或亲密地交往'是'社会'这个单词最古老的意义。"社会是由不同的知识建构,并通过不同视角下对社会的理解与阐释呈现的。正因如此,人们期望社会有序发展,在经过积极的理论探讨之后,才有了以追求社会良性运行为对象的社会学研究。现今,社会发展又提出了新的课题,在人们的物质欲望不断被满足、期待道德价值回归、情感、幸福、和谐的话语越来越多之时,社会学研究再次面临新的考验。

曾几何时,在商品、市场、消费等利益的驱使下,一些社会研究非但没有体现出本该具有的人文关怀,相反,却与市场"共谋",以扭曲的社会知识刺激着人们的物质欲望并转化为一股巨大的社会推力。于是,人们在消费

3

主义价值观的规训下，自觉地接受用物质财富数量的增长衡量社会的进步与发展，"GDP 思维"、高速发展的欲望、物质消费价值取向被一味地吹捧和推广，甚至将生活的虚幻多彩和物欲下的丰富生活误认为是一种正常状态，而对由此引发的社会风险却看成是一种偶然或反常。然而，事实已经证明，社会财富量的增加，如果没有正确价值观的引领和有效的社会管理，人的欲望会变成一匹脱缰的野马，诚信危机、道德滑坡、腐败现象和社会认同的迷失等就会成为难愈的痼疾。调整社会结构重要的一环就是发挥社会价值观的引领作用，积极地实施心灵建设，对于这点，过去恰恰被我们忽视了。于是，社会知识不仅没能起到优化人与人关系、搭建心灵平台的作用，反而，正在不断地侵蚀着社会共识的基础。这也多少印证了一些学者对当下社会学发展的某种判断，"由此看来，此时此情此境下重提'社会学危机'，或许对于中国社会学的发展具有特别的意义。"

社会的知识在于理解社会，更在于建设社会。认识社会或者说获得对社会较为合理的解释，就要求在研究取向上有根本的转变，"以更具创造性和建设性的方式从其他学科的发展中吸取经验，将使我们重新关注以身体化方式存在于这个世界的真实的人类的社会学意涵"。由于"社会生活本身归根到底是一切社会知识的来源"，这样，社会学知识就需要从人们的生活经验中提炼，在人们对过去所作所为的反思中获取知识，围绕现代化危机、社会道德缺失和社会管理困境对"为什么"和"怎样做"的问题进行深度探究。这种探究将会导致对所处社会面临的主要问题与挑战的批判性反思，也会激发出超越过往经验、实现社会良性运行的社会建设思路。正是在这样的背景下，已有的社会知识非但不能继续成为引导社会发展的力量，也无法应对过往一味追求"量"的发展目标，以及满足物欲奢华而带来的"量化社会"的各种挑战。社会发展正大力呼唤着被遮蔽的社会知识，人们也开始寻找新的发展路径。这时，追求社会有质量的发展的质性思维和质性取向出现了，而这也意味着"质性社会"追求的来临。

二 "质性社会"及其特征

社会是一个连续的、不断变化的过程或结构流变体。人们对它有"原始"与"先进"、"传统"与"现代"、"技术"与"信息"等多种分类。但无论怎样，其结果并不能在真正意义上回应人类生活是否更加幸福，社会关系是否更加和谐，社会结构是否更加合理以及社会文化是否更加成熟等问题。对此，社会学也一直缺乏理论的说明。而"质性社会"为阐释与实践这一目标提供了社会学的见解。

社会在经历了不同的历史发展阶段后，以现代化社会知识范式为特征的"工业社会"、"技术社会"或"信息社会"已经为人们认同。其实，这些以物质增长为追求的"数字化社会／量化社会"也面临着巨大挑战。伴随现代社会的发展在其内部也出现了反现代性的声音，而后现代社会理论的兴起正代表了这股新的思想势力和社会知识体系的抗争。它们清醒地看到，"追求数量增长的社会"尽管创造出技术的广泛应用和物质的空前繁荣，然而，不断出现和蔓延的现代性后果，已经宣告社会"量"的增长引发的多重危机，由环境危机、金融危机到技术危机，逐渐延伸到社会管理危机、制度创新危机，甚至最终导致人的危机。一句话，"量"的增长并不能丰富人的心灵需求，化解人与人之间的紧张关系，更无力回应社会发展对"质"的要求。量的增长不但没能减少社会的不平等，相反，却造成经济空间、社会空间、制度空间与文化空间呈现出扭曲下的不和谐，社会及其管理面临来自发展的诸多挑战。正是在此背景下，人们对以经济和物质量的增长为取向的社会发展模式提出了质疑，开始渴求多样化、多层次的发展，寻求"高质量发展的社会"。最终，以"质性社会"为取向的社会发展需求终于"破土而出"。

"质性社会"是一种关于社会如何发展的概念诠释，也是为切入社会发展而作的理论铺垫。它的基本态度是，未来社会发展的核心，将不再以加快经济增长为最重要目标，而是以增加人的和谐幸福，完善社会关系，优化社会结构为其根本目的。"质性社会"是"量化社会"进一步发展的产物，换言之，"量化社会"的逐步终结必然导致"质性社会"发展阶段的到来。"质性社会"以人文关怀为中轴，围绕社会的不同层面和领域开展实践活动。第一，质性社会的根源。这一新的社会关系的产生是社会结构动态因素和文化规范形塑的结果，是人们生活品质和精神状态的反映。质性社会并不是一种纯粹的、与物质财富的量增为对立面的社会形态；第二，质性社会的结构化。人们在社会互动中，主体能动地逐渐明晰了关于社会的不同知识、获得追求社会认同和精神满足的能力和愿望，并且这种知识与能力根据不同阶层所处社会位置的不同而在社会行动中呈现出差异、竞争与互惠；第三，质性社会的后果。这一类型的社会将有效调节和良性控制人们的行动，从而对实现社会和谐发展产生积极影响。

"质性社会"是一个立足于重建良性社会关系的社会。它不再依赖以技术的绝对推崇和对自然的无限开发来累积社会财富，也不再以物质生产为中心刺激人类欲望无休止的膨胀。相反，它以"物"的增长为前提，也汲取了追求"物"的增长的教训，在社会管理中嵌入了提升社会质量的因素，关心社会良性运行的机制设计，在社会结构和社会关系中更突显公平与和谐的要求。"质性社会"将人文关怀置于重要的位置，促进公民意识与公民道德的觉醒，追求生活的幸福，强调核心价值观建设与优化社会结构、创新社会管理与弘扬优秀文化的内在有机整合。

"质性社会"隐含着一种对"增长"的制约机制，以防止社会的"断裂"。以往社会的发展强化的是人与人之间的竞争。因此，在物质丰裕的同时出现了难以想象的文化匮乏，与欲望相比，道德价值失去了它应有的位置，与需要相比，一切资源都是应该占有的。"质性社会"则不同，它在社会资源的配置上更在意公平，在社会权力运作中更体现正当性，在人与人的关系上更强调和谐，在价值观的选择上更倾向人文关怀，在社会文化建设中更追求认同，与自然的关系中更注重亲和。的确，真正的富有其实不是物质财富的膨胀而是精神的充裕与满足，而真正的远离风险不是所谓的安全而是心灵的平静与柔软。"质性社会"以有限的欲望和最大化的公正为制约机制，其功能是改变量的增长的发展逻辑所带来的不良后果，从而将注重"量"的社会建设转化到提倡"质"的社会建设上。从而减少了社会运行的脆弱性，降低了社会风险的发生。

阐释"质性社会"的意义还在于要建设一个人与人良性互动的新平台。为此，它强调社会成员的心灵建设，促进社会关系的重构，以及在时空转换下帮助人们获得文化和社会身份的认同，推动社会发展步入和谐、和睦、包容有序的状态。第一，它强调社会意识形态与价值观在社会良性运行中的作用。它满足、回应和引导人的生活价值，将人的心灵建设置于优化社会结构、协调社会关系、完善社会建设的核心位置。而这些，恰恰是以往社会学和社会管理在理论和实践层面所忽视的，之前它们更多地关注社会群体、社会分层和资源配置，而弱化了社会的文化认同、价值观的影响对社会和谐的挑战。第二，充分激发和调动社会动力，对社会建设提出了更高的要求。社会的发展包含竞争与效率的因素，但更要为促进"以人为本"服务。如此，社会政策要体现出社会的"激活"功能，减少社会面临的各种脆弱性，化解各种原因导致的社会风险。同样，社会管理必须与"公平"相连接，公平的社会才是人们追求的社会，也是激发公众参与社会、政治、经济和文化活动的强大动力。第三，包容性发展成为社会建设的关键。社会发展存在着不确定性，而心灵建设为人类开发应对不确定性的智慧提供了极大的可能。我们的时代不缺少技术，也不缺少利用权力获取资源的能力，但缺少的是包容的态度，这是一种追求社会和谐的大智慧。"质性社会"及其建设的策略显然需要全新的社会知识作为支撑，这就使得质性社会学有了"用武之地"，也为诸多有志于从事质性社会学研究的学人提供了构建和创新社会研究新知识的良机和平台。

三 质性社会学研究体系

质性社会学是对追求"质性社会"建设的一种理论关怀。这一研究将进一步加深人们对当今社会的理解，包括对社会关系、社会结构的认识，以及社会发展前景的判断。质性社会学是指将有关"质性"的相关理论纳入社会学知识体系中，把"质性"作为社会学研究的基本原则和出发点，从某种意义上也可以说，它是研究"质性社会"的一门科学。

质性社会学是关于人们对社会理解的科学。它既带有本体论的特征，又具有目的论的取向。前者说的是社会的本质，即一个社会的精神气质、文化脉络和历史积淀。无论社会发展的内在逻辑怎样，良性运行的社会一定具备社会管理上的高质量，社会生活上的高质量，以及社会价值的高质量；后者说的是社会发展的目标追求，即一个社会的发展方向和社会的理想。和谐、健康的社会一定是人们在物质财富与精神需求上均衡地得到满足，社会公平与正义在制度层面与人际层面得以实现，人与自然的关系更加体现共生与和谐。只有这样理解质性社会学研究，才可以说社会学在践行着自己的使命，社会学研究才终于有了"回家"的感觉。

质性社会学既是理解为什么在社会现代化过程中会发生由"量"到"质"的转变，也是阐释社会将如何发展，以及可能的努力途径的学问。质性社会学明确地意识到，过往社会和现实社会的最大不同之处在于追求的不同，即对"量"和"质"所持有的态度不同。前者以社会发展物质财富"量的增长"为关怀重点，而后者更重视对社会发展中以"质的追求"为目标的人文关怀。由此，质性社会学在研究中更强调不同的文化价值对经济制度、社会关系和社会结构建设的不同影响。

质性社会学围绕上述核心议题，派生出一系列理论概念。其中"量的增长"和"质的增长"就是一组重要概念，它围绕"量化社会"和"质性社会"建立了质性社会学研究的最根本的轴心；"聚合"与"离散"也是一组重要的分析概念，它构成了对社会关系过程和社会结构的动态认识基础；"定性"与"定量"等传统概念在这里被赋予了新的内涵，其中，不仅表现在对具体方法的反思，更将影响社会变迁的"质"的要素给予了更多的关注；"事实"与"建构"的冲突也是不能不提到的，物质的、量的增长作为社会"事实"的确存在，然而，这种"事实"只是建构在数字之上的"虚像"，真正影响"事实"的是回归人类本该守望的精神家园；"物质"与"情感"是对物质支配一切思维的再思考，社会情感的研究成果已经回答了人们对一味追求物质增长的质疑；"快乐"和"痛苦"在本质与"现象"上是分离的，物质上的增长与享受，带来的是表象的"快乐"和根本的"痛苦"，而追求终极的"快乐"才是最大的"解脱"和快乐。质性社会学存在的价值就是要对社会的良性发展给予建设性的思考，要体现人文关怀和文化自觉（费孝通，2004）。

质性社会学也看重文化因素在社会结构流中的作用。作为人类关系基础与结果的话语，作为人性发展产物与过程的情感，作为终极关怀的道德和宗教，共同构成了质性社会学的重要分析范畴。除此之外，质性社会学学科体系建设还应包括，质性社会学的理论、研究方法和特征；"质性社会"的社会学意义，"质性社会"在社会文化发展脉络中的地位和功能；"社会"及"质性社会"的历史发展过程，"原始社会"、"农业社会"、"工业社会"、"后工业社会"和"质性社会"的建构；"质性社会"运行的机制分析，影响因素、结构化、制度化及其社会互动机制；质性社会学的基本理论问题、核心概念与关注领域；质性社会学的历史追溯，质性社会研究的兴起与发展，质性社会学的形成，质性社会学发展脉络、挑战及其态势，以及相关案例研究等。因此，应该"在理论取向、理论建构模式、理论论述方式以及方法论等方面，有新的突破和新的创造"（高宣扬，2005），以此满足学科建设的要求。

质性社会学研究体系既产生于对社会发展历程的反思，也产生于对社会学发展与前途的高度担忧与关注。我们知道，对质性社会学在学界还存在这样或那样的议论：质性社会学研究意味着对抗传统的社会学体系？或者说，质性社会学要取代一些已经成熟的定量社会学研究？质性社会学研究同定量的社会研究究竟有何区别？是相互排斥，抑或相互兼容？社会发展是技术取向、经济取向还是文化精神、社会建设优先，哪种力量控制着社会的发展，为什么会是这样？不同取向的"社会"是怎样被建构起来的，它们在知识再生产中的地位如何？社会如何建设才会更加美好，"质性社会"的构想能否在理论层面承载这一使命？质性社会学是否有必要产生自己独有的研究方法，已经成熟的社会科学研究方法如何能有效地纳入质性社会学的"工具箱"？这些问题的提出是对质性社会学研究的一种响应，为质性社会学研究体系的建立提供了建设性的探索方向。

四　质性社会学研究取向

亟待开展的质性社会学研究实际上是一项多维视角融合的系统化研究。这项研究既要有当代理论的支撑，亦需具备历时性的视角。同时，质性社会学研究还怀着强烈的反思取向，自觉地从反身性的维度思考质性社会学理论与实践的互动状况，并在此基础上，力求结合传统文化背景，体现质性社会学与地方性知识相互勾连而形成的文化独特性。尤其值得一提的是，它尝试使用一些本土语境下的传统概念回应与西学相对应的话语体系与分析框架，以反映东西方不同思维解读方式带来的结果。可以说，质性社会学研究取向越来越具有自身的特色。

第一，重新整合质性社会学的差异性叙述话语和多维解读视角，为建构质性社会学研究体系奠定基础。目前，对质性社会学的理解，侧重于从方法论甚至仅仅是方法的角度进行阐释，多少缺乏理论自觉、文化自觉与社会关怀的意识。其实，质性社会学研究试图创建的注重理论导向及其运用、兼顾方法与方法论的探索，强调社会价值与社会实践的统合，具有超越"方法式视角"的思维取向，从而探讨质性社会学研究体系的基本架构和思考路径。

第二，提倡以"共生性"和"包容性"的思维，切入到质性社会学研究与量化研究的互动比较过程之中。一方面，质性社会学与量化研究并不是简单对立统一的关系，而是处于一种共生的状态。质性社会学也需要带有数字符号的潜在象征意义，这是合理放置量化研究的一种表现，更成为这一共生关系的最好注脚。另一方面，质性社会学通过社会学的想象力，打破了传统宏大叙事与微观分析机制之间的限制，填平二者之间的知识鸿沟，实现了另一种意义上的"包容"，在这种状态下，质性社会学的解释力得到进一步扩大。

第三，学会以倾听的态度嵌入质性社会学研究历程，这是推进东西方文化互动对话的条件与基础。现有的质性社会学研究脉络，仍然停留在现代社会科学体系的整体框架下，甚至更多表现的是西方文化及其研究传统的延续和扩散。在质性社会学研究体系看来，东方文化在实现质性社会学本土化过程中一定会扮演关键角色，它在与西学互动的基础上定会消除那些"舶来品"带来的不适感。这一取向将有助于摆脱社会学学科发展过程中社会知识"霸权"的"桎梏"。

质性社会学研究自诞生起就有着兼容并蓄的特质。在质性社会学的研究体系中，诸多学科的知识与思考路径不同程度地皆有所体现。它之所以能保持不断创新的活力和生命力，主要得益于其内部不断涌现的"研究冲动"，由质性社会学知识的"消费者"转变为知识的"制造者"、"分享者"的强烈愿望和学术追求。在具体实践中则表现出对研究语境、研究方法和文本呈现等领域的努力探索。

一是研究语境的创新。质性社会学本土化，一定意义上，即质性社会学的中国研究，它是与中国传统文化紧密结合在一起的。质性社会学本土化的发展过程必然与社会学中国化的发展阶段相互对应。国内社会学的发展已充分表明，社会学是与人类学、民族学等多个学科的研究相互交叉、互动融合的。在某种程度上，它们不能被单独切割、分离考量，必须整合起来一起思考，这一点与国外质性社会学存在明显的不同。

二是研究方法的创新。理论研究，更侧重于强调概念的哲学演绎和理论的反思呈现。这样反而容易导致"遮蔽"质性社会学的研究路径，以致出现混淆和模糊的结果。质性社会学历史起源的特性，需要结合经典个案和历时追溯研究，以完整展现质性社会学研究方法的发展轮廓。通过对话交流、访问座谈等研讨方式的引入，改变以往研究的固定思维模式，以个案的深描来丰富质性社会学传统研究方法的单调程式。总之，原有的质性研究单一线性切入路径会逐步向质性社会学研究的立体化思考方向转变，研究方法将实现多元融合。

三是文本表达方式的创新。它强调的是一种文本呈现方式的创新。理论文本、个案实践文本、影像/图片文本等不同形式的文本承载着除已被公开的"跃然纸上"的共同性知识外，还有基于社会个体经验的感受和认识体会。要想获得日常生活世界的实践知识，需要依靠文本内隐含的知识，超越文本外在形式的约束，突破文本自身的特质和社会结构特征，逐步"还原"和"修复"社会事实。

构建质性社会学研究体系不仅要有本土化的经验，还要有全球化的视角。是社会学及其他学科研究的成果为质性社会学研究体系的建构提供了丰富的资源，是社会发展和世界格局的变化为建构质性社会学研究体系提出了要求。质性社会学研究及其体系建构正是为了用理论的思考和有效的行动来回应社会发展面对的挑战。

五　社会学的使命

"质性社会"是社会知识建构的产物。作为新的社会研究与社会实践的核心概念，更体现了一种来自社会学研究体系的实践延展和深度思考。这一知识体系是在对以往关于社会的知识理性巡视与深切反思后提出的。社会学研究要体现社会关怀，面对社会结构分化、利益诉求多元、社会矛盾凸显和生态环境危机等社会问题，对以追求社会和谐、促进社会发展为目标的社会学研究者来说，亟待更加积极的回应，而寻求建构"质性社会"的目标与实践无疑体现了社会学的使命感。

面对社会的深刻变革，以及已经感受到的和可能遭遇的各种风险，实在期望人们具有无常和危机到来前的深刻反思。当人类社会经历了以物质数量增长为追求目标的不同时期后，是否能重新唤起自己"童年的记忆"、美好的生活及心灵的关怀畅想，这些因素决定着能否超越"量"的社会发展，进入"后量"的社会，或称为"质性社会"，即以追求社会质量为发展目标的社会。

社会学研究一定要及时回应社会发展面临的需求。胡锦涛总书记不久前提出了党面临着"执政考验、改革开放考验、市场经济考验、外部环境考验"四大考验和"精神懈怠的危险，能力不足的危险，脱离群众的危险，消极腐败的危险"四大危险。的确，改革开放以来，我国持续30年的经济高速发展，人民生活水平有了显著的提高。但是，也存在一些问题，贫富差距加剧；环境污染严重；政府在社保、医疗、教育、住房等方面投入大量资源，但离人民群众的期望仍有距离；社会治安形势严峻、道德缺失；有些党员干部理想信念动摇，精神萎靡不振；脱离群众、脱离实际，不能了解群众疾苦，把为人民服务的宗旨当成空洞的口号；贪污受贿、买官卖官、公款吃喝、铺张浪费、官僚作风，等等。面对骄人的发展数字，却出现了一系列的社会问题。这些其实都是社会在其运作中"质"的方面出现了偏差。社会学研究一定要勇于挑战这些问题，以不负社会学及其研究者的使命。

在社会学学科体系中增加质性社会学这门分支学科，对促进中国社会学的本土化、对促进社会和谐发展都有积极的意义。第一，话语权是能力和勇气的体现，将对社会重建的关怀写进社会学，纳入其知识体系中，以学科的形式和具体的实践表达出来本身就是不可或缺的任务。第二，要重视质性社会研究的存在价值，它的知识来源于社会生活实践，在体验和观察互动中积累汇聚，不能"坐而论道"、"高谈阔论"，用"俯视"的眼光丧失对"人心"的关怀，脱离培育质性社会研究的生长基础。第三，对质性社会研究的关注是人们对社会发展终极关怀和理性批判之后引发的结果，也伴随着对社会学学科发展危机的忧虑与反思。社会发展面临着诸多的风险，使社会越来越多地充满着不确定性，解决回应这些问题已成为社会建设的要求。所以，质性社会研究需要更多地体现出社会学研究者的社会责任感和使命感，并使其研究工作融入到实际的社会生活实践中，成为促进社会发展的推动力。唯有立足于人民的社会学才能永葆活力，承载社会重任。

总之，质性社会研究的目的在于回应社会建设中出现的问题。同样，正是由于人们对精神家园的呼唤才有了对"质性社会"的追求，也才有了质性社会学的产生。构建与发展"质性社会学"既是丰富社会学理论、拓展社会学分支学科的要求，更是以建设和谐社会为己任的社会学及其研究者责无旁贷的使命。

（作者　江　波）

参考文献

肖瑛：《回到"社会的"社会学》，《社会》2006年第5期。

鲍曼：《被围困的社会》，郇建立译，江苏人民出版社，2005。

肖瑛、曾炜:《中国社会学理论与方法研究:挑战、危机和超越的寻求》,《社会》2007年第2期。

菲利普·梅勒:《理解社会》,赵亮员等译,北京大学出版社,2009。

费孝通:《费孝通学术文化随笔》,中国青年出版社,1996。

黄应贵:《反景入深林:人类学的观照、理论与实践》,商务印书馆,2010。

贝斯特、凯尔纳:《后现代理论:批判性的质疑》,张志斌译,中央编译出版社,2001。

《质性社会》,《质性社会学研究》2010年第3期。

石英:《社会学视野下加强和创新社会管理的三个层面》,杨红娟、尹小俊、张春华主编《社会管理创新25题——社会学与社会管理》,中共中央党校出版社,2011。

高新民、储昭华:《心灵哲学》,商务印书馆,2002。

《质性社会学》,《质性社会学研究》2011年第2期。

陈向明:《质的研究方法与社会科学研究》,教育科学出版社,2000。

迈尔斯等:《质性资料的分析:方法与实践》,张芬芬译,重庆大学出版社,2008。

范明林等:《质性研究》,格致出版社,2009。

马茨·艾尔维森等:《质性研究的理论视角:一种反身性的方法论》,陈仁仁译,重庆大学出版社,2009。

文军等:《质性研究概论》,北京大学出版社,2010。

《聚合－离散论》,《质性社会学研究》2010年第4期。

费孝通:《论人类学与文化自觉》,华夏出版社,2004。

高宣扬:《当代社会理论》,中国人民大学出版社,2005。

德内拉·梅多斯等:《增长的极限》,李涛、王智勇译,机械工业出版社,2006。

易中天:《艺术人类学》,上海文艺出版社,1992。

张江华等:《影视人类学概论》,社会科学文献出版社,2000。

质性社会学：
知识社会学素描

　　本文透过知识社会学的研究视角，力图重述和还原质性社会学的建构历程，其中重点阐述了"质性知识"的缘起、运转及其变迁的过程，并在其实现本土化和学科化的过程中，注入了诸多差异性的理论元素，希望为后来的学人提供一个可供借鉴的知识框架和思考蓝本。

一　从"域外知识"到"知识本土化"

　　"质性社会学"在国内学术界很少被提及，这一知识话语体系明显缺乏有影响力的主流化声音，却更多地被置于"质性/质的研究"这一过度泛化的社会科学研究领域层面。同时，近年来，诸多被推荐和热卖的质性研究类书籍依然偏重于围绕质性研究方法及其方法论进行介绍，缺乏从一种笼统的、模糊的社会科学研究范式回归到围绕社会学思想发展谱系的主题进行思考，而这正是"质性社会学"这一分支学科所具有的天然使命和内在价值所在，但现在距离该目标还有不少路要走。作为一门宏大学科的一个重要分支来说，质性社会学不仅要思考如何立足学科自身、扩大学术影响力，更应在整个社会科学体系中增加话语权，同时也面临着怎样促使其本土化，适应不同社会—文化语境的问题，因为唯有学科真正实现了在地化、落地化，才有利于其扎根本土，真正达到理论内生的持久状态，从而保持其理论内核的解释力和生命力，并使这门学科最终迸发出长久的知识效应和现实影响。

　　总的来看，要努力通过对质性社会学的深入研究，将目前尚处于概念模糊认识阶段的社会学"质性"概念引入本土学人的研究视野，并在历史脉络中澄清何谓"质性"概念的同时展现其对社会认知带来的"附带后果"，尤其是面对推进社会学如何从定量—定性同构阶段迈入质性的研究阶段时。更为重要的是将"质性社会学"作为一个类似学科化体系的概念提出，尝试从该角度回应社会理论及其实践中面临的种种难题和遭遇到的困境，指明不同学科皆有其本土化问题，学科分支亦是如此。当研究进入到质性社会学本土化时期，需要为其寻找历史—文化根源，这属于开创性的工作，也是填补质性社会学学科体系建设空白而做的基础性工作。因此，面对本土化过程，需要厘清三方面内容：第一，质性社会学本土化过程中的研究必然带有浓郁的文化色彩，而本土化的过程也是挖掘本土人文资源使其发扬光大的过程，亦将丰富质性社会学研究对象及其内容种类，完善和丰富质性社会学区域性研究经验的累积，从而有利于探究质性社会学所蕴涵的本土价值。第二，质性社会学本土化脉络呈现的是一种中国文化独特研究范式，而立足于传统文化语境上的质性社会学中国研究，其话语影响力会变得更加有力，连带着拓宽与国外学术界交流对话的空间和把握住学术话语的"权力"。第三，地方性知识与共同性知识如何勾连在一起，这也是值得探讨分析的重要内容之一。质性社会学源自西学，属西学东渐的历史产物，其本土化过程实质上就是一个知识再生产的过程，因此，质性社会学本土化消解了哪些概念，又提出了哪些思考感受，皆为值得重点关注的对象。

二 "塑造知识平台"：质性研究与质性社会学的延展

质性研究是在社会科学领域内经常使用的一种研究方法，通常是相对量化研究而言。质性研究实际上并不是单一的研究方法，而是许多不同种类研究方法的统称，由于它们都不属于量化研究，所以被归纳为同一类别进行探讨。其中包含但不限于民族志研究、人类学研究、论述分析、访谈研究等。就此而言，质性研究（Qualitative Research）的相关理论及方法主要包括：扎根理论（Ground Theory）、现象学（Phenomenology）、认识论（Epistemology）、批判理论（Critical Theory）、女性主义（Feminism）、个案研究（Case Study）、实地调查（Fieldwork）、参与观察（Participant Observation）、视觉分析（Visual Analysis）、论述分析（Discourse Analysis）等。上述认识及其具体内容业已成为理解和把握质性研究的"底线"和前提，也是有待进一步突破的"思考场域"，如何打破这一阐释习惯势必关系到立足于何种价值取向和准确确立学科定位等一系列重要问题。

质性社会学实际上是质性研究学科化的具体表现，亦是其理论经过深入实践之后的不断延伸。事实上，对质性研究诞生及其变迁过程的历史追溯也充分证明了这一点，即"质的研究中实地调查的传统还可以追溯到社会学领域"（陈向明，2000），包括如杜·波依斯《费城的黑人》、恩格斯《英国工人阶级的状况》、布思《伦敦人民的生活和劳动》、帕克《城市》、托马斯和兹南尼斯基《欧洲和美国的波兰农民》、林德夫妇《中镇——美国现代文化研究》、《过渡中的中镇——文化冲突研究》，等等。换言之，不少社会学者及其社会学思想发展脉络的特点都隐约地显示出质性研究与社会学之间内在契合的关系。应该看到，质性社会研究在国外社会学界已逐渐步入成熟阶段：既有一批相关的论著问世，同时也包括诸多的学术期刊诞生，这些条件都为研究主题从质性研究、质性社会研究进入质性社会学研究提供了恰到好处的支持，而"非实证主义"的研究取向更加彰显了质性社会学研究的内在价值，同时在这个研究过程中人的主体性得到了充分认同，进一步说，建构性的学科立场奠定了质性社会学研究体系的基本发展轨迹。

在欧美质性社会学研究领域里，办有不少学术刊物，为其阐明质性研究观点及其立场，比如 *Qualitative Sociology*（《质性社会学》）、*Qualitative Sociology Review*（《质性社会学评论》）、*Forum Qualitative Sozialforschung/ Forum Qualitative Social Research*（《质性社会研究论坛》）等，还有许多质性研究杂志涉及该领域。另外，较早的论著兼具代表性的一本书可以追溯到 1979 年 Howard Schwartz 和 Jerry Jacobs 合著的 *Qualitative sociology：a method to the madness*（《质性社会学：通往疯癫之路》），他们"通过梳理韦伯、米德、布鲁默、格莱瑟、斯图亚特、齐美尔、戈夫曼、舒茨、加芬克尔、赛克莱尔等人的理论和策略，进行证实、解释和描述，并在书中提出多种质性社会学研究的方法"（《"质性社会学研究：理论、方法与实践"研究报告》，2010）。类似的著作还有 1994 年，Normank Denzin 与 Yvonna S Lincoln 主编的 *Handbook of qualitative research*（《质性研究手册》），2004 年，Amir B. Marvasti 所著的 *Qualitative research in sociology：an introduction*（《社会学质性研究的简介》），对质性研究方法进行一系列的论述。到 2008 年，David Silverman and Amir Marvasti 合著的 *Doing Qualitative Research：A Comprehensive Guide*（《做质性研究》），该书也对质性研究过程有着详尽的描述和说明。此外，国外的一些质性社会学本土化研究同样成果斐然，如 "*Qualitative Sociology in the UK*（《英国的质性社会学》）、*Notes on Qualitative Sociology in*

Italy（《意大利质性社会学注释》）、*Qualitative Sociology in Poland*（《波兰的质性社会学》）、*Qualitative Sociology in New Zealand*（《新西兰质性社会学》）、*In Search of Qualitative Sociology in India*（《寻找印度质性社会学》）、*Qualitative Sociology in Japan*（《日本的质性社会学》），等等"（《"质性社会学研究：理论、方法与实践"研究报告》，2010）。

总的来看，质性社会学仍未摆脱定性研究范式（与量化研究范式相对而言）的惯性思维，这一观点其实能从国外多本学术期刊以类似"Qualitative Sociology"为题的情况中找到支撑的内容，因此，即使在国外社会学界，也面临着这样一种情况：由于存在东西文化差异性的先天限制，"Qualitative Sociology"如何翻译才能更加准确表达其含义，是翻译成定性社会学抑或是质性社会学，还有待根据具体语境来确定，但有一点是十分明确的：它的语义背后隐藏着不确定性、去主体性、动态化的特征，这也是几者内容交叉融合的具体体现。进一步说，质性社会学的学科地位至今很难说稳固，在与量化传统的话语权竞争时，尤其是方法论的争夺日趋白热化，其结果往往并未占据优势，这也成为加速建设质性社会学研究体系的内在动力之一。为了应对上述困局，从中国传统思想文化资源中寻找解决方案也是一种可取的选择。国内质性社会学本土化的研究应该说是刚起步，大量基础性的工作还有待完成。

三 "质性知识"的本土化与情景化

与国外社会学、人类学的学科分工不同，在介绍中国社会学时，是无法回避其与人类学、民族学水乳交融的状况及发展的过程，因此，在一定意义上，社会学本土化也是紧扣其与人类学、民族学互动交织的历史过程。质性社会学本土化的研究也是如此。从国内社会学界的发展历程来看，质性社会研究的取向和立场早已渗透到各种田野实践和乡村社区研究中，中国社区学派就是众多亮点中一个特色鲜明的代表。多年来，在好几代学者的共同努力下，中国乡村社区研究无疑已成为积极推动中国社会学向前发展、实现本土化的一大推动力，不仅为后来的学人积累了丰富的实践案例资料，更提出了不少与本土学术语境相适应的核心解释概念。以此为前提，笔者尽力尝试着对上述研究成果进行历时性和共时性的学术梳理、思考并总结。实际上，这也是质性社会学本土化发展历程的概述史。

如果从更为宏观的学术视角切入，关于中国乡村社区的研究历史能追溯到更早的时期，这一时期诞生了不少名家，可谓数不胜数。在 20 世纪 20 ～ 30 年代，譬如像乡村建设派的代表人物梁漱溟，他于 1937 年出版的《乡村建设理论》对如何治理乡村问题进行了尝试性的诠释（梁漱溟，2006）。再如国际上声名鹊起的吴文藻、费孝通等开创的中国社区研究学派（王铭铭，1997），从吴文藻先生发起社区研究，到费孝通、林耀华、杨懋春、杨庆堃等人对乡村社区的研究皆一脉相承（周大鸣，2001）。发展到 20 世纪 30 ～ 40 年代，乡村研究进入一个全盛时期。包括吴文藻、潘光旦、费孝通、许烺光、林耀华、李景汉、陈达、田汝康等在内的学者都取得了非常卓越和杰出的研究成果。其中《江村经济》、《金翼》、《云南三村》等成为这一时期极为重要的代表性著作（纳日碧力戈等，2001）。

早期本土乡村研究的视角更多地依赖和集中于人类学社会学等学科领域，其理论诠释和方法触角无形中扮演了中国本土乡村社区研究的开创性角色。在那个时代背景下，以上诸学人的著作中既有对乡土的现实关切，亦包含推动乡村发展的价值取向，而且这一系列学术成果所产生的影响一直延续至今。正如有学者所指出的，费孝通的著作被称为中国本土人类学的典范之作，影响深远（王铭铭，2003）。其著作中首推《江村经济》（费孝通，2001），这是他在江苏"江村"调查成果的思考结晶，其理论框架源于马林诺夫斯基的功能主义，从家开始推及到社会生活的诸多方面，一方面论述了家族、亲属关系、村落生活等社会生活的内容；另一方面又以整体观对社会、经济关系等要素进行分析，尝试从村庄内部的社会结构探讨社会变迁动力，揭示出以小社区透视大社会的现实事例，即"社会缩影"（王铭铭，1997）。日后兴起的乡村社区研究脉络也细致入微地反映出这一学术传承。

回溯研究的历史过程，可以发现其间涌现出一大批探讨乡村、宗族、社会等交叉主题的研究成果，如《金翼：中国家族制度的社会学研究》、《义序的宗族研究》、《中国东南的宗族组织》、《宗族·种姓·俱乐部》、《银翅：中国的地方社会与文化变迁：1920 ～ 1990》、《当代华南的宗族与社会》等，这些研究区域更多地分布在华南地区，重点关注宗族的内在特征和外在影响，分别探讨了类似宗族复兴与乡村治理的重建、宗族结构与村落政治、村落社区与宗族关系、宗族与社会现实的整合、宗族与社会变迁等问题，从不同视角、方法考察宗族与社会发展的内在关联，在反思地区宗族发展历史与乡村社区管理实践经验的基础上，"生产"出新的宗族研究范式，站在一个全新角度理解乡土社会的演进历程（林耀华，2000；莫里斯·弗里德曼，2000；许烺光，1990；庄孔韶，2000；周大鸣等，2003）。当然，也有一部分学者对中国北方村落进行了研究，与南方部分乡村区域的宗族和社会互构的内在状态形成了局部参照，例如马若孟（Myers）、黄宗智（Huang）、杜赞奇（Duara）、杨懋春等人的著作从北方地区的村落出发，对北方村落的小农经济、经济制度、宗族结构以及文化网络等方面进行研究，与南方相比，植根于乡土社会的宗族因素在传统的北方村庄稍显弱化，重心放在"其他"影响因素上，其研究主要强调国家与村落的关系及其影响，较少考虑社会规范对整体社会影响（马若孟，1999；黄宗智，1986；杜赞奇，1996；杨懋春，2001；朱爱岚，2004）。

因此，可以说，"在此尤其需要指出的是，在中国社会学成长的关键时期，以费孝通先生为代表的中国社区学派便体现出十足的质性研究的味道。中国社会学的前辈们，以志在富民、文化关怀、深入田野、自我反思的学术传统为取向，融合进人类学、民族学的视域，打开了社会学的研究领域，无论在解决中国实际问题，还是在推动社会学的学科建设方面都做出了具有里程碑式的贡献。"其实，从长时段来看，"中国社会学从它的发生之日起就自觉或不自觉地参与到社会质性研究或质性社会学的建构中来"（《"质性社会学研究：理论、方法与实践"研究报告》，2010）。近年来，不少学者都在社会学前辈的成就的基础上努力尝试，尤以陈向明为代表，其论著《质的研究方法与社会科学研究》较为全面地论述了这一研究主题，时至今日该书都是质性研究领域的重要参考书目。近几年也有一些带有普及性质的质性研究教材面世，但从学术高度来说都难以企及该书。当然，还有类似重庆大学出版社出版的"万卷方法"丛书，在介绍国外质性研究理论与方法上也产生了较大的影响，并为质性社会学研究提供了理论支撑。在2009年、2010年、2011年中国社会学年会上连续举办了三届"质性社会学研究论坛"以及2010年创刊的《质性社会学研究》杂志都直接为质性社会学的发展和兴盛提供了有利条件。在《社会学研究》、《社会》等国内重要的学术刊物上也刊载了一些围绕现象学、社会性别、精神分析、反身性研究等主题的文章，为扩大质性社会研究/质性社会学研究提供了更加宽阔的研究平台和场域。

纵观质性社会学研究的现状，仍存在一些不足之处，质性社会学研究虽然处于成长发展阶段，但自觉运用质性社会学研究理论和方法论的成果依然不多。同时，质性社会学的研究成果仍然处于社会学研究的边缘地带，其成果距离社会学研究的主流甚远。另外，质性社会学研究的方法论及其理论视角与实践结合得不够紧密，其研究文本的表达形式显得相对单一有局限。

四 知识化的"质性知识"建构

一是厘清质性社会学研究的发展谱系，重点关注质性社会学概念的历史形成过程。首先，从建构主义的视角出发，梳理质性社会学的概念内涵及其历史渊源，强调其一直具有的反身性分析特质；其次，立足于社会学理论视域的演变过程，以此突破质性社会学传统的历史分野和变迁过程；再次，通过理论回溯与历时比较的方式，在质性社会学回应挑战的历史脉络中归纳质性社会学所蕴涵的巨大学科价值。

二是放大质性社会学研究的理论历史源头，将中外社会思想与文化史资源纳入其中，实现质性社会学的理论重建。首先，通过知识社会学的阐释，释放知识生产中的主体间性，点明了质性社会学的理论内核所在。其次，提炼出质性社会学的一个基本分析概念，即"社会"，通过该概念的理论追溯和多层反思，展示了质性社会分析的具体过程，并勾勒出"社会"与质性社会学的内在关联类型及其程度。再次，按照质性社会学兴起的思潮背景与理论渊源归纳梳理，同时加入本土化的思想文化原因，尝试重建一种东西文化同构下的质性社会学研究体系。

三是尝试进行质性社会学的本土建构。首先，寻找质性社会学本土化的内外动因，基于对文化因素在日常社会生活渗透的认知，发现社会学学科体系发展的内在需求，并厘清主体性、反身性与吊诡性几者的内在关系。其次，划分质性社会学本土化的历史阶段，实际包括三个阶段：传入、引介、发展阶段，本土化倾向加强的阶段，本土化拓展构建阶段。再次，提出质性社会学本土化的推进路径，要挖掘传统思想文化的理论基础，同时寻找质性社会学体系突破口，并建构质性社会学知识话语体系。最后，总结质性社会学本土化的实践经验，最早从中国社区学派的历史进行追述，在社会学、人类学与民族学互动融合的基础上，归纳梳理质性社会研究的田野实践，最终结合传统思想文化的积淀释放来具体表现实践经验。

四是展现质性社会学本土化的启示与意义。首先，质性社会学本土化的意义和价值主要体现在质性社会学本土化的历史必然性，质性社会学本土化内在的发展动力以及质性社会学本土化带来的社会后果。其次，思考质性社会学本土化的启示，一方面是东方文化促成本土化的天然历史基础，并要实现本土化的质性社会学理论源头与东方文化互构，另一方面是重新理解本土化，即质性社会学的理论重构含义。

五是要提出建构"质性的知识社会学"的新主张。"定性社会学"与"质性社会学"二者需要重新阐释加以厘清和以示区别，在目前条件下，这一组概念容易混淆和被相互替代，形成二元对立研究范式划分标准，实际上忽视和掩盖了"质性"的理论内涵和解读视角，社会学的质性研究恰恰跳出了定量——定性研究传统二元视角的桎梏，纳入类似于符号——象征解释的理解角度："数字其实也是一个'质'的符号，其真实的意义还要在社会各元素的交互作用中得到体现"（石英，2010）。由于之前国内外社会科学研究领域量化研究与定性研究方法思路之争带来的惯性，长期以来学界同仁并未完全界定清楚二者间的关系，更不知该如何理解质性社会学并对其进行准确定位。

"质性社会学"的理论视角及其方法论被引介到国内社会学界已有不少时日，但这一引介过程是与质性社会学本土化的过程同步的，以致质性社会学研究处于一个进退两难的境地，既面临如何消化理解"西来"的质性社会学理论、方法论与方法、核心概念，又需要推进质性社会学本土化。因此，现存的这一"二重困境"既是挑战，又是机遇，关键在于如何理顺和呈现好本土思想资源，如何依托中国传统文化思想的深厚底蕴发挥效力，如何将这一外来的分析研究体系与本土视角紧密契合在一起。目前，这些问题的存在仍然是一个不太好处理的难题。在此背景下，中外思想理论该怎样取舍与放置，必然会决定和影响到未来质性社会学研究路径的发展方向。与此同时，不可忽视的是，中国质性社会学本土经验在何种平台上与"西方"质性社会学体系进行对话交流仍需要进一步探索。

目前国内外学术界视角都集中于质性研究方法，质性社会学的提出恰恰是为了回应和"校正"这一偏向。就方法的意义而言，被当作研究工具的质性社会研究，其实丧失了参与整个社会学研究体系讨论的能力，一旦缺少理论视角，缺乏融合理论、方法论及方法的融合支撑，将导致质性社会学研究处于停滞的阶段。为了解决这一问题，需要整合本土思想资源，因为任何外来的研究体系都需要本土元素的"鼎力相助"，否则容易使质性社会研究陷入方法工具理性的自我循环之中。

五　结语

质性社会学的研究议题本属西学东渐的必然结果，在国外社会学界，质性社会学研究其实起步较早，但对于国内学界来说，接受的过程相对缓慢，时至今日发展仍显不足，尤其体现在参考文献方面，从狭义的角度来看，与之相关的中文文献数量极其有限，而大量英文论著引进翻译的速度与质性社会学学科的发展趋势并不匹配，因此，需要花费不少时间研究外文文献，并征询质性社会研究学术圈内的专业人士和名家，精读经典外文文献，提高文献的使用效率，保证呈现的质性社会学的历史脉络清晰和顺畅，不至于有所遗漏和偏废。同时，汲取中国传统文化和哲学思想中的质性思维与经验积淀也不可或缺，这是保证质性社会学本土化得以实现的关键条件。

质性社会学的本土化（中国化）研究是在中国社会学、人类学、民族学三个学科融合共生的历史格局中予以定位的，如何合理地"消化"这些不同学科视角下的研究文献，在它们之间有效搭建关联——互动的关系，以实现多重理论视野中的质性社会学能够充分体现上述学科要求。因此，需要研读中国不同历史阶段的名家名作，厘清社会学、人类学、民族学三大学科的中国经验和历时发展历程，归纳梳理出一条统领以上诸学科的内在线索，并在其中探索化解共同性知识与地方性知识冲突的悖论和历史困境的有效办法。

（作者　尹小俊）

参考文献

陈向明：《质的研究方法与社会科学研究》，教育科学出版社，2000。

陕西省社会科学院社会学研究所"质性社会学研究"课题组：《"质性社会学研究：理论、方法与实践"研究报告》，2010。

梁漱溟：《乡村建设理论》，上海人民出版社，2006。

王铭铭：《社会人类学与中国研究》，生活·读书·新知三联书店，1997。

周大鸣：《社区研究与社会人类学本土化——凤凰村与华南乡村社区研究》，徐杰舜主编《本土化：人类学的大趋势》，广西民族出版社，2001。

纳日碧力戈等：《人类学理论的新格局》，社会科学文献出版社，2001。

王铭铭：《走在乡土上：历史人类学札记》，中国人民大学出版社，2003。

费孝通：《江村经济：中国农民的生活》，商务印书馆，2001。

林耀华：《义序的宗族研究》，生活·读书·新知三联书店，2000。

〔英〕莫里斯·弗里德曼：《中国东南的宗族组织》，刘晓春译，上海人民出版社，2000。

〔美〕许烺光：《宗族·种姓·俱乐部》，薛刚译，华夏出版社，1990。

庄孔韶：《银翅：中国的地方社会与文化变迁：1920～1990》，生活·读书·新知三联书店，2000；

周大鸣等：《当代华南的宗族与社会》，黑龙江人民出版社，2003。

〔美〕马若孟：《中国农民经济：河北和山东的农业发展：1890～1949》，江苏人民出版社，1999。

〔美〕黄宗智：《华北的小农经济和社会变迁》，中华书局，1986。

〔美〕杜赞奇：《文化、权力与国家：1900～1942年的华北农村》，王福明译，江苏人民出版社，1996。

杨懋春：《一个中国村庄：山东台头》，张雄等译，江苏人民出版社，2001。

〔加〕朱爱岚：《中国北方村落的社会性别与权力》，江苏人民出版社，2004。

石英：《为了中国质性社会学的发展　我们需要做些什么》，《质性社会学研究》2010年第1期。

中国社会思想中的质性
思维及其价值

中国社会思想是中国思想文化（其他还包括比肩并行的中国哲学思想、中国经济思想、中国政治思想）的重要组成部分。在中国几千年没有中断的历史中，中国人关于社会生活、社会秩序以及人们的社会理想的阐述及思考，通过与其他文化元素的互构，共同丰富和创造着中国思想。作为社会学的基础理论，中国社会思想在现代社会学的视野和对社会发展的反思中，其价值正在被不断地发现。特别是目前，随着对追求"效能"和"科学（工具）理性"的西方社会文化的深度反思，人们越来越意识到，西方的一些社会思想和社会理论虽然曾经被视为"万能的解决问题"，但在现代社会发展中，对回应人类精神危机的困境已变得无能为力。而中国传统社会思想与文化中，在诸如处理心与心、我与我、人与群体、人与自然等方面的思想的"先见性"和"超前性"，在后现代社会中，其显示的对社会问题的解释力和张力逐渐被学界所重视。当下，随着中西方学者的跨文化对话不断深入与加强，中国人关于"社会"的思维以及中国社会演化的内在逻辑以其独特魅力吸引着国内外学界的注意力，中国社会思想在国内外理论和学术实践中的位置渐为凸显。在这其中，中国社会思想中的质性思维特征更成为建构中国社会学文化和精神气质、奠定其国际学术地位的宝贵财富。

一　社会思想本土研究的需求

作为"人们在社会生产和生活实践中所形成的关于社会生活、生活问题、生活模式的观念、构想或理论"的社会思想，是构建社会学的理论源泉和基础，对于中国社会学来说，是实现社会学本土化的理论基础。

（一） 建构社会学学科体系需要对社会思想传统进行"认真挖掘"

社会学研究，出于理解与参照的必然要求，无论是研究本国，或是研究其他国家都需要有深厚的文化传统作为根基，才可能获得对不同社会现象的真切体验。同时，基于社会思想根源阐释地社会现象与发展规律才会更具有真实感，也才可能建构具有文化自觉的社会学学科体系。

纵观社会学的发展历程，可以发现，社会学学科体系的建立离不开对社会思想史或社会学思潮的梳理、提炼与吸纳。其中 20 世纪 80 年代以来，关于西方社会学的元研究及其元理论化趋势的高涨就可见一斑。尽管美国社会学界存在着轻视"历史"研究的问题，他们更多地认为真实是一种客观的存在，可以透过理性工具对其进行科学验证，因而更注重对大规模的问卷调查和对精确定量分析的追求，对社会学研究的评价也因而出现了所谓的"社会学的麦当劳化"现象，这也一直被欧美社会学界所诟病。但欧洲社会学却有着哲学思辨的传统而更善于从思想史中激发社会学研究的灵感，欧洲的社会学家们从现象学、解释学、语言哲学等欧洲哲学理论中汲取营养，对古典理论进行重新诠释，以批判地拓展原来的理论视野，建构现代社会学理论。

由于中国在社会学重建过程之际，正是美国社会学理论占据主导的地位，对欧洲的理论与方法，未能深入而广泛地研究。因此，占据美国主流的实证主义对中国社会学影响更为深远，而对"中国丰厚的文化传统和大量社会历史实践，包含着深厚的社会思想和人文精神理念，蕴藏着推动社会学发展的巨大潜力"（费孝通，2001）的中国社会思想缺乏"认真发掘"。

（二） 中国社会学"本土化"需要深入研究中国社会思想

社会学作为一个学科产生于近代的西方。在中国社会学的发展过程中，很多研究者一直保持着对西方社会学理论的警觉，提出"在西方理论居支配地位的时代，如何能够既认真看待西方理论所展开的视野与观点，又摆脱西方中心主义的束缚，而能够妥帖地理解本土社会人们的身心状态"（徐冰，2006）至关重要。"本土化"一开始就成为中国社会学界面对，而且也是社会学界在不断的理论自觉中所遭遇的重要课题。

最早致力于中国社会学研究的学者在引进西方的概念中，就曾试图建构中国社会学的本土核心概念和方法。这其中，许仕廉明确提出建设"本国社会学"，孙本文主张"社会学中国化"，认为它"至少含有两个不同层次的意义：一是指建立中国的社会学，即要赋予社会学一种特殊的性格；二是指使社会学充分地在中国发展，使它与中国的社会发生关系，为中国所用，使它在中国生根，包括'社会学中文化'，等等"。而吴文藻则倡导把人类学与社会学结合起来进行"中国的社区研究"。在实践中，他们运用欧美社会学的理论和方法观察、分析中国现实的社会生活，试图对其存在、变化的原因作出解释并予以改良。晏阳初等人的乡村建设和社区发展理论、潘光旦的"位育"理论等都显示早期社会学研究者在社会学理论本土化的努力和实践成果。但是，他们的研究路径因为历史原因未能在中国社会的历史过程中更加深入持续而成为中国社会学发展的遗憾。

特别是费孝通先生，作为长期从事中国社会学研究的本土社会学家，在早期社会学研究中，"不仅和当时社区学派的其他代表人物一样，实际上开拓了一条社会学中国化的重要途径，在很大程度上扭转了那时基本照抄照搬西方的局面，而且还以他的出色的学术探讨，提供了影响广泛而深远的社会学中国化的具体成果和代表作"（郑杭生，2006）。在理论上，他提出的"差序格局"是得到国际学术界认同的具有中国社会学本土特征的理论概念。而在全球化背景下，更以"各美其美，美人之美"的理念，提出建立"共存与共荣的生态秩序"，这些也显示着他对国际社会发展的思考。同时，他提出的"社会学的知识、价值和理念，通过教育的渠道，成为全社会的精神财富，可以帮助社会的成员更好地认识、理解自我和社会之间的关系，以提高修养、陶冶情操、完善人格，培养人道、理性、公允的生活态度和行为，这也就是所谓"位育"教育的过程，是建设一个优质的现代社会所必不可少的（费孝通，2005），这一精辟论断推动着社会学的发展，并使其在"现代社会"中体现着中国社会思想的实践价值。

近年来，在对社会学研究的反思中，如何吸收西方前沿社会理论，将其与中国传统思想、中国社会中的经验、中国的本土社会理论相互对话，并形成清晰的理论结构，以实现社会学的本土化等已经越来越成为学术界关注的问题。但我们也看到，在社会学日渐成熟的当下，社会学研究中依然更多地充满西方学术理论概念和方法，并且以这种成果作为重要的学术参照。相反，对从本体论和本土性上挖掘中国社会思想，建构社会学知识体系的实践仍然少之又少。也因为缺乏理论上的建构，大量的社会学研究仅仅重视对社会问题的研究，却缺失了社会学研究的总体视角和深入问题的魄力。

（三）社会学理论自觉需要从社会思想的质性思维中汲取营养

随着全球化、信息化时代的到来，我们曾经设想的现代性的同质化现象并未出现，前所未见的社会"乱象"、"怪象"却频繁出现，事实上各个地方文化的异质性日渐明显，这些引发了学术界的应激反应，即不得不重视特殊性、地方性与差异性。中国人的"辩证思维"与西方的"逻辑思维"也重新遭遇新的挑战。中国关于不同文化之间的"和而不同"，对差异化的尊重和文化自觉，正重新在现代社会发展过程中显现出自身的活力。

特别是在当代中国，传统的社会文化、现代社会文化以及国际社会文化特征共存，古老的社会文明和现代的社会风尚在当前社会都发挥着巨大的作用和影响，如何在同一个时代让不同社会成分的诉求之间达成平衡与和谐，成为当代中国社会学必须面对的重要问题。对此，基于强调社会学人文性的费孝通先生提出，人类"还需要一个所有人类均能遂生乐业，发扬人生价值的心态秩序"，这一社会学必须探讨的问题。现代社会是历史中社会不断积累的一个过程，要能准确分析和回答这一问题，作为中国社会学，对存在于中国人灵魂深处的文化与价值认同的清晰认识，以及发现现代人如何重构或新构对社会的认识与逻辑，要求我们用新的思维方式和方法去重新发现中国传统社会思想的价值，而质性思维以更具创造性和建设性的方式从中国传统社会思想中吸取营养与经验，为现代中国社会发展提供一种新的观察社会问题和解决社会问题的视角，以其不同于以往主流社会学的特点担当起这一使命。

中国社会思想吸纳传统与打破封闭，将"正心、诚意、修身、齐家、治国、平天下"与"全球化"、"世界经济体系"等对读是正确认识、阐释中国社会思想历史特征和现代价值的路径，也是建构中国特色社会学学科体系的关键。要发现中国社会和世界文化发展的线索不可能不追求一种回归，以阐释中国社会思想、中国式社会理论与世界社会学理论体系的联系。正是这样"内外兼修"的功夫，对中国社会思想的深度认识，才可能实现中国特色社会学文化自觉和理论自觉。

虽然在关于中国社会思想研究中，并没有明确提出关于"质性思维"的概念。但是，透过一些关于"社会思想"文本中，可以发现，在其中也体现着对社会及社会中生活的人及其关系的本体的、本质的思考。如台湾学者杨懋春认为"社会思想"里的"社会"一词不是指由人群所构成的一个社会，而是指构成社会的那群人的人际关系。其中"思想"一词不是指人对于他所在的那个社会如何观察、分析、思考与陈述，而是指他对所见到、经验到、满意或不满意的人际关系所起思考、所发问题、所作评价及所提建议。总体来说，社会思想是指人对于他所在或所关心的社会关系或人际关系及在此关系中所有各种社会活动所作的思考、所发的意见、所给的评断及所提的建议（杨懋春，1987）。最后他高度概括出社会思想是个人对其所在社会所表示的关怀，就具有质性思维的研究角度。继续深入发掘中国社会思想中的质性思维的特点，对建构社会学本土化理论和学术自觉具有重要意义。

二 中国社会思想中的质性思维特征

中国传统文化在思维上和沟通互动中重视感悟、顿悟、会意、直觉等。在哲学上强调"天人合一"的整体观，"天"成为生活世界的一部分，通过儒家所宣扬的崇天、敬天以及畏天的信念本体，渐渐渗入生活世界中，形成垂直关系中人与天之间的圆融一体。经由两千多年的儒家教化，天人之间的特殊关系在中国人的观念中根深蒂固，并体现在日常生活实践中。这种天人关系可以看成是中国文化里最具特色的一种观念，以此构成与西方之间的差异（赵旭东，2010）。"天人合一"体现了中国文化里人与自然之间和谐统一的关系，也反映了人与社会、文化之间融洽的关系。可以看到，中国传统文化中蕴涵着强烈的质性研究的意味，这也是我们构建质性社会学可以利用的重要资源。

"从社会学视角立论，社会思想是一个价值体系，它是由理念价值、规范价值、实用价值（即所谓道德理想、典章制度、器物行为）三个层面共同构成的统一整体。它是一个民族——国家自我证成的根本特征。也是一种思维方式，并且具有自己的内在逻辑。"（苏国勋，2006）因此，社会思想关乎人们的价值观和思维方式以及其本文化的内在逻辑。

中国社会思想的发生发展具有包容性、人文性以及变化不确定性等质性思维特征。

（一）包容性思维

所谓包容性，是在承认差异，并在公平公正对待差异前提下，主张互相学习，以兼收并蓄，求同存异；对于社会来讲，它也意味着所有人机会平等、成果共享；应该是具有开放性和普遍性的，社会关系和社会结构应该互动共融。

中国关于社会的思维，主要表现为关于"天人"的思想及其相关的思考中。在中国人的思维中，整体性是其最基本特征，强调天人合一，道法自然，主张人与自然和谐共生，认为人和自然之间是相互协调的，并且认为社会发展本身就是遵从自然法则的，"不论是传统儒家还是新儒家，都强调天人之际关系的根本是出于一种整体性的追求，这一点在既有的社会学思考中显然被忽视了。在社会学领域中，到处充斥着分裂。这种分裂可以说是直接承袭了西方文化中人与自然两分的宇宙观念，进而将人与社会之间的关系也看成是分裂的两个领域，而没有切实注意到人与社会之间、社会和自然之间的那种你中有我、我中有你的包容性关系。"（赵旭东，2010）这种对于"人"和"社会"的整体性的观察和理解的思维方式，与西方的逻辑思维方式注重分析和推理的直线性思维有着截然的区别，这样的思维方式，在当前社会中可以为"摆正人和人之外的世界的关系"提供新的视野，也为社会的发展提供方向性的思路。

包容性思想传统文化的重要特征，文化上的包容性，使得呈现出中国社会思想兼容并蓄，多元开放的历史景观。在社会观中，道家思想中的"天下一致而百虑，同归而殊途"（《周易大传》）。在处理人际关系，人与心的关系中，"恕"作为重要理念，主张"为仁由己"、"己所不欲，勿施于人"，承认自己是人，别人也是人，推己及人，对别人感同身受，也即现在所讲的反身性概念；孔子的"君子和而不同"、"三人行，必有我师焉"，认为任何人的思想都具有其合理性与价值，因而应该得到尊重。在社会的历史实践中，社会思想得到了包容性的发展，虽然中国社会治理以"儒家"为正统，但曾经"百家争鸣"的其他各家依然在不同的历史时期发挥着自己的作用，并进一步得到充实和丰富，同时中国社会思想在历史的进程中，与外来文化基本不会产生激烈的冲突，在不断吸纳外来思想中不断成长，所谓现代的成长实际上是一个不断的历史过程，此时现代，可能是彼时的传统，也在不断的重构中，所谓"自一人之心以达于四海之远，自千古之前以至于万代之后"；另外，由于诸子各家本身是在不同的社会阶级阶层中产生，在历史发展中也得到不断关照，因此，在几千年的社会发展中，各个阶层都会从各派思想中找到自己的认同感和归属感，成为自己行动的指导。这样才使得在包容中成长的中国传统文化得以长足发展，也使得中华民族能绵延几千年而不曾断裂。也使得中国社会思想能够源远流长，不断焕发自己的活力。

中国现代社会学的集大成者费孝通先生一再强调"各美其美、美人之美、美美与共、天下大同"，是在现代化背景下对中国社会思想的高度概括，为现代学者提供了深入了解中国社会思维方式的路径。这一理念，还要求以优势视角看待社会不同生活和多元的文化，以及社会中不同的群体和人，认为在不同文化氛围中成长的人总有自己"美"的方面，一个理想的社会可以使各种社会的文化、不同人群的特色及其多元的思想都能"各美其美"，并且以包容的心态"美人之美"，善于发现、吸取和消化他文化中的"营养"，从而实现"美美与共、天下大同"的社会理想，不仅可以天下"共存"，更可以天下"共荣"。这一思维特征不仅对中国社会学研究是一种有益指导，更体现了费先生深谙的中国文化本质和本体特征。具有全球学术视野的中国社会学家在对中国社会思想精髓和文化精神气质的理解之后，通过这种精神进行学术研究，并自觉地构建社会学学科的文化特性，实现中国社会学的自立，在现代性全球化趋势日益明显的今天，必将显示出其特有的气派与学术价值。

（二）人本思想特征

人文思想是相对于宗教神学，以及君权思想的一种学术范畴，是现代人类社会的主流学术思想。在中国的社会思想中，更重视对人的本质及人所组成的社会本质的理解，强调对人与其所组成的社会间互动关系的探究。在经典论著中，中国人本的建构，是从人的本性、人的欲求、人的价值去考察人，并通过人与人、人与社会、人与自然的关系获得对社会发展方向和人的发展的理解。儒家思想中的"为天地立志，为生民立道，为往圣继绝学，为万世开太平"（张载），在肯定生命意义和人性价值的同时，强调在现实世界中提升道德品格，把个人的自在置于社会的理想境界之中；也强调人的精神独立与思想的自由，"三军可夺帅也，匹夫不可夺志也"，主张不卑不亢的为人处世态度。道家关于"天地与我并生，而万物与我同一"（《庄子·逍遥游》）的"天人合一"思想，将人置于自然与社会之中建构人，而"故道大、天大、地大，人亦大。域中有四大，而人居其一焉"（《老子·二十五章》），则肯定了人在社会和自然中的地位及人自身的价值，因此强调人的本质精神，去追寻"逍遥"的人生境界。同时，也认为人是生活在特定社会与文化场景中的，而非抽象的。社会与人是相互塑造，相互成就的，中国社会思想中强调社会塑造作用"文武兴，则民好善，幽厉兴，则民好暴"，"人之所以异于禽兽者几希，庶民去之，君子存之"，"舜明于庶物，察于人伦，由仁义行，非行仁义也"，"天道远，人道尔，非能及也"，认为天道不同于人道，吉凶祸福在于人事。因此，更强调人的社会意义和道德伦理价值。基于此，在社会治理观念中，应具有"天下为公"的思想，"君为民所立，民非为君所生"、"民为国本"，在国家与人民的关系中，主张人民是国家的根本，民贵君轻的人本主义思想得以延续。

在另一方面，中国社会思想脉络中始终存在着质朴的"平等思想"，诸如"人皆可为尧舜"、"王侯将相，宁有种乎"等都在古代典籍和民间话语中常常出现。因此，中国社会思想中的人本主义是以社会和谐为着眼点的大人本主义，其实现的途径是以提高社会成员个人的心性修养，"己欲立立人，己欲达达人"，以达到人与人，人与社会，人与自然的和谐相处。正因如此，以人为本的理念不仅在历史上，在现实社会也具有极强的社会魅力，我国古典社会治理思想中，就提出了"以保息六养万民：一曰慈幼，二曰养老，三曰振穷，四曰恤贫，五曰宽疾，六曰安富"（《周礼·地官司徒》）的保息政策，以保存民力，促进社会长久持续发展，而《周礼》关于"乡里之委积，以恤民之囏阨（困乏不给者），门关之委积，以养老孤"，可见，现代社会养老制度也可在中国古代对于"囏阨"的人文关怀中发现其中的萌芽。中国社会思想的"人本"思维特征对于质性社会研究以及当代社会治理理念也同样具有启发意义。

（三）不确定性特征

不确定性是相对于确定性而言的，不确定的产生是因为社会的多元存在而产生，用简单的话来说，当前的社会变化就是由"确定性"文化向"不确定性"文化的过渡。在中国传统社会思想中，从理论上"阴阳"、"因果"、"穷则反，始则终，此物之所有"，"物量无穷，时无止，分无常，始终无故"。《庄子·秋水篇》到社会实践中的"祸兮，福之所依；福兮，祸之所伏"、"民以载舟，亦可覆舟"，在这种世间万物的无常和不确定性中，中国人的思维核心是承认世界处于不断地变化之中，没有永恒的对与错，任何事物都存在着适度的合理性；而且对立双方也可以互相转变。基于此，古代社会思想认为在处理任何社会问题和关系中，都要把握合适"度"，在社会生活中要追求中庸与和合之道，以保持两者适当的平衡，并要使之相互借鉴，在社会实践中体现出既有原则性，也有灵活性的思想，在道德实践中，有"大德不逾闲、小德出入可也"，在选择具体的行动方案中，应"执中无权，犹执一也，所恶执者，为其贼道也"，最终能够"究天人之际、通古今之变"、"道通天地有形外，思入风云变态中"，以把握自然、社会的变化和发展与平衡。其对社会观察中的不确定性和变化的思想具有质性思维的特征。

三 深入挖掘中国社会思想的质性思维特征，促进中国社会学本土化

发掘中国社会思想中的质性思维特征，可以丰富中国社会学研究的视野，丰富中国社会学研究的内容，对于质性社会学的建构具有极为重要的意义。

（一）丰富和深化中国社会学研究的内容

质性思维的社会思想研究，承认差异与互构，主张多元视角，认为事实是个体与所处世界互动建构而成的。因此，这一研究思路，在重视精英话语和主流话语的同时，会更加重视本土知识和民间话语，并发现其中的互构关系和作用机理，从而丰富和深化对中国社会思想的认识。质性思维的研究认为，每个人都是社会思想的建构者，而"社会思想"也影响、制约、规训着个人的思想与行为。在社会思想的实践过程中，一些人更多地处于实践的行动部分，一些人则在实践的同时处于理论的建构部分，正是这种互构性建构了社会关系和社会结构。以往的研究，更注重的是从理论文本中，诸如"四书五经"和中国古代哲学论著中发现社会思想的资源，而质性思维的社会思想研究更愿意将研究的视野放在更为广阔的文本和话语中，诸如各种史籍、民间俗语、日常生活史等，发现其中蕴涵的思想深意及其如何左右着大众的社会生活、社会理想和社会秩序的看法。这一点，在信息时代，网络社会发展以及民意空前的表达欲望中可能更有意义。

（二）为中国社会学研究本土化提供新的思维基础

质性思维社会思想研究重视社会思想发展的流变，关注在现代化过程和

西方社会理论影响下的中国社会思想变形,这种变形可能成为现代社会思想的新的基础。社会思想的产生是在特定的时空范围内人们的实践和思维互动的结果。但社会思想也在时空的变换和内外的互构中不断变形,其流变的过程有着自己的内在逻辑,这种逻辑既与起点相连,又在过程中变迁,今天的有关社会的思维与思想是一个社会——历史的过程,而要发现其中的逻辑需要坚实的理论基础,并在繁杂的更多的史料中以历史和社会学的想象力来进行情景的分析,通过这些"在地"的、"本土"的研究才能真正发现中国社会思想的本质,为"社会学中国化"提供理论和思维基础。

中国社会思想在社会学中国化的过程中,需要形成具备自己内在逻辑,体现本土特色的知识话语体系。中国社会思想博大而精深,通过对历史——社会发展变化过程的梳理和系统研究,从丰富的思想宝库中提炼出思想的精华,以既有本土特色,又与学科传统相对接的话语形式,有意识地纳入学科知识体系中,是十分必要的。为此,就需要建构起中国社会思想研究的范式和概念体系,搭建中国社会思想共同的话语平台。全球视角下的社会学需要有不同社会思想知识的介入,中国的社会思想如果不能参与其中,既是世界社会学的缺失,也是中国社会学者的遗憾。社会学学科的话语权竞争依赖于相关研究者的努力和不断创新。只有建立中国社会思想的核心概念和话语体系,分析其互构和流变的过程,以体现中国社会思想的内在逻辑,才可能使中国独具特色的思维取向、知识体系和学术话语成功地立足于世界社会学之林。因此,通过发掘中国传统社会思想中的质性思维内涵,可以帮助现代中国社会学形成自己的话语体系与核心概念,并能"文而化之"以自己鲜明特色与国际社会学进行对接。

(三) 为探索构建质性社会学体系奠定理论基础

质性社会学是一种描述生活世界的理论视角,也是一种探索社会现象"质"的思维方法。它主张"悬置"西方社会学思维模式,反思、批判实证主义传统,以梳理、总结中国社会文化深层脉络中质性社会研究的传统和经验研究为基础,提炼出以本土经验为特征的中国社会学质性社会研究理论体系,提高国内学界同国外社会学界交流与对话的能力和实力,最终回归"人民性"的具有中国本土特色的社会学(刘莹,2011)。中国社会思想的形成过程经历了多民族、多文化的融合过程,并在多元文化主张共存共荣的过程中发展。在历史——社会过程中,"诸子百家"等不同流派此消彼长,形成了多元的差异的社会思想，从而使中国社会思想具有了承认差异的文化特征。质性思维的研究需要更加关注差异性，发现曾经被忽略或者被认为阻碍现代化而在后现代时期将更有价值的那一部分，从而为中国社会发展中面临的新的问题，特别是"人心"的建设和社会建设提供理论支撑。对于全球化的今天，跨文化的对话与交流日益频繁，必将形成新的具有包容性的文化格局，保持科学理性和人本精神之间必要的张力，为信息化时代提供更为成熟的理性文化精神。深入挖掘中国社会思想的质性思维的传统与体系，将为探索构建质性社会学体系奠定理论基础。

（作者　杨红娟）

参考文献

郑杭生：《费孝通对中国社会学的巨大贡献》，《江苏社会科学》2006 年第 1 期。

费孝通：《重建社会学与人类学的回顾和体会》，《中国社会科学》2000 年第 1 期。

苏国勋：《社会学与文化自觉——学习费老"文化自觉"概念的一些体会》，《社会学研究》2006 年第 2 期。

冯友兰：《中国哲学史》（上），华东师范大学出版社，2000。

郑杭生：《社会建设和社会管理研究与中国社会学的使命》，《社会学研究》2011 年第 4 期。

徐冰：《本土"理想型"与社会理论立场——邹川雄的两部"本土化"专著述评》，《社会学研究》2006 年第 6 期。

金耀基：《现代性论辩与中国社会学之定位》，《北京大学学报·哲社版》1998 年第 6 期。

赵旭东：《超越社会学既有传统——对费孝通晚年社会学方法论思考的再思考》，《中国社会科学》2010 年第 6 期。

费孝通：《试谈扩展社会学的传统界限》，《费孝通论文化与文化自觉》，群言出版社。

文军：《论当代西方社会学理论的基本特征与发展趋势》，《社会科学研究》2007 年第 1 期。

刘莹：《关于构建中国质性社会学理论体系的若干思考》，《2011 中国社会学年会论文集》。

（美）杨懋春：《中国社会思想史》，台北幼师文化事业公司，1987。

质性社会学的社会文化
背景和理论基础

随着时代的发展，世界的经济、政治、社会和文化都发生了深刻的变化，作为社会学研究对象的社会世界变得愈加复杂化和"文化化"。社会理论因而出现了多元化的局面，各种不同的理论流派从整体上推动了社会学的发展。经济、文化的全球化和中国转型时期社会文化的快速变迁，向中国社会学提出了挑战，同时也提供了广阔的舞台和发展创新的机遇。正是在这样的社会文化背景下提出了质性社会学。

质性社会学拒绝宏大理论和叙事，更关注日常生活世界，从行动者的体验和内心感受寻求有关"社会"的观念。强调主体性和地方性知识，注重展示社会事实的建构过程，展示社会文化的多样性、差异性和不确定性，这些是质性社会学的主要特征。古典社会学中质性研究的传统、当代西方相关的社会理论，尤其是在日常生活世界中建构的理论以及后现代理论思潮，都为质性社会学奠定了牢固的理论基础，而社会学的相邻学科——人类学的学科发展过程，也为质性社会学的建构提供了深刻的启示。在此基础上，质性社会学试图开辟新的研究视角，对中国独特而复杂的社会文化现象进行理解和诠释。

一 质性社会学的社会文化背景

当前经济的全球化使得世界各国的经济发展形成了相互依存的局面。一方面生产分工越来越细，呈现出高度的专业化、技术化倾向；另一方面跨国公司、跨国经营越来越普遍，产品营销的世界市场格局不断被划分、重组。尤其是随着电子信息技术的日新月异，网络传播无孔不入，互联网将全世界联系在一起，形成一个"地球村"。

20 世纪 60 年代以来，西方国家的经济和社会发生了根本转变，进入所谓的"后现代社会"。经济的性质和规模发生了空前变化，一个重要后果就是导致了消费社会的出现。与此同时，文化因素渗透到社会和生活的各个领域，使得日常生活和行为方式日益象征化和符号化。人类创造的现代文化在社会生活中占据着非常重要的中心地位（高宣扬，2005a）。随着经济全球化的发展，西方社会的文化也日益全球化，对东方社会产生了重要影响。

处于转型时期的中国，一方面经历着经济全球化、电子通信普及化以及西方现代文化的冲击，另一方面又有自己本身的特殊性和复杂性。经济发展方式的多样性、社会结构的流变性和文化的多元性成为当前中国社会文化的主要特征。为了应对当代社会文化变迁对中国社会学提出的挑战，一些学者主张用西方成熟的社会理论和概念来认识中国社会，而另一些学者坚持用中国本土文化中的概念来解释中国经验。笔者认为，这两派观点在面对中国当下复杂的社会文化状态时都显得有些局促，中国社会学必须寻找突破口。

质性社会学的提出与探讨，是和当下全球化背景下中国经济、社会、文化的现实状况相联系的。正是中国社会文化的发展变迁所造成的难以言说的社会现实为质性社会学提供了社会文化背景，也为质性社会学研究创造了广阔的空间。

（一）经济发展方式的多样性与"增长"取向

改革开放以来，单一的公有制经济和集体所有制经济的局面得到了改变，个体经济、私营经济、外资经济等多种经济成分被允许同时存在和发展，市场机制推动着经济快速前进。然而，由于中国幅员辽阔，地区之间和城乡之间的发展很不平衡。因此我们可以看到三种不同时代、不同技术的经济形式共存的局面，即依赖（或半依赖）人畜力的农业和农村手工业经济，使用能源和机械的工业经济，以及后工业时代的信息产业经济。也就是说，当前的中国经济社会是人类历时数千年的三大社会经济系统的同时并存：传统农业及其社会，现代工业的城市社会，以及最近的后工业（信息技术）社会（黄宗智，2010）。

然而，我们在谈论社会经济发展时过于关注"量"的增长，诸如"GDP"、"CPI"等，而忽视了社会发展的"质"的提高。于是中国目前虽然在经济上已跻身世界经济大国之列，但在社会发展上却明显滞后，出现了各种各样的社会问题。定量研究在当代中国社会学中占据主导地位是和整个社会注重量的增长的思维观念相联系的，这是值得社会学反思的。质性社会学的提出，正是为了打破传统社会学过于强调定量研究的局面，转而关注社会发展的质量。

（二）社会结构的流变性

转型时期，与经济发展方式的多元化相伴随的是中国的社会结构也发生了深刻的变化。主要表现在政治生活、社会生活和私人生活等领域。整个社会处在巨大的变迁之中，社会结构呈现出多元化和流变性的新趋势和新特征。

政治、经济的变化导致社会阶层出现新的分化，原来计划体制下的优势群体（如一些原国营企业的工人）的社会地位急剧下降，进城的农民工"被甩到社会结构之外"；贫富差距扩大甚至日益悬殊，社会资源出现向少数人手中积聚的趋势；一些改革受到利益集团的操弄，改革动力由初期的自上而下地推行变为多元化的社会力量的博弈（孙立平，2003）。这种社会阶层结构的变化还在持续之中，而不是已经定型，并且出现了一些边界模糊，但雏形已现的"新"的社会阶层。与此同时，个人的心态、思维方式、生活方式、行为模式等与过去有了很大的不同，生活领域呈现自由化和多元化的新特征。这些变化也影响着社会结构本身，随着改革开放的不断推进和深化，社会结构还会出现新的流变。

主流社会学通常运用定量统计方法和宏大的理论概念对社会结构进行解释，忽视或看不到社会世界中活生生的个人。而质性社会学注重从日常生活和个人的感受寻求有关社会的观念和对社会结构及社会变迁的理解，这一视角对于认识当下中国社会的复杂性和变迁具有重要的现实意义。

（三）文化的多元性与消费主义倾向

中国文化的多元性体现在城乡文化的差异性、民族文化的多样性、中国传统文化与西方现代文化的交汇，以及前现代文化与后现代文化的碰撞上。

中国的城市文化和乡村文化存在很大差异。农民生活的乡村社会是熟人社会，虽然在改革开放后被卷入现代化和市场经济中，但是当地的习俗、信仰、价值观等传统文化因素依然维系着村落社区人们的认同。不同地区的乡村文化是各不相同的，而各地的城市文化却呈现出相似的景象。最近几年，随着大量农民进城务工，城市与乡村之间文化的接触显著增加，使得城乡文化逐渐变得多元和复杂。除此之外，我国还拥有 50 多个少数民族及其各不相同的民族文化，和强调"天人合一"的中华民族传统文化。改革开放后，西方的生活方式、大众文化等的渗入，使得我国原本就丰富多样的文化更加多元化。与此同时，后现代社会的一个典型特征"消费文化"也悄然进入中国社会。人们的消费占据了越来越重要的位置，消费主义不断膨胀。消费文化不仅改变了人们的日常生活、社会结构关系，也改变了人们的世界观和价值观（罗钢，2003）。

后现代文化和思潮进入尚未完成现代性任务的中国，和中国文化叠加在一起，中西方文化在碰撞中混合、变换、交错、转型，使得中国本来就多元的文化和复杂的社会变得更加难以言说、难以表述，甚至无法表述。这样的社会文化现实是不可通约化的，因此对中国社会的解释，仅仅用科学的方法、实证主义的范式是远远不够的。这给质性社会学留下很大的发展空间，因为文化是质性社会学关注的重要主题。文化的多元性和复杂性呼唤着质性社会学的建构和发展。

二　质性社会学的理论基础

质性社会学的提出和建构，是在深厚的理论基础上进行的。面对中国深刻变迁的社会文化，质性社会学从古典社会学中的质性研究传统、现代相关的西方社会理论，尤其是从日常生活世界中建构的社会理论、后现代理论思潮以及相邻学科的发展中汲取了丰富的营养，试图建构自己的研究体系，对中国独特而复杂的社会做出质性的诠释和理解。

（一）西方古典社会学中的质性研究传统

从学科史上看，早在古典社会学时期就出现了质性社会研究的理念，并形成传统延续下来，为学科的发展做出了重要贡献。当时孔德开创的实证主义范式在社会科学界占据主导地位，他认为社会本身像生物体一样也是一个"有机体"，社会生活规律是自然规律、生物进化规律的延续，因此，可以像研究自然界那样研究社会。后来的斯宾塞、涂尔干等社会学家从不同方面继承和发展了实证主义方法论，推动了社会学的发展。然而，实证主义忽视了人的主观意识和个体价值，因此，早在其创立不久，就出现了不同声音。

狄尔泰（1833～1911 年）是早期反实证主义思潮的主要代表之一，他认为自然科学是研究物质的、外在于意识的东西，与"精神科学"即人文科学完全不同。精神科学以对生命的体验、表达和理解为基础，重在考察人类的"内在的经历"，研究的对象是整个人类的生命现象。他借鉴了神学的解释主义，扬弃了实证主义和历史主义，强调"内在的经历"是存在论意义上的经验。

马克斯·韦伯（1864～1920 年）是古典社会学质性研究的倡导者，他开创了"理解社会学"，认为"社会学是这样一门科学，它试图对社会行动进行诠释性的理解，并由此而对社会行动的过程及结果给予因果性的说明。所谓'行动'，指的是行动个体给予其主观的意义的那种行动，不管是外显的还是内隐的。'社会的'行动指的是行动者的主观意义关系到他人的行为，并由此而在其行动过程中影响到其方向"（Weber，M，1964：88）[1]。韦伯指出社会学必须包括"社会行动"研究，即研究人们相互之间的行为动机和价值取向，而研究人际互动不应该只依赖于客观的定量方法，必须重视"解悟心声"，即重视对于他人心灵的"同情理解"。

早期反实证主义的另一个重要代表人物是齐美尔（1858～1918 年），他继承了狄尔泰的"理解"概念，认为社会学不应该单纯地研究社会系统，而是更应该注重分析个人行为。个人行为不仅体现了作为"社会原子"的个人行动者的动向及其与社会的关系，也是关系到整个社会的许多重大事件进行决策的具体场所。齐美尔指出个人行为并不是孤立进行的，社会中任何个人的行为都是互动的，都是在相互关系网中实现的。为了研究行为的互动网络，他强调研究社会空间的几何学（高宣扬，2005a：410）。同时他还强调研究社会过程，并在社会过程中分析行动者之间的互动关系的变动。

随着社会学的发展，古典社会学的质性研究传统在学科内部得到继承和发展，形成不同的理论流派，在社会学中占据越来越重要的地位。

（二）社会学的中国化过程与"质性"特征

社会学作为一门现代学科，是 19 世纪末 20 世纪初从西方传入中国的。中国社会学的先驱吴文藻先生于 1930 年提出了"社会学中国化"的主张，他一方面自己"开帐讲学……用本国的普通话来讲西洋社会思想史"，一方面采取"请进来，走出去"的办法，建立一种"植根于中国土壤之中"的

---

[1] 转引自高宣扬，2005a：410。

社会学（费孝通，1998）。被吴文藻先生"请进来"给学生讲课的代表人物有美国芝加哥社会学派奠基人帕克、英国人类学家布朗等。帕克提倡实地观察、亲身体验、参与研究的方法，而这种被称为社区研究的方法是从社会人类学移植过来的。布朗把英国人类学的功能学派理论介绍到中国，引导学生进行"田野调查"。被吴文藻先生"送出去"的学生费孝通、李安宅、林耀华等到英国、美国学习人类学，他们学成归国后应用人类学理论方法为"社会学的中国化"而工作。

因此，有学者指出，社会学的中国化过程实际上是社会学的人类学化过程。也可以说，社会学的中国化过程也是中国社会学的质性化过程。

新中国成立后，中国社会学中断了 30 年，1979 年恢复重建。由于初期主要引进的是美国社会学及其定量研究方法，西方的量化统计调查法以其"科学的"、"客观的"、"现代的"光环，被奉为唯一的社会学研究法。中国社会学因而丧失了设立之初由人类学传承下来的、重视田野调查的传统（熊秉纯，2001）。定量研究在中国社会学恢复后跃居社会学研究法的主流地位，一味强调"客观性"、"普遍性"和"代表性"，而中国社会学中的质性传统则退居边缘地位。费孝通先生晚年对中国社会学进行了深刻反思，他回到中国传统观念中去寻求一种解释性资源和方法论的提升，从而把中国社会学的道路延伸到实证主义之外，为这个学科的未来开拓出一片新的天地（赵旭东，2010）。费先生的努力为社会学的质性化发展开辟了广阔的前景。

（三）从日常生活世界中建构的社会理论

日常生活是人在世界上和社会中生存的重要内容和基本结构（高宣扬，2005a）。人生在世的大部分时间被日常生活占据，而且日常生活对于人类具有普遍的意义，每个人无论身份地位高低，都离不开日常生活。胡塞尔第一个引入"生活世界"的概念，他认为生活世界是文化和一切科学的基础。海德格尔认为，要真正揭示人的"在世生存"的奥秘，就必须从"一个一个具体的人"的生活入手。"一个一个具体的人"就是"此在"。人的生活就是以"此在"为基础。

20 世纪 30 年代，随着西方社会科学的理论争论和方法论的新探索，日常生活领域逐渐进入一些社会学家的理论视野。对日常生活领域的研究建构了重要的理论流派，最有影响的理论主要有现象学社会学、俗民方法论、象征互动论以及沟通行动理论等。限于篇幅，本文主要关注现象学社会学和俗民方法论。

1. 舒茨的现象学社会学理论

舒茨是现象学社会学的创立者，他将胡塞尔的现象学、韦伯的行动理论同美国米德等人的象征互动论结合起来，创立了现象学社会学的理论体系和方法论原则。舒茨在反思批判韦伯的社会行动理论的基础上，重点关注导致行动者意义世界互动的主体间的相互关系，他提出了"主体间性"（intersubjectivity）这一现象学社会学的关键概念。

"主体间性"就是互动着的个体之间的共同性的主观世界（高宣扬，2005a）。胡塞尔的现象学使得舒茨从抽象探索行动主观意义的纯意识层面转向在行动的实际互动中建构的、经验性的、共同的主观世界。韦伯在探索行动的意义时，提出了"主观意义"概念，认为主观意义是人类行动的核心。他强调对人的精神和心理层面的理解，提倡深入分析行动者是如何看待和诠释其周围世界的。胡塞尔看到了生活世界的重要性，正是生活世界的建构和不断的重建给予行动者一种"理所当然"的态度看待其周围的世界，并以此指导自己的行动方向。"生活世界"概念对于现象学社会学的重要意义在于，第一，它特别强调生活世界的"理所当然性"，并因此构成了人的行动和一切意向的基础；第二，强调共同生活于同一个生活世界中的个体对于生活世界的"共同参与性"，因此，生活世界就成为共同体的各个成员进行社会行动的意识基础（高宣扬，2005a）。

舒茨进一步强调生活世界的"社会现实性"，即对于生活世界中的行动者来说，生活世界是他们的行动所立足于其上的社会现实基础，也是社会学家研究人的行动，以及人类行动如何在其共同的社会过程中建构他们的实在的首要关键（高宣扬，2005a）。舒茨通过胡塞尔的现象学看到了共同生活于同一个生活世界中的成员所内在建构的主观意识世界的共同特性，并将生活世界作为分析行动者"主体间性"的结构的基础。

另外，舒茨还受米德的象征互动论的启发，进一步把生活世界概念具体化，并在行动者之间的互动网络中具体分析生活世界的形成和变化状况，通过分析揭示行动者心灵的基本结构的社会建构过程。

总之，舒茨的社会理论强调从日常生活的常识去诠释社会世界，因为社会世界本身是由行动者建构起来的。探索社会世界的建构过程，最可靠的途径就是回到日常生活领域中，实际地观察日常生活中不断重复的行动结构以及行动者的意识。

2. 彼得·伯格和托马斯·卢克曼的社会建构理论

作为舒茨的学生，彼得·伯格和托马斯·卢克曼继承了舒茨对日常生活的洞识，进一步发展了现象学社会学。彼得·伯格和托马斯·卢克曼同样关注日常生活，认为在多种多样的现实中，日常生活现实是最为重要的现实。在他们看来，日常生活具有秩序性、此地此刻性、互为主观性、理所当然性等特征（彼得·伯格和托马斯·卢克曼，2009）。他们把现象学社会学关于生活世界的理论重点，从论证生活世界的客观性转向分析生活世界同日常生活的密切关系，强调生活世界的主观面向，并说明生活世界是在日常生活中建构起来的主观和客观的结构（高宣扬，2005a）。他们将普通人的常识性的知识作为社会学研究的主题，认为正是这些"知识"构成了各种意义的结构，离开它们，任何社会都无法存在（彼得·伯格和托马斯·卢克曼，2009）。

总之，彼得·伯格和托马斯·卢克曼认为，"知识社会学"不仅必须处理人类社会中多种多样的经验"知识"，而且必须处理所有"知识"被社会地建构为一种"现实"的各种过程（彼得·伯格和托马斯·卢克曼，2009）。他们关于个体与社会、个人认同与社会结构辩证关系中知识角色的分析，对社会学所有领域提供了重要的补充观点，同时提醒社会学研究者，必须留心那些隐藏在结构背后的人为因素。

3. 俗民方法论

俗民方法论的创建者加芬克尔总结了现象学社会学、象征互动论和语言研究的成果，并将其创造性地应用于社会行为和社会结构的分析中。1967年《俗民方法论研究》的出版标志着俗民方法论的诞生。它激发了新的社会学研究取向的发展，加强了对传统社会学理论和方法的质疑和批判，进一步推动社会理论研究同日常生活实践的结合（高宣扬，2005a）。俗民方法论是从最普通的老百姓的日常行动和其看待行动的思考模式出发来研究社会现象和社会行动的。因为在加芬克尔看来，社会中占绝大多数的普通人正是现实的客观社会实在的建构者，也是社会现实的诠释者。俗民方法论者所研究的基本问题，不是传统社会学所研究的社会结构和行动等抽象问题，而是分析社会不同群体的行动者看待社会的方式、观点和基本方法（高宣扬，2005a）。他们关心的是不同群体的互动行为者在实际生活中形成的社会感和世界观，以及他们在日常行动中建构社会世界的惯例性方式。在俗民方法论者看来，社会学者的工作就应该是结合不同族群人们的不同生活世界，研究社会群体的成员感知其生活的社会世界的观点和方法，了解他们如何在其日常生活中界定他们生活于其中的社会的意义，从而对社会做出切合实际的多种解释。

（四）后现代社会理论思潮

20 世纪 60 年代以来，在西方社会文化发生急剧变迁的背景下，出现了后现代主义理论思潮。后现代是对"现代主义"提出的关于客观现实的主张的反应，在西方，这些主张主要指启蒙概念，即理智和理性、客观性与真理、科学方法和历史与知识的进展、个体主义和自由民主进步（奈杰尔·拉波特、乔安娜·奥弗林，2005）。后现代社会理论对于社会、文化和人的基本观点以及研究这些主题的基本方法都与传统社会理论根本不同。后现代思想家建构了适应当代西方社会文化特征的新社会理论，而且彻底重构了关于整个人类社会及其历史的理论论述体系。后现代理论的特征还在于对整个西方传统知识体系、理论体系的彻底批判（高宣扬，2005a）。后现代理论是多元的，本文只简述对质性社会学影响较大的三位后现代理论家的社会理论。

1. 利奥塔对现代知识体系的否定

法国后现代思想家利奥塔（Lyotard）在《后现代状态：一个知识报告》一书中描述了当前社会文化生活实践的表面性、碎片化和多元性。在一个充斥太多主张和信息的世界里，人们无法得到一个单一的、超然的真理。利奥塔认为，进入资本主义现代社会以来，政治、科学、文化和社会活动同商业化的利益相结合，现代知识语言论述呈现符码化倾向，使得一切有关真假区分的科学认识活动变得相对化和不确定化。语言论述结构的变化标志着作为西方文化灵魂的哲学和普遍主义的形而上学基础的彻底垮台，意味着整个人文科学及其精神的失败；第二次世界大战以后，西方社会知识生产和传播呈现信息化、媒体化、符码化、多元化和全球化特征。

利奥塔还认为，启蒙运动思想家所论证的普遍人性和个人解放的理念，忽略和抹杀了实际社会中处于不同生活世界的个人的特征；现代形而上学将人性理想化和抽象化，完全脱离现实的生活世界，而且将人性和非人性绝对地割裂和对立，否定多元化人性表现。后现代主义重视个人生活中的不确定性和具体性，强调个人的创造性的自由本质。

2. 福柯的话语理论

福柯在《知识考古学》中指出，话语是社会生活和交换中的一个关键因素，特别是文化话，既维系着传统认知世界的方式，也维系着正在进行认知的人们之间的权力关系。话语在特定条件下制约着人们如何交流以及他们能知道什么和怎样知道（奈杰尔·拉波特、乔安娜·奥弗林，2005）。在福柯看来，真实是在特定话语中并被特定话语建构的意义。这意味着不可能存在客观的知识、独立的理性判断、自主的个体或者任何不是由历史上特定的文化话语建构起来的世界。福柯认为，话语是在特定环境中，由社会中占据一定社会文化地位的一个或一群特定的人（说或写的主体），就一个或几个特定的问题，为特定的目的，采取特定的形式、手段和策略而向特定的对象，说或写出的话（高宣扬，2003）。福柯等人所批判的话语分为三大类型：（1）以知识形态表现的论述体系，或作为某种知识体系的论述手段的话语；（2）作为某种政治或社会力量的表达手段的"话语"或"文本"；（3）人们日常生活中所说的各种话语。福柯将话语放在具体的社会文化环境中加以分析，将其当作历史事件直接展现出来。他揭露、批判了历史和政治活动中流传下来的各种定型的传统观念、行为方式和制度规范，分析知识体系中的话语的本质，揭示了现代西方人文科学的核心概念"人的主体性"的空虚性。

3. 德里达的解构主义

德里达的解构主义是后现代主义的一个重要理论。他和福柯相似，始终关怀当代社会和文化的基本问题。德里达借用和改造海德格尔的"解构"概念，集中批判西方传统形而上学和语音中心主义。语音中心主义是现代人文主义的基础和核心，按照语音中心主义的原则，人面对自然和整个客观世界的主体地位以及面对他人和整个社会的主体地位，都是以"说话的人"和"理性的人"的基本事实作为基础的。德里达发现语音中心主义和理性主义所建构的整个人文主义文化，都是以听得见但看不见的声音符号，去指涉和取代那些缺席的客观对象和客观意义（高宣扬，2003）。他揭露了传统语言中符号与意义的关系，指出西方传统文化依靠语音中心主义推行逻辑中心主义。他指出历代的传统文化利用语言的"能指"和"所指"的"在场"/"不在场"的游戏，进行各种知识和道德价值体系的构建。

德里达的解构完成了对于传统中心文化的包围和吞噬，成为没有固定结构和不追求任何确定意义的自由创作活动。在德里达看来，解构要打破的是"能指"与"所指"的二元对立，解除原有的主体中心的秩序，进入真正无中心的自由领域（高宣扬，2005b）。他的解构理论及策略，在后现代主义批判西方传统文化和思想的创造活动中具有决定性的指导意义。

总之，后现代理论对客观性、理性、科学方法的解构，乃至对整个西方传统知识体系、理论体系的彻底批判，都为质性社会学的建构提供了深刻的启迪。

（五）人类学的发展变迁对质性社会学的启示

作为对社会文化进行描述分析的学科，人类学的知识发展和学科的变迁过程对质性社会学的建构提供了有益的启示。传统上，人类学以描述、解释异文化为学科任务，从19世纪晚期到20世纪末，人类学的理论范式、方法论和研究旨趣经历了一系列的变迁。

19世纪中晚期，受当时西方学术界关注人类社会进步的意识形态的影响，刚刚诞生的人类学专注于各种不同的人文类型资料，通过比较分析试图概括出人类社会从低级向高级发展演化的社会通则。20世纪初至30年代，欧美的人类学研究发生了根本的变化，社会文化人类学成为社会科学的一门新学科。导致这一变化的是一种独一无二的研究方法——民族志的出现（乔治·E. 马尔库斯、米开尔·M. J. 费彻尔，1998）。民族志方法是指人类学者先到一个异文化地区进行田野工作，即对当地人的日常生活进行参与观察、记录，然后对所观察的文化现象进行详尽的描述、分析，并通过这种来自亲身的田野调查而获得的对异文化的认识，来检验关于人类社会的理论，这些理论往往带有民族中心主义的色彩。这一转变使得人类学者将注意力转向对某一具体的文化的充分表述，运用整体观的方法论对一种特定文化的生活方式和社会结构进行全面的描述，而不再提出放之四海而皆准的大理论。这一时期诞生了影响深远的英国功能主义理论流派，与19世纪的人类学形成了鲜明的对照。然而，到了1960年代，整体观的民族志受到了批评。原因是功能主义民族志日趋程式化，形成刻板的学究式类型学论述（乔治·E. 马尔库斯、米开尔·M. J. 费彻尔，1998）。这一时期出现了解释人类学，它是在当时占支配地位的帕森斯社会学理论、经典的韦伯社会学、现象学、结构主义、结构和转换语言学、符号学、批判理论以及阐释学的共同影响下产生的。以格尔茨为先驱的解释人类学将人类学的研究重点从对行为和社会结构的探讨转向对象征符号、意义和思维的研究。它将文化当成意义系统，并强调民族志是一种人为的认识过程，重视人类学者建构解释的过程以及依据他们的访谈对象的解释所进行的意义建构的过程。1970～1980 年代，随着后现代思潮的蓬勃兴起，人类学表述发生文学转向，出现了各种风格的实验民族志，人类学转变为文化批评，即借助其他文化的现实暴露自身文化的本质。

作为社会学的姊妹学科，人类学的发展变迁是一个学科自身不断反思的过程，也是学科不断更新的过程，反映了学科对研究过程本身和表述方式的批判和修正。这一过程是从追求客观通则的实证主义转向对意义的阐释、理解和建构的过程，也是更广泛的学术发展趋势和潮流的一部分，这一趋势在社会理论方面体现为对实证主义的挑战。正如后现代理论家利奥塔所说，当代人文社会科学发展的关键特征在于，现在大家关心的问题是情境性、生活者眼中的社会生活的"意义"、例外情况、不确定性，等等，而不再费力地对所观察现象中的规律性进行解释（转引自乔治·E. 马尔库斯、米开尔·M. J. 费彻尔，1998）。这就是人类学的发展变迁对质性社会学的启示。

三　结语

社会学作为一个学科是在特定的社会文化背景下产生的，正如周晓虹教授所说，社会学乃至整个社会科学所以会出现在 19 世纪的西方，是因为此前几百年以来开始出现的全新的社会生活和组织模式，导致了欧洲传统的社会秩序发生了有史以来最为剧烈的变化，而"急剧的社会变迁……有可能提高人们自觉地反复思考社会形式的程度"（周晓虹，2009）。随着时代的发展，人们对社会世界的认识水平也在不断提高，并因应变迁的社会而建构出新的理论体系。质性社会学正是在当下中国社会的巨大变迁中应运而生的。

中国当下的社会文化变迁迫使人们反思中国的社会学及其在认识、解释中国社会时的局限性，同时也呼唤社会学的发展和更新。长期以来我们对社会发展的认识过于强调"量"的增长，因而以统计分析见长的定量研究一直在社会学中占据主导地位。现在，人们已经认识到对于社会的发展而言，"质"的改变比"量"的增长更为重要。这一认识方式的转变也呼唤对社会进行质的研究。

从学科发展史也可以看到，整个社会科学和人文学科的发展变迁，是从追求绝对的、客观的科学、真理逐渐转向关注人的主体性、人对社会文化的建构过程，在这一过程中，实证主义范式逐渐失去了曾经的支配地位，而曾经处于边缘地位的寻求理解、诠释的质性研究传统在社会科学和人文学科中占据的地位越来越重要。上述质性社会研究的各种理论流派，包括古典社会学的质性研究传统、现代社会学中的现象学社会学、建构论、俗民方法论以及后现代理论思潮等，都为质性社会学作为一个新的学科奠定了理论基础。质性社会学的提出和建构也顺应了当代人文社会科学发展的总体趋势，它将借鉴西方的理论和概念，并利用中国本土的概念和独特的观点以及中国传统文化中的质性思想，对复杂的中国社会文化做出深刻的理解和诠释。

（作者　王旭瑞）

参考文献

〔美〕彼得·伯格、托马斯·卢克曼：《现实的社会构建》，汪涌译，北京大学出版社，2009。

费孝通：《从实求知录》，北京大学出版社，1998。

高宣扬：《当代法国思想五十年》，台北五南图书出版公司，2003。

高宣扬：《当代社会理论》，中国人民大学出版社，2005a。

高宣扬：《后现代论》，中国人民大学出版社，2005b。

黄宗智：《认识中国，走向从实践出发的社会科学》，社会学视野网，2010年9月17日。

罗钢：《消费文化读本》，中国社会科学出版社，2003。

〔英〕奈杰尔·拉波特、乔安娜·奥弗林：《社会文化人类学的关键概念》，鲍雯妍、张亚辉译，华夏出版社，2005。

〔美〕乔治·E. 马尔库斯、米开尔·M. J. 费彻尔：《作为文化批评的人类学》，王铭铭、蓝达居译，生活·读书·新知三联书店，1998。

孙立平：《断裂——90年代以来的中国社会》，社会科学文献出版社，2003。

王旭瑞：《乡村文化与社会管理》，杨红娟、尹小俊等编《社会管理创新25

题——社会学与社会管理》，中共中央党校出版社，2011。

熊秉纯：《质性研究方法刍议——来自社会性别的视角》，《社会学研究》2001 年第 5 期。

赵旭东：《超越社会学既有传统——对费孝通晚年社会学方法论思考的再思考》，《中国社会科学》2010 年第 6 期。

周晓虹：《现代社会的批评与重建》，《南京社会科学》2009 年第 1 期。

质性社会学中的"社会"
概念谱系

本文主要阐述了理解社会的出发点及其概念界定，总结了"社会"概念类型，尝试着从新的叙事视角来诠释和勾勒"社会"概念，试图寻求其背后真实存在的运转逻辑，以缩小围绕"社会"展开的宏大叙事和日常生活描述之间存在的差距，并透过文化视域逐步转向认知真实的"社会"。

一 思考起点："理解社会"到底应从何处出发？

"社会"概念在不同的学术实践中不断地被"规训"，社会学、政治学、人类学、经济学乃至历史学等都对其有规定性的独特定义，导致它的差异性和多维性表露无遗。无论其身处生活世界，抑或定位于科学微世界（黄光国，2006：8），"社会"概念被建构的状态皆已展示，但这一知识构建的方式是否属于"真实的诠释"，能不能做到"让事物如其本身之所是地呈现出来"（黄光国，2006：248），对"社会"的理解和认识，究竟以何种类型和方式来还原与呈现，仍需我们进一步探讨、思考乃至质疑。

其实，"社会"概念最关键的是呈现一个真实的或实在的生活世界，当通过全景敞视方式展现他者的日常生活之时，恰恰也注定了"社会"自身被关注的历史命运，由此，它的内在价值及其核心意义也被阐释而出。正如菲利普·梅勒在《理解社会》（菲利普·梅勒，2009：1）中指出"本书的目的在于发展一种对社会的理论解释，使之不仅能够帮助阐明那些形塑当前社会生活形式的转型和发展的重要维度，而且也有助于厘清那些范围更广的关于人类社会一般特征的争辩"，他在此基础上，更进一步点明"与那些认为'社会'这一概念在现今时代对于发展社会学分析已是一个过时的基础的观念不同，本书的主旨是指出有必要进一步审视和发展'社会'这一概念，而非丢弃它"。在这一宏观框架下，他将"社会"理解分为七大类，包括现实社会、复杂社会、偶然社会、必要的社会、现世的社会、默会的社会、复兴的社会，它们涵盖了49个概念理想类型，比如多维社会、消费社会、被构成的社会、经济社会、个体化社会、日常社会、仁爱的社会等等，这些内容几乎囊括了社会学史上种种与"社会"紧密相连的概念。

自从法国实证主义哲学家孔德创造出"社会学"这一术语以来，围绕社会学的研究对象产生了诸多认识，种种看法层出不穷，既有主张"社会整体"，亦有注重"社会个体行为"，也不乏紧扣"社会关系、社会组织或社会制度"的学说，可谓"各持己见"，那么，到底该如何确定社会学的内在视域、关注主题和概念内核？其实这一疑惑一直与几组不同对立范畴的争辩进程积极相随，类似如学科地位的争论、社会唯名论与社会唯实论之间的"纠缠不清"、"个人"与"社会"二者的相互对立、主客观的二元冲突等都可归入上述对立范畴中，而且包括那些古典社会理论家们如韦伯、涂尔干、齐美尔等人都曾卷入其中，当后现代社会时代来临后，极大地改变甚至摧毁了古典及现代社会对其所指涉之意。

可想而知，整体或个体仅凭自身之力是无法构建出值得参照的理解社会的基本图式，当"社会"概念犹如"黑洞"吞噬了无数的域外之争，又将其拉回了事实本身，弥补了任一方面的偏颇和极端，甚至消除了原本早已存在的分裂张力，还原到社会学最早关注的"社会"本身，但二者并不是等同关系，而是经过历史叠层、知识建构之后被赋予新内涵的"社会"概念。由此可见，即使社会学阐释的主题再纷繁复杂，但"社会"很早就以社会学独特研究对象的面目出现，并作为社会学的基本论题被纳入社会学想象力皆可触及的领域，很明显仅依靠整体观或个体观的视角是无法准确把握和推进认知社会的。与此同时，由于它还充当了社会个体与宏观体系实现直接沟通的连接工具，这些判断在日后的社会学研究实践中不断得到验证。综上所述，要想理性解读社会事实和日常生活就应从作为社会学研究基本对象的"社会"着手。

二　何谓"社会"：被"规训"的概念及其定义幻象

什么叫社会（Society）？简单理解，社会即由一群具有共同文化与地域的互动关系的个人与团体所组成的（蔡文辉等，2002：220）。在过去的几百年时间里，"社会"概念由诞生到发展。起初，它是个被建构而来的词汇，一般是从欧洲人的传统思维和文化范式出发去定义，这对于欧洲域外的人们而言，属于另一种描述和概括总结社会事实的方式，但也并不意味着他们会完全失语，因为这个定义过程并非单方向输出，而是相互作用地持续建构的链条映射。在多维文化框架下同一概念的不同意蕴都嵌入了该链条，从而达到共同书写"社会"原貌的价值指向。

很显然，"社会"概念得以成为社会学界一个流行术语，主要源于它已经过了较为漫长的发展史。具体来说，是由雷蒙·威廉斯从词源变迁角度将其梳理了一番：Society 最早词源可追溯到拉丁文 *socius*（意指同伴），在 14 世纪其最接近的词源为古法文 *société*，拉丁文 *societas*，到了 16 世纪中叶它的普遍含义逐步得到确立，17 世纪更加明确，但其具体的演变过程相当复杂，进入 18 世纪其抽象含义即作为一种"生命共同体"的认识极为普遍（雷蒙·威廉斯，2005：446～452）。然而，最终对它的界定一方面来自于不同学派代表人物学术成果的持续积淀，另一方面也与"社会"在社会理论范畴内通过相互澄清的规训过程来获得定位和地位密切相关，而后它才逐步成为当代社会学研究中的核心概念之一。当然，首先要对这一概念的不同含义做一番简明扼要的梳理。事实上，在相关的学术文献范围内，学者们对"社会"概念的理解或解释集中于以下的几种论述中：

第一，是将"社会"定义为一种社会关系、互动行为或生活关系，其重点在于突出人与人之间的互动关系，如一种理性的利益关系，以及关注人们的日常生活和具体实践，"社会"最终会在社会个体之间互动的基础上形成关联机制和紧密关系，如齐美尔、韦伯、雷蒙·威廉斯等人的论著。

第二，是将"社会"理解为一种生活共同体、文化共同体甚至生命共同体，在日常社会生活中，人们的互动关系被嵌进文化图景内，实际上，他们的社会行为折射出文化视野下的社会规范显功能，这一点充分体现在许多社会学家的著作中，尤其是吉登斯的观点更加鲜明："社会就是把个体连接在一起的具有内在相互关系的系统，它们的成员是在共同文化造就的结构化的社会关系中被组织起来的。"（安东尼·吉登斯，2003）

第三，是将"社会"看作民族/国家互构的形式，实际上，"社会"自身不断衍生和实现自我复制，从社会关系到勾连为共同体，并在历史行进的过程中逐渐走向了人类——社会结合体的模式，至此这一互构意识也就蔓延开来，最终以民族/国家的外表形式呈现出来。如 G. D. 米切尔、迈克尔·

曼等人。

通过细读上述关于"社会"概念的几种论述可以发现一些共同特点，即可概括为"社会"概念蕴涵着下列主题词：

外在范畴	内在关联	双重性
社会关系/互动行为/生活关系	人与人之间互动关系	初级阶段－微观形式
生活共同体/文化共同体	人类群体	中级阶段－中观形式
民族/国家	人类—社会结合体	高级阶段－宏观形式

库利对"社会"一词的详细描述，恰如其分地对上述分类作了准确的诠释，当然，解释的角度并不完全一致，但可以作为相互参照的坐标系。他认为，"广义的社会，的确是这样的一个生命整体，它可以指全人类，也可指任何个别的社会组织。这个词最广泛的意义是指人类集体的一面，它的意思是，所有的个人和他所能具备和给予的都是社会性的，因为他们都以这样或那样的方式和总体生活发生着联系，并且成为集体发展的一部分。'社会'的第二种意义指人们直接的交流，包括交谈和有具体对象的同情——简言之，就是交际。这个词的第三个意义表示增进集体福利，因此它差不多成了道德的代用词了。"（查尔斯·霍顿·库利，1999）如同德勒兹借用叶尔姆斯列夫的几对词组"内容与表达、可视性平面与可读性场域"来重新阐释福柯一样（吉尔·德勒兹，2006：49~50），此处通过类似的方式对"社会"这一历史叠层再次加以叙事表述。对"社会"而言，如"社会规范"被当做一种可视性场域，类同于陈述的表达形式，而"社会空间"作为内容形式，界定了一个可视性场所，二者在固定时空区域内可暂拆分，但如果视为连绵的时空，则为"一体两面"。自此，"社会"被化约成言说的建构和非言说的建构两种状态，就这个意义而言，"社会"概念始终是一全新概念，延伸来说，它是在自明性与"上述两者之间"交织和游离，其不确定性已然成为一种常规状态，导致确定型的定义则无法言明自身。

正因如此，我们可以看到，人们有时无法避免患上"幻想的瘟疫①"症

---

① 一定程度上"幻想"并不直接等同于"幻象"，此处只是表明一种类似的呈现方式及其内在状态，详细内容可参见〔斯洛文尼亚〕斯拉沃热·齐泽克《幻想的瘟疫》，胡雨谭等译，江苏人民出版社，2006。——作者注

状，其中包括无法摆脱的主体间性，以及去中心化的主体能否自我实现等内容皆属疑问。"社会"概念无疑是被创造出来的，同时也在社会学术语范围内获得了合法性和正当性，但真正事实或日常生活是极其复杂和零散琐碎的，诸多细节无法剥离更难从它们缠绕不息的过程中进行分割，所以必须指出的是，这一现实中存在的定义，其实不过是主体性和中心化作用的历史产物，可以说，真正的"社会"存在吗？这是不言而喻的，它的叙事是外在于自身的梳理阐释过程，属于自生的"社会"在哪里？对此，也许我们只能将其看作一个暂时性/流动性的概念加以解释。

进一步看，用柯林斯等学者的话来说，社会距离生活世界的日常经验并不遥远，换言之，其实更加亲近和融合，但这并不意味着其必然能直接获取相应的知识，"理所当然"的事物是现实理想类型化的结果，加之常识界限通常会导致我们失去分辨能力，因此，理性有时更像一种自我控制和行为操纵的价值工具，以至于对真实世界的理解趋于表达出一种幻象式的解释（兰德尔·柯林斯、迈克尔·马科夫斯基，2006：1~16）。那么隐藏的真实到底是什么呢？事实与幻象之间存在着何种内在关联？答案不言而喻，关于上述论题的思考更像是一个不断趋近社会学事实的过程，对于"社会"定义的追逐无疑类似于数学中的极限概念——无限逼近但根本无法"直视"。其实，在韦伯、涂尔干等多位古典社会学家的论述中，已或多或少隐约透射出注重探究社会现象本质所带来的前瞻意味以及破除幻象的勇气和理论上的大胆尝试，兰德尔·柯林斯等人明显注意到了社会历史发展存在着的这一内在特征："这些遮蔽社会现实的偏见阻挡了我们认识到它们之为偏见的性质。幻象的一个重要因素就是我们相信它是事实。那些伟大的社会学家们对知识社会学的贡献是他们工作的内在组成部分。他们通过分析各种社会生活条件如何决定了我们意识的内容而打破各种幻象。社会学的历史就是一个我们自身的思想逐步深化的过程，我们不断揭示出先前没有意识到的偏见之根源。"（兰德尔·柯林斯、迈克尔·马科夫斯基，2006：5~6）

三　超越视域：对"社会"概念核心特征的诠释

以上的论述表明，对于"社会"的理论叙事并不仅仅停留在概念的传统叙述和自我辨析上，它的视野正逐步投向一个内容蕴涵相对丰富、研究领域覆盖范围更加广泛的维度，自此，进一步加深探讨"社会"概念背后的特征往往有利于超越以往固化、缺乏流变的研究视域。

"社会"概念的核心特征主要体现在不确定性、流变性、弥散性和知识性四个方面：

一是"社会"概念嵌入的不确定性，有一段精彩的描述准确地传递了不确定性的内在生长过程："生命的历史是不确定性的演变史，是日益增加的自由的演变史。问题在于，从根本上讲，未来和真实对于我们是不可知的……然而，这一过程所具有的不确定性，又不断地在文化的多样性和产生新的社会实践的自由中重申自己的权力。"（维克多·泰勒、查尔斯·温奎斯特，2007：235）实际上，社会学内在具有的不确定性特征与其主要概念自身的演化密切相关，试图澄清它的概念自是应有之意，从社会整体及其运行机制不失为一种合适的选择，但无论如何都脱离不了社会现实（让·卡泽纳弗，2003：1～2）。不确定性是相对于确定性而言的，确定性只是局限在某一个时空区域，缺少连绵的演化发展过程，因而它支配社会的难度不可避免地被抬升，反之，由于社会自身具有的复杂性，同时也就决定不确定性实际主导了社会变迁的整个历程。但作为社会界限内的生命个体，总是陷入由文化差异性所带来的非循环影响，这些内容恰恰也证明了离不开社会的个体总是不断地努力"实践着"社会。

二是"社会"概念内在的流变性，从词源上考察，流变事实上是源自希腊词 rhein（流动），从古希腊哲学家赫拉克利特到柏拉图他们都展现出一个相对固定的观点：一切可感事物都处于永恒的流变中（尼古拉斯·布宁、余纪元，2001：381）。换言之，其实社会的本质就是流变，而德勒兹非常认同这一点。总的来说，流变性属于历时性概念，贯穿在整个社会发展的始终，尤其体现在历史转折期发生社会变迁式的大跳跃，在日常生活世界社会个体与社会群体、社会组织与社会制度、社会各个不同领域之间以前所未有的互动频率向前发展。从某种意义上说，流变性"开启"了促进社会发展的新引擎，但无论是概念自身还是它被书写、叙事和建构的各类文本，其导致的所指和能指相互之间仍无法充分达成一种契合默契的内在指向关系。一定条件下，外在技术变革、时空压缩、情感交流阻隔等因素存在，会在不同层面加快社会流变的实际速度。

三是"社会"概念孕育的弥散性，福柯对权力弥散性的案例分析非常具有代表性，他以弥散性为媒介重新诠释了传统的权力观："权力既不是属于统治者单方面的，不是由统治者单方面所组成和维持的，也不是由统治者这个唯一的中心单方向发出的。"（高宣扬，2005：326）回到"社会"概念本身，其弥散性常常表现在社会类型划分上，无论类型化标准属于连续型变量还是片段型变量，弥散性一定程度上也就等同于平等性，前者如前工业社会、工业社会、后工业社会这样的划分模式，后者似风险社会、消费社会等，这些弥散性的变量既有共存的关系，又有绵延的关联，从这个角度来看，社会弥散性是能够"遗传"下去的。

四是"社会"概念蕴涵的知识性，不仅体现的是"人类所有的知识皆是社会的产物"（蔡文辉等，2002：222），更依赖"知识在一个社会里出现、成长、传播的过程"（蔡文辉等，2002：222），从而有效施加对社会的全面影响，二者的互构状态实际上造就出驱使社会不断前进的动力。那么，到底何谓"知识"？《西方哲学英汉对照辞典》（尼古拉斯·布宁、余纪元，2001：537~538）摘录了柏拉图论及的知识，他认为知识必然是由三种必要条件构成，包括信念、真和辨明。在阐明知识及其性质的同时，"因果理论"、"可靠论"等的大量出现为我们揭示了关于知识的认识论是一直处于白热化的争论状态，这一趋势由于内在原因注定将延续和蔓延下去，与此同时，社会也可以被理解为知识的共同体，它的知识性不仅源于其自生的性质，也与外在社会事实建构和整个生活世界知识再生产联系在一起。另外，知识的四大特征：不可替代性、不可逆性、非磨损性、共享性（庞元正、丁冬红，2001：532~533）使得知识与社会内在的勾连更加密切和深入，知识社会学的建构历程很好地说明了这一点。从马克思、历史主义学派（如狄尔泰）、马克斯·舍勒、曼海姆到彼得·伯格、托马斯·卢克曼等学者，他们的论述实质上有助于清晰地呈现知识社会学的历史脉络，尤其是揭示了"现实是由社会建构的"，它暗示了知识与现实之间存在的互动关系，一方面需要学会处理社会经验过的知识，另一方面也应学会进入知识被社会构建为现实的过程（迈克尔·曼，1989：319；舍勒，1999；庞元正、丁冬红，2001：533；彼得·伯格、托马斯·卢克曼，2009：1~16）。

四　结语

"社会"概念的探讨实质上并不仅仅在于梳理该概念的发展历史，而是以此为切入点来思考"社会"。当然，词源方面的探讨无疑会为厘清"社会"概念绵延和更替的过程提供一个反映话语变迁的真实轨迹，这是它的价值，更是反映社会与日常生活世界发生关联的现实来源，在反思"社会"概念诠释之时，其重心在"回顾经典——概念创新、生活世界——底层叙事、文化话语——整合社会"等几对互动关系上，从而有效实现探索文化视野中的"社会"景观。

从反思经典到概念创新。"社会"概念需要创新，必然会追溯到更为古老的历史传统中去，古典欧洲的社会理论蕴涵的价值不在于理论本身，也并非仅仅依靠一两项分析范式和理论工具来反映"社会"的真实面貌，而以往经典理论常受到新理论的冲击及其相关知识生产的影响，要想实现概念创新，一定程度上需要打破中心化、主体性和正统性的固定套路，吸收概念创新的互动成果，及时确立全球视野的思维框架来最终决定社会的全新定位。

从生活世界到底层叙事。"'日常生活的世界'指的是这样一个主体间际的世界，它在我们出生很久以前就存在，被其他他人，被我们的前辈们当做一个有组织的世界来经验和解释。现在，它对于我们的经验和解释来说是给定的。我们对它的全部解释都建立在人们以前关于它的经验储备基础上，都建立在我们自己的经验和由我们的父母和老师传给我们的经验基础上，这些经验以'现有的知识'的形式发挥参照图式的作用。"（阿尔弗雷德·许茨，2001：284）斯皮瓦克①对底层人的研究深邃而又影响广泛，她的视野立足于日常生活世界中的底层社会，通过底层叙事的方式为我们揭示如何认识整个社会结构，并在其间夹杂着复杂的道德情愫和价值取向，这样一来，从生活世界到底层叙事为我们提供了一个重新理解和思考"社会"的平台。

通过文化话语整合社会。文化转向视域中的社会有着明显的双重意味，第一重意味表明的是由厚重的文化意蕴的社会结构形塑着社会个体，第二重意味则表明的是有着丰富社会意蕴的社会群体与外部文化之间的关联。就此而言，我们不能忽视文化反思的重要性，正是在文化转向的视域中，一些重要的社会议题得到了重新认识。通过文化话语来整合社会更易于打破以往的思维定式，挑战更为根深蒂固的学术理念，自此才能吸收新的经验，帮助思

---

① 参见三篇文章的内容："底层人能说话吗？""底层研究：解构历史编纂学"；"底层人能说话吗？"——2006年清华大学讲演来自〔美〕佳亚特里·斯皮瓦克著《从解构到全球化批判：斯皮瓦克读本》，陈永国等主编，北京大学出版社，2007。

考文化在社会领域内发挥其所具备的深层次作用。

最终，未来社会的前景如何？答案很难确定，但唯一可以肯定的是，它必然是技术、理性、情感、道德等多因素博弈的结果。从以往炙手可热的概念如工业社会、后工业社会、信息社会、知识社会等，到如今蓬勃兴起的话语像网络社会、后现代社会、个体化社会、风险社会、消费社会等，其实已隐约地契合了这一判断。

（作者　尹小俊）

参考文献

庞元正、丁冬红主编《当代西方社会发展理论新词典》，吉林人民出版社，2001。

蔡文辉等编撰《简明英汉社会学辞典》，中国人民大学出版社，2002。

高宣扬：《后现代论》，中国人民大学出版社，2005。

黄光国：《社会科学的理路》，中国人民大学出版社，2006。

〔英〕迈克尔·曼：《国际社会学百科全书》，袁亚愚等译，四川人民出版社，1989。

〔美〕查尔斯·霍顿·库利：《人类本性与社会秩序》，包凡一等译，华夏出版社，1999。

〔德〕舍勒：《知识社会学问题》，艾彦译，华夏出版社，1999。

〔英〕尼古拉斯·布宁、余纪元编著《西方哲学英汉对照辞典》，王柯平等译，人民出版社，2001。

〔美〕阿尔弗雷德·许茨：《社会实在问题》，霍桂桓、索昕译，华夏出版社，2001。

〔英〕安东尼·吉登斯：《社会学》，赵旭东等译，北京大学出版社，2003。

〔法〕让·卡泽纳弗：《社会学十大概念》，杨捷译，上海人民出版社，2003。

〔英〕雷蒙·威廉斯：《关键词：文化与社会的词汇》，刘建基译，生活·读书·新知三联书店，2005。

〔法〕吉尔·德勒兹：《德勒兹论福柯》，杨凯麟译，江苏教育出版社，2006。

〔美〕兰德尔·柯林斯、迈克尔·马科夫斯基：《发现社会之旅：西方社会学思想述评》，李霞译，中华书局，2006。

〔美〕维克多·泰勒、查尔斯·温奎斯特：《后现代主义百科全书》，章燕、李自修等译，刘象愚校，吉林人民出版社，2007。

〔美〕彼得·伯格、托马斯·卢克曼：《现实的社会构建》，汪涌译，北京大学出版社，2009。

〔英〕菲利普·梅勒：《理解社会》，赵亮员等译，北京大学出版社，2009。

质性社会研究的一般概念及取向

很多从事质性社会研究的学者曾一度困扰于质性社会研究缺乏能体现自身特征的术语。质性社会研究在文本呈现上或在研究方法的说明上多依赖于量化研究用语，即使是在对话过程或批判观点的表达上也是借用传统的社会学语言澄清自身。为了摆脱这种尴尬处境，崇尚质性社会研究的学者们以不同的方式进行着努力，试图提炼出独属于质性社会研究的专属特征。本文即是从质性社会研究一般概念的角度入手进行的尝试。

一　质性社会研究的历史脉络

社会学的所有努力都在于发现和揭示社会的结构和运行规律，不同的是在完成该使命的过程中着眼点的差别。以研究层次的个人视角和社会视角相区分，社会学在早期被人为地划分为微观社会学和宏观社会学。微观社会学以个人为研究对象，分析作为社会组成部分的独立个体在社会中如何行动、沟通。宏观社会学则从整体的角度着眼，对社会各组成部分之间的关系进行探究，研究社会各机制之间协调运行的规律。经典社会学时期，宏观社会学雄踞霸主地位，微观社会学被亚文化化。这种亚文化地位基于两个前提，一是微观社会学所涉入的领域在宏观社会学看来无法有效揭示社会结构；二是微观社会学的研究领域在宏观社会学看来是"不言自明"的，"先验存在"的。随着微观社会学的发展壮大以及宏观社会学缺陷的显露，一股融合微观社会学与宏观社会学的力量开始出现，致力于此的学者们试图通过上升微观社会学的研究层次和在宏观社会学中加入基础层次的研究而架起两者之间的桥梁。

宏观或是微观抑或是两者的融合者，他们的主要努力都在于描述社会，解释社会，区别只在于研究层次的差异和研究对象的区别。理论建构模式、研究方法和研究技术的选择是研究者具体的抉择结果，对于质性社会研究的范围来说并无限制，各层次都可能包含了质性社会研究的特质，因此本文将从上述三个层次着手梳理相关概念。

社会学是以"社会行动"这个重要概念为核心扩展开的，不同的研究层次从不同角度对此进行了阐释。对宏观社会学而言，社会行动的关注点更多地集中在社会秩序上。对微观社会学而言，社会行动的关注点主要集中于个体互动方式和能动性发挥上。而对"方法论个体主义者"来说，社会行动既受到社会环境的影响和约束也不可忽视主体能动性的作用。

沿着"社会行动"这条藤摸索下去，质性社会研究的核心概念逐渐清晰。在微观社会学看来，社会行动就是个体普普通通的日常行为，是个体生老病死的生命经历，据此微观社会学提出了质性社会研究的"实践性"，以表明研究对象的日常生活性和微观性。为了探究个体的日常实践方式，即人们的共识是如何达成的，意义是如何赋予的，社会学家们从不同角度给出了自己的解释。现象学社会学家舒茨提出了"主体间性"的概念用以说明行动的意义定位过程和方式。根据理解社会学的代表人物韦伯对行动意义的划分，行动者赋予行动的意义可划分为主观意义和客观意义，前者是相对于行动者而言，后者是相对于观察者而言。舒茨在韦伯的基础上将主客观意义更加细化和复杂化，最终得出"自我意义的确立过程和对他人经验的理解涉及的是两种完全不同的意义，能够把握住的社会行动的意义只能介于纯粹的客观意义和主观意义之间"（杨善华，2009）。舒茨将社会学研究视野引向日常生活的做法启发了加芬克尔，加芬克尔以日常生活为研究对象，从语言的角度出发分析普通人处理日常社会互动的基础方法，进而提出了"索引性表达"的概念。加芬克尔认为"日常语言以及实践行动是依赖'索引性表达'或'索引性行动'完成的，即'依赖对意义共同完成的且未经申明的假设和共享知识'"（杨善华，2009）。对社会行动的研究都是以日常生活为背景展开的，为了将这一背景概念化和学术化，胡塞尔提出了"生活世界"的概念，舒茨沿着胡塞尔的足迹前行，对此概念又做了发展。根据舒茨学生的简明定义，舒茨的"生活世界"是"包含人所牵连的种种日常事务的总和"。"在舒茨的分析中，生活世界是和自然态度和主体间性这两个概念紧密联系在一起的"（杨善华，2009）。

以社会行动为开端的社会理论研究，目的都在于揭示社会内部的组织过程和社会存在的结构，不同之处一方面在于探究视角的差别，另一方面在于方法技术上的差异。例如，一些学者以质性研究的方式来达成这一目标，另一些学者则希望以量化统计的方式实现该过程。在实证主义占据话语霸权的时代，一切人文科学都试图在方法技术上将自己客观化。部分实证主义的坚定拥护者和部分质性研究方法的意志薄弱者试图客观化质性研究。为了排除质性研究中主观价值的介入，有些学者提出了"价值中立"的研究规范，并且还试图证明其具有"代表性"特征。这些尝试在学界持续了一段时日，各种有关质性社会研究如何保持客观性的成果大量涌现。随着后现代主义的到来，这种尝试受到极大质疑，学者们对质性社会研究的这种异化过程进行反思，反思集中于质性研究的各个过程，同时在这个过程中新的研究取向也得以发展，形成了"建构主义"和"解构主义"的视角。对"价值中立"的可能性彻底否定，甚至走向价值无需中立的极端。用"地方性知识"取代了对"代表性"的争论。总之，在质性社会研究的反思浪潮和后现代主义的启发下，质性社会研究开始了新的征程。

二 质性社会研究的一般概念分析

在质性社会研究发展的每一阶段，都有一些概念像旗帜一样彰显着该阶段的主要特征，例如像"实践性"和"地方性知识"特色鲜明地表达了质性社会研究偏重的研究领域和理论传统。"价值涉入"和"个体性"体现了质性社会研究在实证主义知识观规训下的抗争和反抗。"反思性"和"建构主义"体现了后现代主义思潮来临后质性社会研究在冲击中的觉醒。下面是对这几组概念的解读。

（一）实践性

实践性在这里被赋予了双重词性，一种是动词性，另一种是名词性。动词性的意义是经常被使用的意义，在社会科学研究中指研究者走出书斋，走向田野的活动，亦即从理论思辨走向经验研究。名词性的意义是应质性社会研究的需要所赋予的，也是文中想重点说明的。为了更清楚地说明名词属性所蕴涵的意义，将之称为日常实践性或许更合适。当实践性被冠以"日常"作修饰后，日常实践性便拥有了与社会现象同等的意义。原因之一在于它们都变成了质性社会研究的对象。社会现象的出现经常伴随着对其本质的争论——客观地独立于主观世界之外还是被建构的，而日常实践性则超越了这一争论直接被烙上了质的烙印。日常实践性作为质性社会研究的对象是基于多种研究范式共同筹就的社会世界是有意义的，意义是可以被理解的基础之上。日常实践正是社会世界意义的承载体。日常实践就是我们点点滴滴的普通生活，其存在于每一个社会之中，存在于每一个人的生命之中，正是这些活动保存了个体的生存和发展。也正是在这些活动中，社会制度对个体的规范、限制与约束以及观念层面的社会文化得以展现。日常实践因与个体的生命过程相联系而呈现出一种生老病死的常态，不同的社会阶级与阶层为自己的"常态"赋予不同的意涵，从而又给日常实践烙上了社会的印迹，其被赋予的意义也因此具有鲜明和浓重的社会性。

日常实践是个体正在经历或者将要经历的以生老病死为表现形态的生命过程，这一过程既体现着稳定的常态，又隐含着无法预期的突发事件。据此，日常实践又被区分为日常生活时间和"事件"时间两个部分。"事件"时间是生活中出现各类对个体或从属群体生存产生重大影响的问题时，个体在处理和解决这些问题时所耗费的时间。日常生活时间是个体为生存和满足自己生理需要所耗费的时间，如做饭、吃饭、生产（工作）、交往和休息等。日常生活时间和"事件"时间是相互联系的，个体之所以能被动员起来是因为事件发生的时候他们已经具有了对自己从属的群体的认同，知道自己应该扮演的角色，这样一种意识显然是在日常生活中产生出来的。因此，日常实践之所以能成为质性社会研究考察个体活动（行动）的主要领域，是因为这些活动是被作为行动者的个体赋予了意义的，而且一个社会在没有发生战乱与灾害等波及全社会的重大事件时，它所呈现的常态就是这样一种日常实践。

（二）地方性知识

地方性知识有诸多思想渊源，一切主张从有限的、局部的经验出发来构造知识的研究者，其实都是在有意无意地倡导着地方性知识。地方性知识的支持者甚至把这种观念溯源到亚里士多德、维科、尼采，甚至是马克思那里。格尔兹也以一本《地方性知识》对此作了阐释。

地方性知识的缘起与后现代思潮密不可分，其起源于后现代思潮建构论中对"知识"客观既在性的反叛，否认知识是先验既在的，一成不变的，而将知识看成是人们的一种创造性活动。地方性知识的拥护者正是从这一认识论原点出发，通过对知识生产过程中的影响因素加以强调，进而形成了自己的思考路径。地方性知识的拥护者认为，知识总是在一定的现实情境中生成的，因此不可避免地将受到权力、政治、社会、文化、价值观念等的影响，因此知识必然是"地方性"的。在这里，地方性超越了该词本身的意义，而被赋予了更宽广的含义。不再仅局限于"地方性"（local）或者说"局域性"的意义，还涉及知识生成与辩护过程中所形成的特定情境，包括由特定的历史条件所形成的文化与亚文化群体的价值观，由特定的利益关系所决定的立场和视域等。这里既将"地方"的含义缩小，又将"地方"的含义无限延伸，"地方"在这里的实质意义是知识生产的差异性背景，这个背景包括地域、价值观念、立场甚至具体的情境。例如，非洲异文化、某种政治主张、实验室生产的知识都是地方性知识，前者是基于地域的差异，而后两者是基于价值观念和具体情境的差异。以这种宽泛的定义来看待知识，可以说现存的具有差异的知识都可以被看成是地方性知识，因为它们至少包含了研究者知识系统的差异。

在质性社会研究者那里，地方性知识更多的带有地域性特征，经常被界定为地区性知识，指某一地区人们的独特观念系统。在这种意义上，地方性知识是一个相对的概念，不仅某个原始部落的知识可被看成是地方性的，不同于研究者所在国家的其他国家的知识同样也是地方性的。地方性知识是一个比较的结果，任何知识系统在与它存在差异的知识系统相比时都是地方性的。在以地域为特征的地方性知识中，并非所有的文化元素都可称为地方性知识，毕竟文化元素中有很多是相通的。只有那些能展示地方特征，区别地方特色的知识才能称为地方性知识，例如，丧葬风俗、婚嫁仪式等。再如以陕西为背景，陕西各地的日常生活习俗以及对物的称谓具有较高同质性，但我们还是能通过某些特征轻而易举地辨别出某个地方来。

（三）价值涉入

价值涉入是对观察者与被观察者之间、主体与客体之间意义生成过程偏向价值关联一方的辩护和说明。对理解何以可能，理解何以发生的探究一直是社会学领域不朽的话题。在解释社会学的代表人物韦伯看来，主体与客体之间存在两种意义，主观意义和客观意义，前者是一个行动对于行动者而言的意义，后者是对于观察者而言的意义。对于意义的把握，韦伯认为通过理性的或拟情式再体验的方式，可以获致对行动之主观意义的近似理解。舒茨则提出了不同的观点，舒茨认为，因为"我"与他人在背景知识、人生经历、性情旨趣、行动情境诸方面的差异，决定了我们不可能重现他人的意义构成过程，不可能达到他人意想的主观意义。韦伯和舒茨的观点虽然存在差异，但共同表达了主体无法完全把握客体意义的看法。这种无法把握性主要源于个体不同的生平境遇所形成的差异性的经验图式和解释图式。主体在把握客体意义的过程中不可避免地将利用已有的经验图式和解释图式汇总信息，生成意义，因而必然带入自己的价值倾向。想要排斥价值观念做到"价值无涉"，在任何学科都是无法实现的乌托邦梦想，包括最具客观性的自然科学。

在质性社会研究中，研究者是具备认知能力，能够进行理解、互动并作出行动反应的主体。他们观察、描述、界定社会的过程其实是站在一定话语体系下对自身经验的理解诠释过程。他们的知识结构、人生经历、性情旨趣以及研究过程中所使用的语言等都将他们与研究对象割裂开来，研究资料不是诠释研究对象心理和行为的可靠指标，而是限于他们自身条件的一种"创作"。例如，研究者在确立研究主题、选择研究路径、决定进入方式时，研究者的价值观念必然介入其中。研究者在与研究对象交谈时，研究者的前见在悄无声息地帮助研究者进行着各种选择，决定保留这些而舍弃那些，在保留下来的东西里又会自动分辨出哪些是重点而哪些是非重点。比如中国人讲家族主义，讲忠孝，讲仁义礼智信等，儒家的这套话语会对研究者的感受、体验和记忆产生深刻的影响，当然也会影响到研究者对现实所做的记录。当研究者最终将研究发现诉诸文字时，将不可避免地受到脑海里既有前见，包括既有话语系统、主体知识结构、个人日常生活经验的约束和引导。比如处于不同话语系统（结构功能主义、社会冲突理论、现象学社会学、符号互动主义等）约束和引导下的研究人员，面对同一批观察资料可能会有不同的感受、解读和取舍，因而也就可能得出不同的研究结果。

（四）个体性

个案代表性问题一度是学者们争论的焦点。争论主要集中于两个方面，一个是为回应量化研究关于个案研究存在的意义所提出的"个案研究是否具有代表性"的争议；另一个是后现代主义来临后，在复苏人文精神基础上提出的"个案研究需不需要代表性"的问题。在持普遍主义研究范式的研究者看来，个案研究能够提炼出具有概括性的结论或者总结出解读问题的脉络。这样说并不是表明要将个案具体特定的发现推演到其他的点或面，而是强调个案研究所内含的某些社会文化因素具有普遍性（例如涂尔干在宗教的形式中提炼出的普遍性宗教元素），这些普遍性的元素能将个案与更广泛的组织群体联系起来，达到对社会的全面理解。而在特殊主义研究范式的学者看来，个案研究的意义在于通过个案的特殊性对比凸显出被普遍性遮蔽忽视的结构性东西，包括价值、问题等。在生活世界中，普遍性的价值规范往往被人们看做是习以为常的，自然而然的东西，不易被发现和重视，只有不同于常规的特殊现象出现时才能衬托出生活世界中的原则规范。

肯定个案具有代表性的学者一般基于这样的认识论：人类社会与自然界一样，存在着同样严格的法则和规律。因而通过对一个个案的研究，便可以洞察整个世界；从一个最简单的个案中获得的某些结论，便具有相应的普遍性，可以毫无限制地应用到其他同类的场合中。即个别个案必然蕴涵普遍法则。而否认个案具有代表性的学者们则从反面的逻辑推理彰显了个案研究的价值所在。个案从微观角度向我们呈现了人与人、人与群体、人与政治、文化、经济机制的互动方式。

（五）反思性

反思性是质性社会研究中出现频率最高的词汇。正是通过反思的方式质性社会研究不断获得自己的意义，也正是反思的过程成就了质性社会研究。人类的认识经历了人与自然和谐相处——人类征服自然成为一切的主宰——人类反思发展的内在逻辑这样一个链条式过程。在"人与自然和谐相处"阶段，人类的知识源于思辨，哲学曾经是孕育知识的肥沃土壤。在"人类征服自然成为一切的主宰"阶段，科学理性占据了霸权地位，"科学性"、"客观性"成为衡量知识价值的唯一标准，而与之分庭抗争，坚持倡导非量化、非客观化的质性社会研究则受到来自各方的强大压力，不断被质疑和边缘化。为了证明自己的合法性，质性社会研究通过两条途径来为自己正名，一是不断地以量化研究为参照系，在具体技术上改良自己，通过不断将自身客观化以获得科学主义的认同。另一条途径是质性社会研究在经历了科学理性的冲击后开始反思自身存在的意义，进而从认识论的根源找到了思想活泉——后现代主义思潮，重新将人与自然区别开，强调人之为人的特殊性，自然现象与社会现象的差异性。质性社会研究在为自己正名的两条途径中，第一条途径似乎走上了非牛非马的道路，在实证主义者那里被不断地质疑，在质性社会研究这里被否定。通过第二条途径，质性社会研究找到了生命之源，在不断反思中发展自己，独立自己。

反思性如果换个词语来表述的话，"质疑、对话"可能是最合适的语汇。反思性存在于质性社会研究的各个方面，从价值目的直至文本呈现无不散发着反思的气息。在价值目的上质性社会研究者认为，质性社会研究的目的不在于求证和解释，而在于探究知识生产的方式。反思性方法尝试将研究者及其研究实践也置于研究的范围之内。在具体研究过程中，反思性将价值能否中立直接推向了价值需不需要中立的讨论，并大胆地挑战工具主义的方法论问题，主动将知识与权利，话语霸权与真理建构、价值和政治概念引入研究中。在面对量化研究一直以来最致命的"代表性"质疑上，质性社会研究已经不再遮遮掩掩地为自己的"代表性"辩解，而是在"知识坐落于特定的时空中"找到了安身立命处。在文本的生产过程中研究者在自有知识体系作用下与研究资料展开对话，通过不断反思研究者与研究资料的作用方式逐渐完善知识的生产过程。

（六）建构性

建构主义是在对以客体为起点的再现主义认识论的反思和超越中发展起来的。建构主义从主体出发，重新将"人"这一行为主体视为社会分析的核心命题，在认识论中迈向了偏重主体的一极。其目标不在于寻求认识主客体之间的沟通媒介，而是通过认识过程中客体向主体的转向探究知识的获得方式。

建构主义在本体论上持相对主义态度，认为事实不存在"真实"与否，而只存在合适与否，真理或知识是主观认同的结果，没有绝对客观的、永远不变的真实基础，因历史、地域、情境、个人经验等因素的不同而有所不同。人们通过参与话语争论而对真理或知识效度加以交流和检验，并最终在一定的文化社会情境下接受真理和知识的叙述。社会规范的意义不是客观地存在于那里，而是存在于人们的关系之中。人们无法判断某一个意义是否真实，而只能判断其是否符合自己的预期。

建构主义根据对客观知识所持的不同态度可划分为弱建构论和强建构论。弱建构论者主要倡导在社会认识中加入意识形态的、文化的、历史的和社会的视角，而对再现论关于知识的客观性、真实性的观点并未予以否定和批判，只是强调知识在建构过程中不可避免地将受到社会与文化因素的影响。与弱建构论者不同，强建构论者在认识论中走向了主体一极和相对主义。强建构论者在笛卡尔"我思故我在"的哲学中寻找到思想依据，提出了语言的意义和生活的形式之间的不可通约性，认为人们只能在特定的情境中才能理解和认识世界，因此，用来描述和解释的语言的意义，其实是相对于解释者所在情境而言的。强建构论者怀疑存在永恒不变的普遍标准，也不存在检验知识真实性和有效性的客观基础。

三　总结与反思

审视质性社会研究相关概念的发展脉络，可以清晰地发现，这些概念都是社会学家在描述社会、解释社会的过程中提出的典型概括。这些概念从不同的角度、层次、侧重点形成了对社会某一方面的解释，但由于各自着眼点的局限都不免有所偏颇。微观社会学过多地将焦点聚集在个体身上，强调个体在社会行动、交往、互动中的影响因素，却忽略了与宏观社会环境、社会系统的联系。宏观社会学则将视野较多地集中在社会整体结构上，而忽略了基础层次的研究，企图依赖社会结构的建设完成社会的管理和控制过程。融合二者的第三条道路似乎解决了这些问题，却又没有形成强大的一极。

以两两概念为一组，回顾上文质性社会研究一般概念的主旨可发现其局限所在："实践性"和"地方性知识"都体现了质性社会研究经典时期研究的领域和着眼点。"实践性"体现了质性社会研究理论建构初期着眼于日常生活的特征。社会研究的目的在于揭示日常生活的结构，日常生活在表象上是千差万别的，汇集成的社会行动在主客观意义上也是无法完全共享的，就像舒茨在介绍"主体间性"中指出的那样，他人永远无法理解"我"赋予行动的意义，因为每个人拥有不同的个人经历和知识体系，所以小到组织之间，大到地域之间，因为地域、价值观念、立场甚至具体情境的差别导致了我们所拥有的知识只能是"地方性的知识"。"实践性"虽然关注了日常生活的常态性，即强调社会的均衡和常态，却忽视了人的差异性。"地方性知识"虽然有效反驳了知识生产的客观性，点出了主体能动性的重要作用，但又过多地夸大了这种差异，而轻视了共同规范，共同意义认同的作用。

"价值涉入"和"个体性"是依据"价值中立"和"代表性"发展而来，是为了从反方向表明"价值中立"和"代表性"的无法实现。"价值中立"和"代表性"一直是实证研究规训质性社会研究的主要把柄，也是崇拜实证研究的质性社会研究者客观化质性社会研究的重要途径，但通过对质性社会研究经典理论的回顾和后现代主义解构思潮带来的反思，质性社会研究的学者们醒悟到，质性社会研究有其独特的研究路径和对象，企图通过"价值中立"和"代表性"将其实证化的努力是徒劳的，"价值中立"和"代表性"在独特的质性社会研究中可能永远无法实现。"价值涉入"反思了研究者与被研究者的关系，强调被研究者的地方性知识对研究过程及结果不可避免的影响，但又无限放大了这种影响，否认了研究中客观性的存在。"个体性"旨在说明"现实"的本质在于历史形塑，是在历史进程中被社会、政治、文化、经济、种族和性别等因素塑造而成，强调其不可比拟的唯一性，但却又忽略了人类文化系统的共通性。

"反思性"和"建构主义"是后现代主义思潮的产物。后现代主义在面对现代社会的诸多矛盾困境时开始了对现代主义的反思和批判。反思和批判涉及现代主义理论和方法的各个领域，包括反对将社会物化的社会现象本质的重新界定，对质性社会研究中能够保持客观性的彻底否定，以及重新张扬质性社会研究人文特色的一面。基于这种"破"之上，后现代主义提出了自己的"立"——建构主义。建构主义作为一种研究导向，对现代主义以来实证研究所倡导的客观性具有极大的挑战性，极端地否定了实证研究的先验假设和研究方法。提出了多元动态的充满主观性的研究思路。"反思性——建构主义"是后现代来临最主要的标志，其无限张扬了自由主义，提倡一切的非客观性，这一方面将社会科学的人文精神极大唤醒，另一方面又走向了相对主义的极端，否认了社会的实在性。

（作者　张芙蓉）

参考文献

陈向明：《质的研究方法与社会科学研究》，教育科学出版社，2000。

杨善华：《当代西方社会学理论：舒茨和他的现象学社会学》，北京大学出版社，1999，第8~60页。

郑庆杰：《"强—弱"框架：质性研究的反思谱系》，《质性社会研究》2010年第1

期，第 10 页。

杨敏：《我们何以共同生活——"中国经验"中的"杭州经验"》，《探索与争鸣》2009 年第 5 期。

黄剑波：《写文化之争——人类学中的后现代话语及研究转向》，《思想战线》2004 年第 4 期。

杨善华：《感知与洞察：研究实践中的现象学社会学》，《社会》2009 年第 1 期。

王铭铭：《范式与超越：人类学中国社会研究》，《广西民族学院学报》2006 年第 4 期。

胡鸿保、左宁：《村落社区的民族志：类型比较与追踪调查》2008 年第 6 期。

质性社会研究与行动研究的关系

对于质性社会研究与行动研究之间的关系，学者们仁者见仁，智者见智。有学者将行动研究看成是质性社会研究的一部分，将其归入传统的社会科学研究范围。另有学者则将其与质性社会研究相并列，将其看成是社会科学研究的"第三条道路"。学者们的这些观点各有侧重，从不同角度阐释了两种研究方法之间的联系与区别。本文将在总结借鉴已有观点的基础上阐述作者的一些看法。

一 质性社会研究与行动研究回顾

质性社会研究与行动研究的联系较为复杂。要辨析它们之间的联系和区别并非易事。在进行此项工作前，对两种研究方式做一个简介和回顾必不可少，一是为陌生于此研究方式的读者提供了解熟悉的机会，二是对熟悉的读者提供一个对话与沟通的前提。根据质性社会研究的主张，一切对文本的解读都是对文本的再建构，每个个体由于生平境遇的差异而形成了不同的经验图式和解读图式，因而决定了对意义的不同理解。下述对两种研究方式的简介在此代表了作者的解读模式，两种研究方法的比较也正是基于此上。

（一）质性社会研究

在面对社会从传统到现代再到后现代的一系列变化下，质性社会研究是为适应新情况新问题的需要而提出和倡导的一种研究方式。质性社会研究正处于成长发展的初级阶段，因其具有较高的开放包容性，要对它下一个确切的定义着实困难，但这并不意味着无法把握，其发展脉络已经较为清晰，即运用质性研究方法解决社会问题。质性社会研究的理论基础较为丰富，因其受到多种不同思潮和理论的影响，从而具有多重面向和多重焦点的特色。大致归结起来，质性社会研究在认识论方面主要持两大观点，一种是修正的实证主义认识观；另一种是反实证的历史现实主义认识观。前者认为社会现象是客观存在的，只是人们的认识不能穷尽其真实性，人们所能了解的"真实"只是客观实体的一部分或一种表象；后者则认为，社会现象是多种因素塑造的结果，只能有条件地存在。在这种观点中，还分立出两个派别——保守者和激进者，保守者认为社会现实是存在的，但其是历史的产物。激进者则认为，社会现实是相对主义的、多元的，因历史、地域、情境、个人经验的不同而有所不同。

质性社会研究在研究传统上具备四个特点，有力地彰显了该方法的独特性质。其一，是所倡导的自然主义探究传统，表达了质性社会研究注重自然情景的研究特点。在质性社会研究者看来，人的思想、行为以及社会组织的运作和他们所处的社会文化情景是分不开的。如果要理解个人和社会组织，必须把他们放到丰富、复杂、流动的自然情境中进行考察。其二，强调对意义进行"解释性理解"。质性社会研究的目的是对被研究者的个人经历和意义建构作"解释性理解"或"领会"，研究者通过自己的亲身体验，对被研究者的生活故事和意义建构做出解释。其三，质性社会研究还是一个演化发展的过程，研究本身决定了研究的结果。其四，最后一个特点是其对研究关系的重视，强调研究者在研究过程中不断地对自己与被研究者之间的关系进行反思。

质性社会研究可利用的方法技术较为宽泛，经常被应用的具有代表性的方法技术主要有：个案访谈法、参与观察法、焦点团体访谈、半参与式观察法、话语分析法、内容分析法等。

（二）行动研究

"行动研究"是"二战"时期美国著名社会心理学家勒温（Kurt Lewin）、应用人类学研究者科利尔（John Collier）等人反思传统社会科学研究中"行动"与"研究"的不相干提出来，并很快被介绍到教育领域，迅速流行起来的一种研究方式。在对"行动研究"的众多定义中，比较明了的当推行动研究的积极倡导者、英国学者埃略特的定义："行动研究是对社会情境的研究，是以改善社会情境中行动质量的角度来进行研究的一种研究取向。"这种研究被应用于社会科学的各个领域，特别是组织研究、社区研究、医务护理与教育。所以在《国际教育百科全书》中，"行动研究"又被定义为"由社会情境（教育情景）的参与者为提高对所从事的社会或教育实践的理性认识，为加深对实践活动及其依赖的背景的理解所进行的反思活动"（陈向明，2001）。在行动研究中，被研究者不再是研究的客体或对象，他们成了研究的主体，通过"研究"和"行动"这一双重活动，参与者将研究的发现直接运用于社会实践，进而提高自己改变现实的能力。

行动研究的理念基于"研究不应该仅仅局限于追求逻辑上的真，而更应该关注道德实践的善与生活取向的美，理性必须返回生活世界才能获得源头活水，研究是为了指导人们立身处世的生活实践"（陈向明）。行动研究的价值取向强调知识来源于实践，同时应该受到实践的检验并不断发展完善。在具体研究中，行动研究以解决实际问题，改进实际工作为首要目标，其目的不在于发展理论和完善理论，而在于当时当地的情境改善。行动研究强调理论研究者与实际工作者的合作，通过研究者与实践者的相互尊重，共同研究，获得实践者运用性知识的增长。同时注重在自然情景下进行现场研究和在较短时间呈现研究结果的作用和效能。

行动研究特别注重研究程序，研究程序是行动研究的重要组成部分。行动研究是一个螺旋式上升的发展过程，每一个螺旋圈包括四个相互联系、相互依赖的环节：计划——行动——考察——反思，在这四个环节中，每一步在操作过程中都可视具体情境而不断调整，研究是一个动态变化的过程。行动研究所应用的具体技术较为广泛，一切能够解决实际问题的方法都可为行动研究所用。但很多学者认为行动研究在具体方法技术的应用上以质性研究方式居多。

二 质性社会研究与行动研究的区别

上文简单介绍了两种研究方式，目的是给读者一个直观的感受，直接经验地体会它们之间的联系和区别。以上文的阐释性解读为基础，从文字层面的表述可以看到两种研究方式的联系是显而易见的，下面从三个方面对两种研究方式作比较分析。

（一）研究参与者的差异——意义呈现的不同方式

行动研究与质性社会研究最明显的区别莫过于研究参与者的差异。行动研究注重实践者参与其中，为改变行动质量而研究，为了表明行动者参与其中的重要性，很多学者曾经以实践者参与研究的多寡程度为标准给行动研究做过分类（合作模型，即研究者与实际工作者一起合作，共同进行研究；支持模型，实践者作为研究的主体，确定研究问题及行动方案，专家作为咨询者为其提供帮助；独立模式，实际工作者独立进行研究，不需要专家指导）。质性社会研究则主要以专业的研究者为主体，通过将研究对象客体化而完成研究过程。这两种研究参与者的差异体现的是思维方式的迥异——"当局者思维"和"旁观者思维"。所谓"当局者思维"指实践者在实践情境中进行思考，情境作为实践中所涉及的意义域，其意义赋予是由实践者来完成的，实践者按照自己对情境的理解决定意义域的内涵，进而决定下一步的实践行为。而"旁观者思维"体现的是实践之外的旁观者，以自己的经验图式为依据，对行动者的实践行为和实践过程赋予意义，表现的是实践的逻辑秩序而非价值秩序（价值上优先的东西不是逻辑上更大更高的东西，而是对于实践者的实践更加重要的东西）。简而言之，行动研究就是让实践者成为研究者，让他们为自己的实践过程或称研究过程赋予意义，而质性社会研究则是让研究者解读被研究者的实践过程并根据自己的地方性知识赋予其意义。

上文对两种研究方式差别的介绍是从较为抽象的哲学层次进行的分析，从社会学角度而言，研究参与者的差异反映的是研究结果能否真实呈现研究对象的问题。根据解释社会学代表人物韦伯的观点，人与人之间的交往互动是以意义赋予为前提的，"意义"在韦伯那里被划分为两种类型，主观意义和客观意义，前者是相对于行动者而言的意义，后者是相对于观察者而言的意义。在韦伯看来客观意义只能近似地接近主观意义，而不能达到主观意义。现象学社会学家舒茨将韦伯的这一观点向纵深发展，认为他人永远无法完全理解行动者赋予行动的意义，亦即客观意义永远无法等同于主观意义，"'我'对他人的理解永远不可能和他人赋予自己经验的意义相同，因为每个个人的意识流——也就是每个个人行动主观臆想的意义——在本质上是他人无法进入的。"（杨善华，1999）行动研究和质性社会研究都以生活世界中的实践作为考察对象，研究过程亦即具备认知能力，能够进行相互理解并作出行动反应的主体之间的交往互动过程，这一过程中处处包含着研究者对被研究者意义的诠释行为。根据解释社会学对主客体意义的阐释，研究者永远无法把握被研究者赋予实践的真实意义，所以质性社会研究在研究者组成结构上只包容专业研究者的做法，决定了其永远无法真实呈现被研究者的真实状态。而行动研究将实践者变成研究者的做法则打破了这一瓶颈，通过双重角色的实践者研究者两位一体方式实现了研究者对实践情境意义的真实把握，重现研究对象的本真面目。

行动研究与质性社会研究的上述差别也恰好成了两者融合发展的生长点。质性社会研究为了摆脱无法呈现研究对象真实状态的尴尬处境，曾进行过多种努力，包括借助实证主义提出的"价值中立"规范、反思研究者与被研究之间的关系，以厘清研究者主观价值的后现代反思方式等，但这些努力都没有取得突破性的结果，以致部分学者开始承认这种意义理解差距的合理性和不可抗拒性。行动研究的出现给质性社会研究带来了希望。行动研究对行动者参与研究的倡导给了质性社会研究以极大的启示，启发质性社会研究者换一种角度看待问题。既然两分法的研究者与被研究者的界定注定永远无望获取被研究者的真实意义，那么何不让被研究者参与其中呢？既然他人永远无法理解被研究者赋予自己经验上的意义，那么让被研究者成为研究者，与专业人员共同合作来了解自己及其与对方的关系，通过合作性的研究和评估获得对世界的理解，这对质性社会研究来说无疑是一条出路。这里并不是妄下断言，研究者中的一些先知先觉者已经在探索这条道路，这个探索不是将"被研究"者纳入研究者行列，而是反其道而行，将研究者视为实践者，把研究者看成是实地的一个重要组成部分，研究者本人的研究方式在在很大程度上决定了研究结果的性质。从这个角度来说，行动研究可能会成为质性社会研究的未来趋势。

（二）研究目的的差异——改造世界和解释世界

行动研究与质性社会研究的另一较大差别主要体现在研究目的上。根据行动研究的定义，行动研究的目的在于寻求改变当下情境的知识，进而改善实践。行动研究的理论渊源从不同角度分别体现了这一主旨。公认的行动研究的理论基础共有三大传统：一种是从康德的"实践理性"中找到依据，将行动研究看做是探究行动者"实践理性"和"实践智能"的活动。康德将人的理性活动区分为"科学理性"和"实践理性"，前者指人对物质世界的理解，而后者是人的行为决策过程，行动研究的目的就是探究人们的决策方式和过程，并进而对其加以影响改善实践。另一种理论传统是行动理论的积极倡导者西雄提出的"反思理性"。"反思理性"表达的是实践者的"实践理论"。实践者的知识整合于行动之中，他们对自己行动的反思揭示和发展了那些潜在于他们身上的实践理论，这些理论的发展导致他们产生行动的意念，然后产生改善实践的行动。第三种理论传统来自哈贝马斯对知识旨趣三分法中的"解放旨趣"。根据哈贝马斯对知识旨趣的划分，知识旨趣可划分为"技术认知旨趣"、"实践认知旨趣"和"解放认知旨趣"三种，其中"解放认知旨趣"是行动研究的一个重要理论基础。行动研究就是一种获得"解放认知旨趣"的方式，这种研究的目的是转化研究对象的自我诠释，认识到人类社会文化生活中的权力宰割，进而向权势挑战，达到解放自我，改造世界的目的。这三大理论传统在表明行动研究改善实践目的的同时，还表达了实现此目标的方式。例如，康德主张通过对人类行为机制的研究获得改善行动者实践行为的途径；西雄和哈贝马斯主张在实践中发展出改善实践的知识。通过行动者在实践中不断反思自己的行动，反思自己所处的实践情境（在他们看来，行动者所处的现实是受到社会意识形态、权力宰割压迫的现实，是不"真实"的现实，行动者要获得改善行动的力量，就要摆脱这种虚假意识，解放行动者在历史过程中被压迫的真实意义，达到对研究对象乃至自身的真切理解），获得改善行动的能力。总而言之，改善实践是行动研究公认的目标所在，不同的是实现方式的差异。

质性社会研究的目的在于获得对社会解释性的理解。从微观角度而言，质性社会研究的目的是对生活世界普通个体的生活经验和意义建构作"解释性理解"。通过反省"前设"和"倾见"的方式，获得"解释性理解"的机制和过程。从宏观角度而言，其目的在于从人的活动、互动与人类群体生活及其秩序（结构）的关系上对社会机制作出概括和说明。社会机制既与人的目的、动机、愿望等主观因素发生关系，也与客观环境、物质条件、制度规范等密不可分，是一个复杂的宏观体系，要掌握并运用这些机制协调社会运行，就必须对其作出解释和说明。

通过上文所述可知行动研究与质性社会研究的研究目的有所不同，行动研究从日常生活出发，目的在于解决实践中遇到的具体问题，改善普普通通的生活实践。质性社会研究则从学术角度出发，试图从实践中归纳提炼出具有普遍适应性的规律或原则。

但正如后现代所宣称的那样，学科之间的界线正在逐渐模糊，学术发展的趋势是学科间观念和方法的流动性借用。所以，行动研究和质性社会研究在研究主旨上的差异并非那么绝对。质性社会研究由于其开放包容性，所以受到多种不同思潮、理论和方法的影响，其中不乏行动研究理念。批判理论是质性社会研究的一支重要理论传统。批判理论认为，"质性社会研究的目的是通过研究者与被研究者之间的对话和互动来超越被研究者对'现实'的无知与误解，唤醒他们在历史过程中被压抑的真实意识，逐步解除那些给他们带来痛苦和挣扎的偏见，提出新的问题和看问题的角度"（陈向明，2001）。这是批判理论从"批判现实"和"解放个人"的角度对质性社会研究所作的注解。这样的阐释为质性社会研究提供了一种偏重行动型的研究立场，启发被研究者检视社会现象背后所潜藏的规律，克服外在现实对人们自身存在之中的创造力的剥夺，获得改善行动的力量。这种立场在批判理论看来是质性社会研究的最终目的所在。从这个角度而言，行动研究和质性社会研究又都具备改善实践的共性，不同的是，行动研究表现得更加通俗化，更加具体化和更具应用性，而质性社会研究则表现得较为抽象和更加专业化。

（三）研究规范的差异

质性社会研究与行动研究除了上述两大差别之外，在具体研究规范上也存在些许差异，一是，研究者所需的技巧不同。前者需要研究者接受广泛的训练以便熟练地使用质性社会研究收集和解释资料的专门技巧。而后者一般不需要具备有关研究设计和解释的高级技巧，一般的实际工作者就可进行行动研究。二是，确定研究问题的方法不同。前者总是通过阅读前人的研究来提出研究问题。这些问题可能出于研究者个人的兴趣，但与研究者的工作实践并不一定直接相关。后者则主要研究那些影响同事或自身实践效率的问题。三是，对文献研究的态度不同。在前者中广泛的文献研究尤其是获得原始资料是必要的。而在后者中，研究者只需要对相关的研究有一个大致的了解，有关的文献评论所提供的第二手资料也可以作为理解的材料。四是，选择参与者的方式不同。前者倾向于选择具有代表性的样本，以增加研究结论的普遍意义，消除影响结果的某些偏见。而后者则倾向于选择自己的同事或相关工作者。五是，研究设计不同。前者强调周密的计划以便控制某些影响结果解释的无关变量。而后者在设计的程序上不那么严格，往往比较自由地在行动中做出某些改革，在研究过程中能比较迅速地调整。对情境的控制与偏见的消除并不特别看重。六是，资料收集的程序不同。在前者中使用有效的和可靠的资料收集方法去获得资料，在研究之前还可能做一些必要的预测以便确定其有效性。而后者往往使用比较方便的方法，如观察、随机访谈等方式。七是，资料分析的方式不同。前者往往使用复杂的分析程序，而后者则一般注重它的实际效果而不讲究统计意义。八是，结论的应用不同。前者往往强调其结论的理论意义以及对后续研究的可能启示。后者则关注的是研究结论所具有的实践意义，并暗示这些结论对他们同事的专业实践可能会有一些应用价值。上文所述是质性社会研究与行动研究在具体操作技巧上存在的一些比较典型的差异。这些差异并不是绝对的，其会随着学科的发展不断融合。

三　行动研究与质性社会研究的联系与融合

行动研究与质性社会研究在研究领域存在诸多相似之处，这决定了二者在研究方式上的共享性，这种共性分别体现在研究情境的自然传统上、研究过程的动态性上以及研究方法技术的相似性上。诸多相似之处的存在，在学科界限日益模糊的时代，注定了二者融合发展的趋势。这种趋势将不断地完善两种研究方法，并缩小它们之间的差距，促进新学科的发展。

（一）自然情境研究传统的相似性

行动研究与质性社会研究都强调在自然情境中进行研究。行动研究是一种对具体情况采取相应措施的现场研究方法。这表明了行动研究的自然研究传统。行动研究的这一特点能够有效克服以研究者主观假设为研究出发点的缺陷，强调研究者深入实际情境与行动者一起随时随地发现新情况新问题，并不断对研究设计进行调整，从而使研究更具客观性和针对性。质性社会研究的相同兴趣则在部分学者的定义中被表达了出来，如认为质性社会研究是以研究者为研究工具，在自然情景下对资料的收集过程。两者都注重以自然传统为背景进行资料收集和分析的认识分别基于对社会存在本质的不同理解和具体研究目标的不同界定上。在质性社会研究者看来，个人的思想和行为以及社会组织的运作是与他们所处的社会文化情境分不开的，如果要理解个人和社会组织，就必须把他们放置到丰富、复杂、流动的自然情境中进行考察。行动研究注重解决实际问题的目标决定了其只能从具体的社会情境出发寻求改善实践的有效方法，而不能以思辨的或者其他脱离实践的方式进行研究。

（二）相同的动态研究过程

质性社会研究和行动研究都注重研究的演化发展过程。质性社会研究者认为，研究是一个对多重现实的探究和建构过程，在这个过程中研究者和被研究者都可能遇到始料不及的变故，或与研究者的预先假设不符，或与被研究者的心理预期不符，此时研究资料的收集和分析方法就要作出相应的调整与改变。因此说质性社会研究是一个不断演化的过程。行动研究也具有同样的特点。行动研究中研究程序具有重要地位。行动研究的程序一般包括：计划——行动——考察——反思四个环节，这四个环节每完成一步，研究者都要视任务的完成情况重新调整制订下一轮方案，反思调整是作为通向下一步的中介反复进行的。有学者将这种动态的研究过程视为不正规的缺乏科学规范的表现，本文认为这正是社会科学研究的独特性所在。社会科学研究的是关涉人的科学，由人组成或创设的社会存在面向多样，形态万千，其与自然科学的客观不变性和可重复性特质无法类比。所以研究者方案设计时所面临的情况和调查时所面对的状况可能早已不同，同时由于研究过程的无法精细控制性，实际结果与预设结构存在差异也是不可避免的，所以不断调整研究设计来适应这种变化正是一种科学求实的态度。

（三）研究方法的相似性

行动研究的目的在于改进现状，在对现状采取干预措施之前、其间和之后，行动研究者都需要了解事物的真，即现在存在的"问题"是什么，改进是如何发生和发展的，改进后的效果如何，我们是如何知道改进效果的，等等。在了解事物的"真"时，行动研究可以使用各种方法。原则上只要能适应研究所面对的具体问题的方法都可以拿来为之所用，包括实证的量化研究方法和偏重人文的质性社会研究方法。但实践表明，由于处于生活世界的社会现象具有实践性、特殊性、动态发展、富有意义解释、整体性等特点，行动研究更多的是使用质性社会研究方法。这些方法主要包括：个案研究、内容分析、社区研究、观察研究、实地研究等多种方法。这些方法能帮助行动研究者追踪实践行动发生、发展和变化的过程，根据当时当地变动不居的实践情境灵活地调整研究设计，深入实践内部根据不同当事人对实践行动意义的解释，整体深入地考察实践行动，通过自下而上的研究路线实现理论提炼过程。

行动研究与质性社会研究之间的关系正如上文所述渊源较深，联系广泛。学者们不仅就研究方法的各构成部分进行了比较，而且对两者的整体关系也从不同角度进行了分析归纳。有学者认为行动研究从整体上看可以被归入质性社会研究的一部分，因其在研究方法和研究情境的自然传统上具有高度同质性，而这些对于研究范式来说至关重要。另一部分学者则认为，行动研究不是一种研究方法，而是一种带有强烈价值倾向的研究取向，持这种观点的学者将其视为社会科学研究中的"第三条道路"。前一种观点夸大了行动研究与质性社会研究的相似性，后一种观点夸大了两者的差异性。客观地评判，两者既存在差异又存在联系，而这些差异和联系将成为它们未来融合的生长点。陈向明在她的《质的研究方法与社会科学研究》一书中曾经用一章篇幅对质性研究的未来做过预测，其中第一节就明确指出行动型研究将可能成为质性社会研究的未来方向。这里陈向明所说的"未来"可能主要在于强调研究参与者的变化或转换（即将研究者变成实践者，或者将实践者变成研究者，抑或兼而有之）以及研究过程中理论与实践的有效结合。这充分表达了质性社会研究对行动研究的借鉴之情。专注于行动研究的学者，对行动研究的感情可以说是爱恨交织，骄傲于它的实际应用性，遗憾于它的整个研究系统的随意性，包括研究问题确定方式的随意性、收集资料和分析资料方式的随意性等。或许，对于这些学者来说，质性社会研究是一个希望，因为行动研究与质性社会研究在诸多方面的相似性可以促使其借鉴对方将自身严谨化、专业化。行动研究与质性社会研究两者之间的融合将是两学科发展的未来方向。

（作者　张芙蓉）

参考文献

陈向明：《质的研究方法与社会科学研究》，教育科学出版社，2000，第 7~30 页。

陈向明：《什么是教育研究》，《教育研究与试验》1999 年第 2 期。

孙亚玲、傅淳：《行动研究的几个理论问题》，《学术探索》2004 年第 1 期。

张晓艳、庞学慧：《论行动研究》，《中北大学学报》2005 年第 2 期。

杨淑娴：《行动研究之思考》2004 年第 3 期。

柳夕浪：《反思行动研究》，《山东教育科研》2002 年第 2 期。

杨善华：《当代西方社会学理论：舒茨和他的现象学社会学》，北京大学出版社，1999，第 10 ~ 80 页。

刘良华：《行动研究是什么与不是什么》，《教育研究与试验》2001 年第 4 期。

质性社会学的方法
及其反思

"质性"及质性社会学研究方法

在社会学学科体系中，理论、方法和应用被称为学科发展的三大支撑点或者说重要组成部分，三者相互联结，交互作用，不可或缺。故此，质性社会学作为社会学学科发展的一个新探索，不仅要在理论层面为我们开启一扇重新认知、理解社会的窗户，也要在方法层面体现质性社会学研究的精神和主旨。本文在遵循质性社会学研究理念和研究主旨的前提下，对焦点小组、口述历史、参与式观察、民族志、行动研究和多元方法等六种质性社会研究中常用的方法分别加以梳理和诠释。试图强调，随着现代社会的愈益开放多元，倘若仍坚持"实证主义"取向，仅以所谓"客观中立"的数字化或模型化的面向来对待之，则看到的社会世界恐怕将只能是浅薄的表象，甚至可能会产生扭曲和误解。要认知、理解现代社会及生活的意涵，唯有深入其生活实践，并进行深度的描述，才能有诠释性地理解其多重繁杂的关系和网络。

一 质性社会学的理解与诠释

讨论质性社会学的研究方法，就是厘清质性社会学的研究路径，在研究设计和思考上对社会现象进行质的分析和研究，"通过对社会对象发展过程及其特征的深入分析，对社会现象进行历史的、详细的考察，解释社会现象的本质和变化发展的规律"（仇立平，2008，55）。从研究立意上挖掘和澄清：什么是质性社会学？质性社会学的研究理念、研究核心和精神要旨是什么？只有清楚了这些"基础学理"，我们才能有的放矢，讨论其研究方法亦就才有基础。在笔者看来，要了解质性社会学，关键不是关于"社会学"的学理讨论，毕竟社会学在我国已发展多年，从研究理念到研究内容，从研究方法到研究应用，学界已建立了一套较完善的学科规范和学术体系。更为重要的是，如何理解"质性社会学"的前半部分，即如何理解"质"和"质性"的内涵和意义，它们代表着质性社会学的社会认识观，体现着质性社会学的研究目标、研究精神和研究特征。"质"是如何发挥社会学的想象力，承担诠释社会发展机理这一责任的，这才是质性社会学研究的真谛和终极目标。

对于"质"，从字面含义来看，新华字典的解释有：①本体，本性：如物体、实体、质言（实言）、品质、性质、素质等；②朴素，单纯：如质朴、朴直等；③问明，辨别，责问：如质疑、质询、对质等。由此我们不难发现，"质"包含了丰富的概念和内容，既有表征实物、实体层面的具体含义，亦有表征精神、情感、文化层面的具象含义。从而折射出社会现象其实就是"质"的，社会包含着各种各样的"质"，"质"既是构成社会发展最基本的单元，也是必备的要素；而"质性"则体现着社会发展的脉络和特征。

其一，"质"是自然情境。质之所以为质，就在于它始终以自身的状态存在着、发展着，无论动态或静态，也无论显性或隐性。中国走的是具有中国特色的社会主义市场经济，不管外界如何评论，中国的市场经济自有一套运营体系和逻辑，适者生存，若不在中国市场经济的发展脉络中去体会、去发现、去思考，单凭西方经济的思维逻辑，是永远理解不了的。菲律宾解救香港人质事件为何以失败告终，固然与其反恐经验、技术有一定关联，但最为关键的是他们对人质所处实际情境的模糊认知、猜想才导致了悲剧的发生。所以说，"质"首先是自然情境，它强调了研究空间上的在地性和特质性，无论具体物质、人物抑或社会现象和社会问题，它不是人们在逻辑上有联系的假设、概念和建议的松散的组合，而是在逻辑思考上实实在在存在的事实、现象的具体联结。

其二，"质"意味着多样性。"质"的字面含义告诉我们，"质"既有形也无形；"质"既具体化也具象化。可见，"质"具有多样性的特征，"包括了关于理解人类行动的目的和方法的不同视角、不同的伦理承诺，以及在关于再现、效度、客观性等的方法论和认识论议题上所采取的不同取向"（邓津、邓肯，2007）。以对社会的理解来看，消费社会、网络社会、老年社会、全球社会、农业社会、工业社会、现代社会、后现代社会、商业社会、城市社会等，尽管都是对社会的定义与诠释，但都呈现了目前社会发展不同的"质"的生态图景，每个社会内涵的"质"均包含着多样性的发展特质，社会的主体、本体和客体均扮着不同的角色，演绎着别样的"生活内容"。

其三，"质"具有时空结构意义。社会中的"质"是如何产生的？但凡开展社会科学研究的研究者都会提到这样的疑问或针对具体研究议题提出具体的追问。我们发现，"质"其实一直存在于我们生活周围。从宏观视角看，"上下五千年"展现的是中华民族从弱小走向强大，从封闭走向开放，从单一走向多元的综合发展史，这是中华民族发展的"经线"。而每个社会发展阶段又都和权力争夺、经济发展、文化传承、改革开放等"纬线"交织在一起，构成了一副完整的中华社会风貌。从微观视角看，每个社会个体的生活世界究竟是什么样呢？为获取心仪的 iphone3 不惜卖肾的大学生，只是因为爱慕虚荣吗？我们仅从其冒天下之大不韪的"行为"中就可以武断其人生观和价值观吗？他的生活成长史怎样？他所处的生活环境又呈现怎样的特征？我们又有多少人关注过。还有，医生称呼从"白衣天使"到"白眼狼"以及老师称呼从"先生"到"眼镜蛇"的变化表征着怎样的社会民生观和民间智慧以及怎样的社会发展伦理。它们显现着不同时代的"医生"和"教师"的原始风貌，又都体现出两个崇高职业在社会发展的脉络中从量变到"质"变的过程和结果。可见，空间结构性造就了不同的"质"，"质"在不同的时空结构和发展中又呈现不一样的深层次内涵，这就是"质"的空间结构性。要全面理解社会事务，我们既要将其放置于特定的生活和社会空间中去理解、把握，也要将特定的时间空间联结起来，从而完整地展现出社会事务的"真实"面貌，也体悟到推动社会发展的文化力量、情感力量和社会力量。

通过上述讨论，我们对"质"已经有了一个基本理解。如此，探究"质性"则变得轻松了。"质性"是什么呢？简单说，"质性"就是解释和总结"质"的本质、特征和变化发展的规律。相对于"质"而言，"质性"基本体现了质性社会学的研究特点、研究精神和研究目标。

综上所述，质性社会学的概念可解释如下：质性社会学首先是一种认识世界的"范式"，是一个以创造客观、科学的知识为任务的学科。在研究理念上，它更注重研究场域的自然情境，关注在"自然"状态中社会中的个体、组织/机构扮演的角色、发挥的功能以及他们之间的互动关系。在研究目标上，它是通过从整体上对社会现象和社会问题的本质理解来理解人类的行为和经验。在研究方法上，它强调要尽量远离日常世俗的假设，避免二元的思考方式，以自然的态度将前知识、前经验、前理解和前态度等搁置起来，而深入社会的"本质"中去发现、去理解和去思考，使自然本体的本质显露出来。一言以蔽之，探究"本质"是质性社会学研究的真谛和终极目标。

二　质性社会学研究方法探讨

从上述对质性社会学概念的讨论中我们可以看出，质性社会学关注社会"本质"，注重对人类行为内部意义的理解和诠释。显然，要完成这样的研究"任务"，目前在国内社会学界占据主流话语的量化研究是无法胜任的。毕竟，量化研究对社会现象和社会问题主要以"围观"而非以"体察"的姿态展开。面对要求和社会"本质"近距离对话，关注文化与情感对人类行为的形塑作用的质性社会学，其适切性和有效性必然不能符合要求。尤其需要强调的是，量化研究对于研究议题更多是前建构、前理解，注重研究方法上的技术性和结构性，这些从一定意义上采用"静态"的研究模式要探究不断变化的社会现象必然显得"力不从心"或基本无效。

那么，质性社会学应采取什么样的研究方法？它们又是如何发挥质性社会研究精神于日常生活研究实践中，呈现并分析社会问题或社会现象的"应然"、"实然"及其"所以然"？它们在各自的研究视域中又凸显怎样的特征？接下来，笔者选取在质性社会研究实践中经常用到的几种研究方法加以介绍并讨论。

（一）焦点小组

目前，焦点小组是应用于质性社会研究中最广泛的研究方法之一。整体看来，焦点小组就是小组成员结合自身的经历或经验，在小组现场协作者的协调下，针对研究议题进行互动和讨论，表达其对研究议题多元的观点、感觉、态度与想法，从而对研究议题做出集体性解释，共同参与着知识的生产和建构。在具体应用中，对于具体问题，焦点小组不只是在探讨研究者已知的问题，更希望能产生一些研究者起初也没有想到的想法，所以其半结构化特点较明显。小组实施过程中，研究者不参与意见表达，更多通过观察参与者间的互动行为了解参与者在访谈中的思维过程（如认知方式、看问题的角度、思考问题的逻辑、分析问题的步骤等）及行为所代表的意义。如此，我们可以发现，焦点小组特别关注参与者各种不同的主观经验，以及小组成员通过自己的集体性解释，来肯定事件或行为背后的原因。这其实就构成了一个"实践—反思—再实践—再反思"的不断循环的知识生产价值链：从零散到集中，从隐性知识到显性知识的跃升。正因此，在质性社会学所有的研究方法中，焦点小组比其他方法更能达成知识建构的效果。

（二）口述历史

口述历史作为质性社会学另一种至关重要的研究方法，来源于人类学的田野研究，正被越来越多的研究者运用于质性社会研究中。与焦点小组强调集体性思维的研究取向不同，口述历史注重透过一个或者一群或"典型"、或"关键"或"重要"的社会个体/社群叙述其生命/生活经验或生命/生活故事，通过他们对相关研究议题的自我描述、表达与思考，从而"通过群体资格的路径，单个个体不再是孤立的真空中的个体，在他身上，我们不是去发现他个人性的偶然欲望、情结、动机和个性，而是能够揭示他作为行动者在和社会力量的互动中建构自身多元品质或特征的过程"（方文，2008）。口述历史作为研究方法将"口述"与"历史"进行有机的融合，颠覆性地打破了以往"历史"或"事件"书写中，"拥有文字权"与"历史解释权"两者互为因果的双向关系，让参与"事件"的社会弱势者的声音拥有发出的机会和管道，使他们既是"事件"的参与者亦成为"事件"的解释者。

由此可见，口述历史在研究应用上更多体现了一种赋权理念，它抛弃了以往人们眼中人、地、事、物上附着的"权力"属性，注重社会弱势者的声音传递，使社会中的弱势群体能通过叙述其生命/生活经验和生命/生活故事获取利益诉求和维护。正因此，倘若我们的研究对象为社会弱势者或身处社会边缘的社会个体或社群，在方法设计上运用口述历史开展研究是再合适不过了。不过，对于口述历史的应用，有两点十分重要。其一，我们在研究中必须清楚，口述历史资料的收集、整理和分析，也是一个建构以弱势群体观念、意义和态度为出发的生命/生活史。其二，让研究对象口述历史，并非天南海北随意谈论，而是研究者在研究设计时，心里就要有一个大致的研究话题，然后在倾听其叙述中逐渐丰富这个话题的内容，并且明确研究话题的意义，最终抽离出一个清晰的研究问题。

（三）参与观察

根据象征互动学派的观点，社会是人们营造的生活的集合，生活就是人们面对不同的环境和情势，发展出不同对应行动的一种持续活动的过程。参与观察方法沿袭着上述理念和观点，认为研究者要对研究议题有深入的理解和认知，就必须进入"研究场域"，融入当地的情境，既做观察者，也做参与者，在亲身躬行和同当地人的互动中，通过正确、详细的实地笔记和访谈记录呈现"研究场域"的社会风貌。不过，与上述两种研究方法不同的是，参与观察从研究者根据研究主题选择研究场域到与研究对象建立良好的关系，从研究者的工作概要到实地笔记和深度访谈笔记的记录，都有着严格的程序和规则，缺乏专业训练的研究者在研究中不太适合采用此方法。

值得一提的是，国外社会学界对参与观察法的"客观性"和"科学性"一直争议不断。他们所持的一种观点认为：因为人类的观察是主观的，而且是有选择性的，所以，研究者作为观察者身在其中无法保持客观，是无法得到正确性的资料的。正因此，参与观察法违背了科学的精神和原则。有反对者对此予以反驳，他们认为：人类的活动是个持续的过程，许多人类行为、现象必须通过互动才变得有内涵、有意义，而这个内涵和意义不是一成不变，而是因时、地、人不同而存在差异性。故此，参与观察法就成为研究社会现象的最佳方法。国内学者对上述争论也有过一些思考，应星认为，参与观察法"通常面临着'深入性'与'科学性'的两难：一方面，如果他得不到社区的某种认同，无法消除当地人中的'外人'感，无法在参与中去观察，那么，他田野作业的'深入性'就成了一个问题；另一方面，一旦他比较深入地进入社区生活后，他往往又被告诫要与被调查者保持一定的距离，不要让外来因素影响社区的'原生态'，否则，就不够'科学'。因此，对任何田野调查者来说，要做到田野资料既是深入的又是'科学'的，都是一件极困难甚至是不可能的事"（应星，2001）。

（四）民族志

作为来源于人类学的一种田野研究方法，该方法首先预设每个社会个体都是自己生活中的专家，但日常知识也常常受到其所处的社会权力结构的影响。著名民族志研究者 Mitch Duneier 就曾表示，他的民族志研究，力求客观地呈现美国底层黑人的生活状态。可见，客观中立是民族志研究的准则。要达到这样的标准，就要求研究者在实施调查之前，必须摒弃与研究议题相关的主流论述框架，"从处于不同位置的被研究者的认知中，以反思原则去分析是什么样的外在权力关系运作在形塑这些被研究者的经验"（王增勇、郭婉盈，2008）。在该方法运用中，研究者与被研究者的关系，并非强调客观中立，亦非坚持主观经验就一定是真实，而是强调反思的相互主体的建构。基于此，Rivers 一直主张研究者必须与研究对象住在一起、接受他们的语言、研究他们的文化，提倡利用恰当的途径搜集当地的文物、家谱和生活史，并做系统性的记录。如此，民族志和参与观察法的研究理念、研究精神和研究目标可谓殊途同归。不过，在实证主义占据国内社会学研究方法主流的背景下，在社会学研究中引入民族志方法，难免会引起争议。目前，学界争议最多的还是"客观性"的问题，有学者认为，民族志不仅强调被研究者的主观观点，甚至研究者的观察解释与推论过程，也和人们认识日常生活世界的方法相似，具有较强的主观性。但是，国外学者Hammersley 和 Atkinso 对此提出批评，认为"试验和调查等实证主义方法根本无法掌握日常生活的真正含义，只有使用民族志才能真正了解社会过程的内容和形式"，才能对社会进行全面的整体分析。

（五）行动研究

关于行动研究，库尔勒·勒温认为，行动研究是将科学研究者与实际工作者的智慧与能力结合起来以解决某一事实的一种方法。约翰·埃尔奥特认为，行动研究就是对社会情境的研究，是从改善社会情境中行动质量的角度来进行研究的一种研究取向。凯米斯则从另一个角度表达了对行动研究的认识，认为行动研究是由社会情境的参加者，为提高对所从事的社会实践的理性认识、为加深对实践活动及其依赖的背景的理解而进行的反思研究。上述三种观点均强调了行动研究的不同面向。在笔者看来，行动研究作为研究方法其本身蕴涵着这样一种预设或者说主张，那就是行动也包含着理论，研究中针对研究目标所进行的评估和反思比"基础研究"更有价值。领悟了这一点，我们就会发现，行动研究方法在研究应用上有其独到的特点：（1）在研究目标上，它主要以提高行动质量、改进实际工作、解决实践问题为主要目标，特别强调行动过程与研究相结合。（2）在研究场域选择上，它注重自然、真实、动态的工作环境，认为社会情境就是活生生的课堂。（3）在研究过程中，行动研究计划并非铁板一块，而是具有发展性，随着研究的深入以及研究环境的变化而不断进行调整。相应地，其研究过程也具有系统性和开放性，是一个研究、行动和评估相互联结的动态的研究过程。（4）在研究角色分配上，行动研究认为研究者、参与者和使用者等都是伙伴关系和研究关系，大家在共同的行动目标中共同面对"问题是什么？如何产生的？"，也要决定"如何解决问题？解决问题的路径在哪里？"。

目前，行动研究对社会研究的价值正逐渐被学界所发现并得到重视，相信行动研究在以后的社会学研究应用方面会发挥更大的作用。行文至此，笔者突然想起了军事学上的"游击战"战术和"运动战"战术。表面看来，二者与我们所要探讨的行动研究方法风马牛不相及，但仔细分析其实质完全一样，都注重以动态的视野将人、事、地和物加以有机的组合，使其能发挥出最大的效能，最大化地达到既定目标。

（六）多元方法

尽管，上述方法在研究应用方面都力图凸显质性社会学的研究精神和研究理念，但在全球化背景下的今天，现代人类社会越发紧密地结合成为一个不可分割的整体，对于一种社会问题及社会现象的研究与分析很难再以一种单一的方法论范式进行有效解释，不同的学科对某一问题的理解尚且需要不断地沟通与借鉴，那么在一种社会研究方法框架下的各种范式更需要不断地吸收各自的优势达到最佳的融合与分析效用。因此，多元方法被越来越多地应用于质性社会研究中。不过，要了解多元方法，必须首先明确一个前提，即多元方法始终认为，由于任何一种资料、方法和研究者均有各自的偏差，所以，唯有纳入各种资料、方法和研究者，以多元的观察方法与数据来源对所关心的现象进行深入探索解析，才能减少发生偏差。也就是说，多元方法不相信任何一种方法能对研究议题有完美的解释，而"寻求值得信赖的解释"。正因此，即使广受学界欢迎的量化方法被纳入质性社会研究的方法体系，也仍属"质性研究"，因为多元方法中的量化研究更强调"质性思维"，而非实证主义的"假设原则"。

目前，质性社会研究对多元方法的应用尚处于探索中，基本模式是从客观的量化资料中来发现事实，以质性的方法来理解、批判这些事实的背后的意义。我们相信，随着不同研究范式的相互影响与相互转换，多元方法将成为质性社会研究理论框架内的通常方式。

三 质性社会学研究方法的意涵

从某种意义上说，有什么样的研究方法，就有什么样的科学研究。研究方法不仅是揭示事物内在规律的工具和手段，也是体现学科精神和理念的载体。通过上述讨论，我们可以看到，作为质性社会学的研究方法，它们尽管在研究视角、关注面向和技术要求等方面存在差异，但是，它们均围绕着质性社会学研究的学科精神和追求，以"了解人类经验的真谛，寻求新的可能性"（高淑清，2000；Hultgren，1989）为愿景，研究过程主要"着眼于研究者与被研究者在日常生活世界中，意义的描述及诠释"（陈伯璋，2000），探索真实的现象、探讨生活意义与经验本质，追求科学性的知识。归纳起来，质性社会学的研究方法体现着这样一种思维逻辑的递进（见图1）。

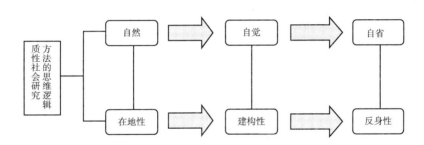

图 1　质性社会学研究方法的思维逻辑

（一）研究场域：注重人在情境中

焦点小组方法的社会基础情境和互动、讨论现场情境；口述历史方法中生活史/生命史所表述的昨天、今天和明天构成的历史发展情境；民族志书写的你、我、她/他所经历的社会发展情境；参与观察方法和行动研究方法要求的直接参与活动与研究情境。这些都表明，质性社会学的研究方法在研究过程中不仅不"预设立场"，而且，必须从理解具体研究议题情境出发，不能混淆研究者与被研究者情境的差异，将研究者本人也作为一种研究工具，强调在情境化的生活空间下采用多种资料收集方法，对所研究的社会对象进行整体性考察。如此，与量化研究依赖电子化工具注重研究的"技术性"作用不同，质性社会学研究的研究方法的关键在于实地工作者在研究场域中的工作技巧、能力和能否严谨地执行其工作。

需要强调的是，我们在研究开展当中，作为研究者都不可避免地充满着自己的情感、眼光和视角，但是，质性社会研究方法强调研究者要始终把自己放到研究的情境中，保持着自省，确保自己所表达出的情感并没有超过其所记录的"研究对象"的情感范围，确保资料中关于研究议题的描述、理解和思考都来自于"研究对象"的情感。这一点对于开展质性社会研究至关重要。

（二）研究角色：体现主体与客体的互构

根据前述，质性社会学是一门探讨人类社会与人们行为"本质"的学科。那么，什么是"本质"？谁又有权力描述本质、呈现本质？显然，研究对象的主体经验是最需要我们去关注的，他们所知道的、所感受到的、所了解到的社会事实，既是自己对某些社会发展情境的定义，也是个人与社会互动的结果。所以，作为质性社会研究方法的主要使命，就是在研究中始终凸显研究对象的主体性，厘清研究的"本质"性问题与目的，促使他们不断用语言表达生活世界的真实性，从而展现人类的经验，使人类回归本质，达到彼此相互理解与交流。

研究者，则在研究中要把握好"无我"与"有我"以及"无为"与"有为"等原则。首先，所谓"无我"主要是指在调查工作开展中，研究者必须忘记我的存在，必须对自己的"先前意见"、"先前理解"、"先前知识"、"待答问题"等加以澄清，使其非常明确，然后全身心地将视野范围定格于研究对象和研究情境，注重"原始"、"在地"资料的搜集；在研究的结果或发现中，研究者要准确地呈现研究对象的观点、想法、态度与经验。其次，所谓"有我"，包含着两层含义。其一，是指研究者毕竟也是有思想的、有情感的、有自己的知识体系，所以，研究者在与研究对象互动过程中要完全保持客观中立显然不现实，不可避免地会有一定的"价值介入"，将自己的思想、情感和思考渗透在研究议题的具体情境中，与研究对象共同对研究议题做出更理想、更完善的理解和解释。由此，我们也可以这样理解，质性社会学的研究其实是动态的，它是研究者与研究参与者互动的结果。其二，所谓"有我"还有一层相当重要的"提示"意义，那就是在质性社会学研究的过程中，研究者自身要保持反身性，注意自己在与研究对象互动过程中、在整理资料并对资料进行诠释时，是否具有自我反省和批判意识，除思考"what was happenning"，同时也思考"how people know what was happenning"，不断地自我反思自己所持的观点，在研究过程的态度、行为以及自身所处的情境，并在研究报告中予以表述出来，将其内聚为一种自我反省及检讨的能力。

当然，理解了"无我"与"有我"，"无为"与"有为"也就迎刃而解了。

（三）研究内容：嵌入社会发展脉络

质性社会学认为，人类行为受其所处社会环境影响甚大，社会环境对人类行为的影响甚至超越个别差异，因此，研究人类行为不能忽视社会环境的影响，在关注研究对象主体经验的同时，研究他们与其社会系统之间的互动关系也非常重要。基于此，质性社会强调以系统性、整体性的观点开展人类社会和人们行为研究，强调社会脉络对了解社会事实/真相的重要性，认为如果把社会行动、问题或对话单独抽离，那么他们所具有的社会意义或重要性就会受到扭曲。在具体方法应用上，为了全面了解研究议题，研究者经常会将研究场域中所有的人、事、物视为一个整体来进行探究，而不是当成简单的变量来处理，注重运用多种方式搜集资料，以不同的研究角度和视野来发现事实的脉络，描绘出社会的整体全貌。

（四）研究发现：凸显知识的建构意义

研究者对研究场域"本土社会"宏观社会发展背景以及微观社会文化情感的考量和尊重构成了研究结果的社会基础，为了解、分析研究议题提供了一个"外在知识空间"；研究参与者对其自身行为与其他事物进行的赋予了主观意义的诠释构成了研究结果的知识基础，为了解、分析研究议题提供了一个"内在知识空间"。如此，研究结果中所呈现的"知识"基本源自其内在知识系统的生产和加工，展示的是研究对象对其行为和意义建构的解释性理解。同时，在质性社会研究中，尽管研究者是在自然的情境下，做有深度的资料搜集（包括书面资料及其他非书面资料），并对这些资料只做客观描述，不做主观评价，但是，在对这些资料加以整理、归纳和分析的过程中，研究者在自身知识体系、价值体系和情感体系的作用下，不可避免地会在文字说明中渗透自己的想法和思考，运用各种诠释方法解释文本的内容。因此，质性社会学的研究发现不仅是一个呈现，更是一个建构。当然，也许有人会提出质疑，质性社会学不是追求呈现客观、科学的知识，如此操作是否有违学科精神。对此，笔者想说的是，质性社会学倡导对"真实"和"本质"生活世界的探索，并不是说质性社会学不承认研究者个人视角对于研究结果的影响，而在于质性社会学需要各种技能来控制这种影响。这也是质性社会学的研究方法有别于量化研究方法的最为关键的方面。

（五）研究文本表述：强调深描

质性社会研究关注焦点是"人"的世界。人的"主体性"是最被研究者关心的部分。而关心人的主体性便是关心其行为背后的意义建构。所以，质性社会研究者的研究过程与其说是一个搜集、整理资料的过程，还不如说是一个"理解人"的历程，是一个"思考、觉察与对话"的过程。因此，在研究方法选择上，质性社会研究更多采取的是非线性线路，注重研究场域的情境脉络，强调从研究对象本身来了解其行为，讲求扎根理论及研究者的道德实践和政治实践。正因此，质性社会研究文本的表述少了很多实证研究文本表述上的技术性、因果性和结构性，而突出描述性、过程性和反身性，包含着研究对象个人经验的脉络、组织或机构经验的理解与思考以及研究者自己的思考。对此，韦伯曾指出，"人是被悬挂在意义之网上，这个意义网是主观构造的，深描则将此意义网加以呈现。"基于此，与实证研究中对研究效度要求不同，质性社会学研究在研究方法上更强调描述效度、解释效度和学理效度。尤其是描述效度，研究者在研究结果或发现中，准确、细致地呈现研究对象的观点、想法、态度与经验的程度，直接影响其研究质量的好坏与水平的高低。

（作者　谢雨锋）

参考文献

仇立平：《社会研究方法》，重庆大学出版社，2008。

陈向明：《质性研究的新发展及其对社会科学研究的意义》，《教育研究与实验》2008 年第 2 期。

［美］邓津、林肯：《定性研究：方法论基础（第一卷）》，风笑天译，重庆大学出

版社，2007。

石英：《论质性社会学的特征》，《质性社会学研究》2010 年第 1 期。

谢雨锋、江波：《重新思考焦点小组方法——关于知识生产的报告》，《中国社会变迁：60 年回顾与思考》，社会科学文献出版社，2010。

胡幼慧主编《质性研究——理论、方法及本土女性研究实例》，台北巨流图书公司，1996，第 175、195 ~ 218、239 ~ 240、249 ~ 265、271 页。

陈向明：《质的研究方法与社会科学研究》，教育科学出版社，2000。

石英、江波主编《贫困对健康的呼唤——西部贫困农村医疗与农民健康的一项质性研究》，西北大学出版社，2006。

范明林：《社会研究方法比较谈》，《上海大学学报（社会科学版）》2001 年第 8 卷第 3 期。

风笑天：《社会学研究方法》，中国人民大学出版社，2005。

梅拉尼·莫特纳等：《质性研究的伦理》，丁三东、王岫庐译，重庆大学出版社，2006。

应星：《大河移民上访的故事——从"讨个说法"到"摆平理顺"》，生活·读书·新知三联书店，2001。

陈伯璋：《质性研究方法的理论基础》，台湾中正大学教育研究所主编《质的研究方法》，台湾高雄丽文文化公司，2000。

高淑清：《现象学方法及其在教育研究上的应用》，台湾中正大学教育研究所主编《质的研究方法》，台湾高雄丽文，2000，第 95 ~ 132 页。

王增勇、郭婉盈：《建制民族志：勾勒在地权力地图的社会探究》，周平、蔡宏政主编《日常生活中的质性研究》，台湾高雄复文出版社，2008。

Hammersley, M and Atkinso, P：Ethnography Principle in Practice. London & New York：Routledge, 1990.

"田野情感"与个案访谈中的经验

　　在农村教育、医疗卫生受到全社会广泛关注的情形下,《秦巴山区农村医疗卫生和农民基本健康需求评估》和《农村改革背景下贫困山区基础教育需求与政策评估》课题组历时两年多,先后多次下到 XY、LG、ZA 等县农村,就陕南贫困山区农村基础教育和医疗卫生的现状、存在的问题、面临的困难及当地居民对教育、医疗的需求、期望进行了深度调查。说实话,对贫困山区的调查是很辛苦的,因为当地山大沟深,交通十分不便,村民们住的又极为分散,有时为访问一家农户要走上几十里山路。但是,当你面对村庄的简陋、破败甚至潜藏着生命隐患时,当你面对村民们一贫如洗的家境和一脸茫然的无奈而又无助时,当你面对孩子们一双双充满渴望期待甚至是祈求的目光时,就会感到有一种难以名状的沉重压在你的心上。这种沉重会压得让你透不过气来,那点辛苦真的是不值一提。

　　在两个项目的调查研究过程中,课题组综合应用了入户访问、小组访谈、问卷调查、个案口述史记录等多种研究手段和方法,就项目点 7 乡 21 村的基础教育、村民的基本健康需求及社区健康服务状况进行了调研。通过各种研究手段和方法的综合应用,弥补了每一手段与方法各自的缺陷和不足,使获得的资料更为丰富、更为翔实、更为深刻。在整个调查过程中,作为课题组成员,笔者主要做了入户访谈和个案口述史的访谈工作。

　　作为社会学研究方法中的访谈,应该说具有很强的综合性和技巧性。从大的方面来说,访谈者要在准确理解和把握研究项目的理由、背景、目标的基础上,去了解项目实施地社区经济、社会、文化、环境等方面的状况，以及社区风土人情、生活习俗等。以《秦巴山区农村医疗卫生和农民基本健康需求评估》项目为例，透过入户访谈和个案口述史的访谈，可以获得与农村居民健康保障直接相关的基本资料，它包括个人的收入、受教育程度、生活习俗、拥有的健康知识、卫生习惯、文化规则、信仰及价值观；当地社区拥有医疗健康卫生资源及利用状况，居民对医疗卫生公共政策的感受评价；本人或家庭（包括邻居、亲戚、朋友）看病就医的经历、遇到的困惑、面对的问题以及他们的需求和期望。当然这些资料必须是在综合应用多种社会学调查手段的情况下，才能使资料更为全面、准确。在这些资料当中，访谈所获得的资料在广度上有一定的局限性。然而我们应该看到，访谈活动本身就是受访者拥有了一定的话语权，从而通过访问者发出自己的声音，尽管它可能是短暂的、微弱的，但却是鲜活的、具体的，甚至是深刻的。其实在很多情况下，我们往往低估了农民对农村医疗卫生现状的认识和理解，一相情愿地认为应该这样而不应该那样。只有当你和他们进行深入的交谈，你才会发现他们的有些见解是一针见血的。例如，笔者在与 HL 村 2 组村民 NSY 的访谈中，他有过这样一段陈述：

现在我们农村人看病，最关键的问题是经济上的困难。有了病人人都想去看，但能不能看得起，这是最主要的问题。你说我们农村人得了病以后，一般都是小病扛，实在扛不过去的，才吃点药，再不行才去医院，这也是没有办法的办法。因为看病是要花钱的，而且是要花大钱的，但村里大部分人都没钱，只能维持吃穿等基本的生活。有点钱，还要供孩子上学，所以自己得了病也就只能往过扛。再说现在实行的合作医疗好倒是好，农民有了大病后，国家能给报销一部分，能减轻一些农民的负担。但对农村来讲，一些小病更多见、更普遍，农村人命不值钱，一般的病也都能扛过去，最多也就吃点药，可扛到最后是谁也扛不过去的。农民也正是因为小病不看，一直拖成大病，有些病要是能早检查、早治疗，也花不了多少钱，也就不会小病拖成大病。我有一个表姐，她家住在后山里面，家里生活非常困难，丈夫出去在建筑工地打工，从楼上掉下来，成了残废，家里没有了经济来源。40 多岁的时候，就感到下身痛得厉害，有时痛得头上直淌汗，在床上直打滚，可因为家里没钱也就一直没有去医院检查过，痛得实在不行才吃点药。就这样拖了快有十年，去年 50 刚出头就死了。她这病如果刚开始痛的时候就去医院检查治疗，是能治好的。所以真正从农村和农民的实际来看，最好是小病也能报销，这样有点小病就能及时去医院检查，及时治疗，就不会像我表姐那样从小病一直拖成大病、死病。对经济贫困的家庭来说，有不少人就是国家按一定比例给报一部分大病的医药费，个人还是要出一部分的，尽管出得少了许多，但他还是出不起个人应出的那些钱，这样他还是看不起病，还是在等死。要是小病也能给报销，对农民是真正有好处的。

在这些朴实的话语中交织着复杂的情绪，有对无奈处境的陈表，有对困惑问题的直白，更有对需求期望的流露。让我感到惊讶的是，他说这一大段话是不带停顿的，几乎是一气呵成，这是我事先没有想到的。可见农民对与自己切身利益相关的农村医疗卫生，也有很深的认识。由此看来，通过访谈，让更多的农民发出自己的声音就显得更加重要。

从访谈的具体层面来看，访问者要与受访者之间能够顺畅地进行信息交流、沟通以及价值传递，首先要熟悉和掌握访问大纲，一般来说，访谈大纲都是提纲挈领式的框架，而且它的语言书面气味更浓一些，这就需要将大纲中的内容转化为自己的语言，也只有转化为自己的语言，才能在访谈过程中应用自如地提问和交谈，也才能使整个访谈围绕着调查主题展开。其次，当你独自一个人走进一家农户时，你所面临的场景可能是多种多样的，而且他们对家里突然来的陌生人，内心肯定是有一些戒备心理的。约瑟夫·A. 马克斯威尔在其《质的研究设计：一种互动的取向》一书中指出，"无论方法论或政治观点是什么，记住你的'研究计划'在某种程度上总是对你的研究参与者生活的一种侵入。你需要考虑遵守和他人互动的规划，如果他们和你遇到的人不同，那么为了你研究的人们或环境，你要学习这些规划。这里你运用的一个基本策略是把自己放到他们的位置上，然后询问如果有人对你做了你想要做的，你会有什么样的感觉，同时还要考虑到文化和标准上的差异。正如艾耶尔所说，'稍许的考虑并替别人想一点，事情就完全一样'。"因而，越是在这种情况下，如何开口、第一句话说什么，就显得越发重要和讲究。如果一进门就自我介绍、说明来意，就显得有些唐突和生硬。我的经验是先说一些家常话，比如他家有孩子，就可先问孩子多大了，上几年级了，学习怎么样，等等；有老人的，可问老人高寿多少，身体看上去还挺结实，等等。总之，这一类的话要根据当时的具体环境，灵活选择一些内容较为简单，访问者与受访者之间容易沟通和交流的，尤其是受访者更容易回答的话题，目的就是要用简短的家常话，消除或至少是降低他们的防备心理，很快拉近和他们的距离。这一环节至关重要，它直接关系后面的访谈能否顺畅进行。在这个简单的对话过程中，一边交谈一边要环视他家里的环境，选一个比较适当的地方坐下，准备好访谈用的工具诸如录音机、记录本和笔等。这时主人可能要忙着给你端茶倒水，客气的话要有，但也不必一定要拒绝，而且主人为你端的茶倒的水，即使你不渴，一定要象征性地喝一点，这不仅是一种尊重，也能进一步消除受访者的戒备心理。之后也请受访者坐下来，然后再说明自己的来意，进入正题。在访谈的过程中，我们的调查往往是围绕主题展开的，作为访问者此时应该是一个聆听者，一个冷静的、理智的聆听者。这一方面是调查的需要，另一方面也就如约瑟夫·A.马克斯威尔所说的，为了让我们的对象感到参与调查是一种值得经历的体验，而不是仅仅"被利用"，你能够做的除了在你研究的现场帮助人们解决困难、给予他们小礼物或服务等，甚至是专注的倾听。在通常情况下，我们能做的更多的恐怕也就是专注的聆听。事实上，更为重要的是村民们在日常生产、生活中遇到的难事、苦事甚至是辛酸事很多，承受着方方面面的压力，因此他们也有强烈的倾诉愿望，只是在平常情况下无处诉说、无人倾听他们的苦衷，而我们作为外来者，又是从省城来到他的家里，他们往往把我们当成是为他们解决问题的，因此只要你切入得好，能打消他们心中的顾虑，他们就可以敞开心扉，倾诉心中积压已久的喜怒哀乐，不管是与主题相关的，还是不相干的，他们都会统统道出来。这时作为一个聆听者就要从中发现与主题密切相关的或是隐藏在某些话语背后更为重要的内容，所以此时访谈者应是冷静的、理智的，应保持着对访谈主题的敏感性，能够发现需要进一步深究的话题或线索，切记不能跟随他的话题而远离主题。同时访问的人还应该是一个引导者，当被访者的话题偏离主题时，应及时通过自己的发问引导其回到正题上来，这时应特别注意，既不要随意打断他的话来插入你的问题，以免扫他说话的兴趣，还不能任他沿着他的话题一直说下去，而是要寻找一个恰当的机会来提出自己的问题，或先沿着他的话题往下进行，然后通过一二个问题逐步引导他回到主题上来，这就显得更加自如。入户访谈和个案口述史应该说是一种半结构访谈，具有一定的开放性，这也就为访谈内容的拓展创造了一定的空间，而拓展的部分也应该是为调查主题服务的。例如，笔者在与

YS 乡卫生院 T 院长的访谈中，有下面这样一段对话。

> 问：T 院长您就是 YS 人？
>
> 答：就是土生土长的 YS 人
>
> 问：那您在卫生院工作多长时间了？
>
> 答：我今年已经 60 岁了。我是 16 岁到卫生院，在这里已经干了四十多年了。
>
> 问：44 年，您把一辈子的心血都献给了 YS，那您对咱们 YS 的医疗卫生状况一定很了解吧。
>
> 答：应该说对乡上人的卫生和健康状况还比较了解。

我在这里有两点体会，一是我问前两个问题是想引出第三个问题，目的是想全面了解 YS 乡农村医疗卫生健康的现状。用这样一些引导性的对话，将被访者引导到你所需要的话题上来，至少在我看来要比直接去说"您对 YS 的医疗卫生情况熟悉吗？请您谈谈这方面的情况。"会更加顺畅、更加自然，效果也就会更好。二是我用了"咱们"一词，而没有用"你们"。这包括对村民的访谈中，我也用的是前一个词，目的就是要拉近与被访者在情感上的距离。即使在短暂的访谈中，也要尽量将自己融入他们的生活氛围，获得他们在情感上的认同。这一点在我看来是非常重要的，村民包括基层的工作人员都非常质朴，他们更加注重情感的共鸣，是情感型而非理智型的，因此只要获得他们情感上的认同，他们就可以和你无话不谈。这可能是农民作为访谈对象区别于其他群体的一个特点。

访谈结束后，对访谈资料的整理是一项极为重要的工作，这中间既有对资料的全面梳理、分类和发掘，也有对其他资料阅读及其所引发的一些思考。这项工作往往很费时，也很费神，在这个过程中需要研究者边整理、边思考，并把自己的每一个思绪记录下来，这或许就是你完成研究成果的重要依据。以下是我在完成《农村改革背景下贫困山区基础教育需求与政策评估》访谈资料整理阶段所做的一些思考记录，并成为完成研究报告框架的重要线索。

对于山里的村民们来说，孩子是他们唯一的希望，供孩子上学是他们的后代走出大山的唯一出路，然而当面对微薄的收入和困窘的生活，培养孩子又成为可有可无的事。贫困是他们首先要面对的问题之一，那些居住在大山深处的村民们，基本上还是以种地为主要的生存手段，勉强解决温饱。他们大多居住的还是土坯房子，好一点的也不过是土木结构的瓦房，差一些的就用当地产的一种薄石板搭建房顶，夏天遮不住风雨，冬天避不了寒冷。不少农户家里真可谓家徒四壁，一贫如洗，家里进去就如同进入地窖一样，黑暗、阴冷，到处都被烟熏的黑乎乎的，他们中大多数人的生存状态还徘徊在温饱的边缘。这些年随着城乡二元壁垒的逐步打破，进城打工成为山区农民增加收入的主要渠道。尽管农民出外打工往往干的是最苦、最脏、最累的体力活，但仍然需要一定的文化作为外出的起码条件，因此，从这个意义上来讲，村民们也都愿意把孩子送去读书。另外，在孩子小的时候也干不了什么活，送到学校既能学点知识，家长也省了不少的心，所以，在孩子上小学期间，村民们基本上还都能把孩子送到学校，即便是经济困难的家庭，也要把孩子送去读书，自己能出的出一部分学费，出不起的学校也尽力想办法给减免一些学费，这样一来，山区农村小学入学率还是比较高的。与小学相比，初中的情况就大不一样了。上初中后，孩子们也逐渐长大了，多少也学到了一些文化知识，至少已不是睁眼瞎子，这种情况下，一些家境贫困的孩子，就辍学出外打工，或在上初中的途中辍学，十四五岁的人就担起了生活的重担。当城里同龄的孩子充分享受着来自家庭、学校和社会的关爱，尽情地汲取和吮吸着知识的营养时，这些农村的孩子们已背负着沉重的生活重担，走上了前途未卜的求生之路，生活对他们来说是无尽的艰难和困苦，这种生存状态似乎是从他一出生就要与之相伴随，而且也似乎很难改变。

XY县TQG乡SH村17岁的女孩XZL，今年初中毕业，因为家境贫寒辍学在家。种种原因她没有成为我们的访谈对象，但她却给我留下了很深的印象。我们是在去村民家返回的路上碰到她的，虽是在放羊但手里却拿着一个小本子，不时地在翻看。她说她家有5口人，全靠父亲以种地为生，爷爷年老多病，母亲智力不健全，说话口齿不清，哥哥去年初中毕业后出外打工，她今年刚刚初中毕业。当问她为什么不上高中时，她低着头，过了好一会才说，因为家里没钱，父亲和哥哥都不让她上了，所以在上初三分班时就选择了不考高中，也就被分在了不考高中的那个班里，分班后也就再无心学习，学习成绩开始下滑。她说她现在唯一的愿望就是等哥哥打工安定下来后，她也想跟着出去打工挣钱。据学校的老师讲，她在上初一、初二时学习成绩还是很好的，分班后她经常不来学校，学习成绩自然也就直线下滑。手里拿的是她自己的日记本，已密密麻麻地写满，她说她现在最大的快乐，就是一边放羊一边看看自己的日记。从和她的谈话中，能明显感到对家里生活困顿的无奈和无助。XY县HJ乡九年制学校六年级学生ZDZ，因家里生活贫困，一直到13岁才上学，今年18岁小学毕业，当问到她小学毕业后是否上学时，她无奈地说，上是想上，可家里太穷，生活困难，父亲没有文化，仅靠种地为生，母亲又干不了什么活，奶奶年龄大了，还有一个残疾的叔叔和她们生活在一起，家里生活十分困难，家里早就等着她回去做饭、干活。

农村基础教育面临的种种问题，是一个长期累积的过程。长久以来，由于城乡二元分隔的社会结构在逐步形成并被制度不断强化的过程中，农村基础教育也被隔离在缓慢发展的农村社会结构之中，其发展也仅仅是依靠基础薄弱、低水平徘徊的农村经济和收入微薄的农民自身来支撑。近年来，伴随着农业在一片加强声中被弱化的同时，农村基础教育也逐渐走向边缘化，尤其是贫困山区。从表面看，农村教育的条件比以前是有所改善，但透过全新的校舍背后，却发现农村中小学走的依然步履艰难，农村孩子的求学之路亦困难重重。农村义务教育面临的种种困难和问题，亟待解决。这些困难和问题集中表现在：农村义务教育总体水平低、基础薄弱、发展不平衡的矛盾十分突出，地区之间、城乡之间、人群之间存在较大差距；农村义务教育面临在校生高峰和提高普及程度的双重压力，基本办学条件不能满足需求；虽然国家对农村义务教育的投入不断增加，但和所需经费相比仍有相当大的缺口，拖欠农村中小学教职工工资的问题仍然较为严重；已有和新增危房数量多，而改造资金缺口大；农村中小学公用经费严重短缺；家庭经济困难学生人多面广，如得不到及时资助，大面积辍学和失学在所难免，等等。归根到底，还是政府投入的问题。

什么是义务教育，应有三层含义：一是学龄孩子有义务接受教育；二是公民有义务把自己的孩子送到学校去接受教育；三是国家和政府有义务向适龄儿童提供教育。而事实上，农村的义务教育远未能体现"义务"教育的真正含义。农村孩子有义务接受教育，但是他们没有接受教育的条件或条件不充分。农村居民有义务把自己的孩子送到学校去接受教育，但是他们没有这样的能力或能力不足。国家和政府有义务向适龄儿童提供教育，但长期以来，国家和政府向适龄儿童提供的教育资源倾向于城市，而对农村则明显不足。无论是经费的投入、师资的配备等，与数量庞大的农村学龄人口对教育资源的需求，都形成了巨大的反差。正是由于国家和政府向农村适龄儿童提供教育的义务没有尽到，从而进一步限制了农村孩子接受义务教育的能力。基础教育作为一项公共产品，政府是这一产品的主要提供者，在一个政府主导型的国家中，政府的每一项公共政策对其所涉及的事业都会产生深远的影响，进而也就会影响、改变甚至决定相关人群一代或几代人的命运。近几年，伴随着农村各项改革政策的出台，对农村基础教育产生了巨大的冲击。农民把跳出"农门"、改变命运的希望寄托在下一代身上，再苦再累也要把孩子送去读书，这种心愿是强烈的，但现实又往往使他们的良好心愿难以实现，因为穷，有些孩子不得不辍学。

农村基础教育所面临的问题和困难将在相当长的一段时期内影响我国农村义务教育的发展，必须高度重视并认真加以解决，否则势必影响到农村义务教育事业和整个教育事业的健康发展。2004 年中央一号文件提出给农村、农业、农民要"少取、多予、放活"。因此，在教育的投入经费上，各级政府要加大支持力度，保证农村教育的发展，从根本上改变"农村教育农民办"的现状。从关注弱势群体的角度来重新认识农村教育"如果政府不考虑教育的均衡发展，就会增加弱势群体的数量。"中共十六届三中全会和温总理的政府工作报告中，都强调坚持科学发展观，按照"五个统筹"的要求，就是要缩小区域、城乡的投入差距，实现区域、城乡的均衡协调发展。"义务"教育更应该实现由不均衡向均衡发展，让广大农民的孩子享受教育的公平。

首先在农村地区实施免费义务教育，并根据经济的发展逐步在全国推开。免费是义务教育的本质，我国在实施义务教育的过程中根据国情向学生收取杂费，对于调动全社会力量参与，从而在 20 世纪末基本实现"普九"的目标产生了积极作用。但是随着我国综合国力的增强，首先在农村实施免费义务教育应该早日提上议事日程。

新中国成立以来，农民为我国经济的发展做出了巨大贡献，他们收入有限，负担较重，生活条件有待改善。反观农村义务教育的投入构成，78% 由乡镇负担，9% 左右由市财政负担，省财政负担 11%，中央政府负担不到 2%。教育费用已经成为农民的主要开支项目，很多家庭一年的收入难以供养一个小孩接受义务教育。因此，在加快农村发展，全面建设小康社会的新形势下，理应首先在农村实施义务教育。从费用投入上看，目前我国农村小学在校生 1.05 亿人（含县镇），初中在校生 5526 万人，如果按照小学生每人每年 200 元、初中生每人每年 300 元计算（目前在贫困地区实施的"一费制"的标准是小学每学期 92.5 元，初中每年 150 元），一年所需要的经费为 376 亿元，只占我国 2002 年 10 万亿元 GDP 的 0.376%，我国的经济能力是完全能够承担的。如果实行中小学教科书的集中采购，减少中间环节，那么教科书的费用可以在现有基础上大幅度下降，甚至降幅可达 1/3 以上。因此，在农村实施义务教育不仅应该，而且可行。

农村实行义务教育，可在部分地区实施义务教育的试点（试点可考虑在中西部地区和边远贫困山区），在免费项目上，可先减免学费、书本费，然后再减免杂费和提供一定的生活补助。在试点的基础上总结经验和教训，并制定相关的实施细则和办法，面向全国推广。

访谈工作没有固定的模式，也许没有模式本身就是一种模式。这就增加了访谈者与受访者之间的发挥空间，可以围绕调查主题，根据访谈内容的需要任意收放，做到形散神不散。这些话说起来容易，真正做起来也并非易事，只有在调查的实践中不断摸索、不断积累，才能有所提高。

（作者 牛 昉）

参考文献

哈维兰：《文化人类学》，瞿铁鹏、张钰译，上海社会科学院出版社，2006。

徐黎丽、冯霞：《论田野中的情感》，《中南民族大学学报》2008 年第 4 期。

文军、蒋逸民：《质性研究概论》，北京大学出版社，2010。

"知识生产"与焦点小组方法反思

焦点小组访谈又称为焦点访谈、团体深度访谈、小组座谈法等,是由一名研究者以一种无结构、自然的形式与一个具有代表性的被研究者小组进行交谈,通过小组成员间的互动对特定研究主题进行探讨,从而获得对相关问题的深入了解。焦点小组访谈作为质性社会研究的一个重要方法,注重小组成员之间的"互动"和"讨论",强调从当事人的视角理解其对社会现象的看法。因此,所收集的资料也是以小组成员互动讨论的内容为核心。焦点小组访谈作为研究社会的一种研究方法,不只是探讨研究者已知的问题,更希望能产生一些研究者起初也没有的想法,或对于同一主题获得多元的观点、感觉、态度与想法。其目的并非建立共识,而是通过相关群体各自的解释,来肯定事件或行为背后的原因和意义。从研究者角度看,焦点小组既为研究者提供每一位参与者的个人意见,同时也为研究者提供在特定情境下特定社会公众对特定事物的集体性解释。对于焦点小组方法进行必要的反思,尤其是从知识生产的视角再认识,将有利于了解这一研究方法、研究过程及研究结果。

一 从焦点小组运用的经验说起

进入焦点小组研究场域之前,有必要首先厘清一个基本概念,那就是"什么是知识",这是理解焦点小组方法研究程序、认识论和方法论的基础,只有对这个看似简单但又至关重要的基本概念有一个清晰、深刻的理解,才能真正从质性社会研究的视角把握焦点小组参与者产生知识的过程和意义。

在如何对待知识的理念上，学界目前还存在着复杂、多元的理解。首先，提及对于知识的理解，不能不提及实证主义知识论，它是目前学界居于主流地位的知识论，认为"科学知识是实证的、客观的，任何科学命题都要经受得住实验和事实的考验，要符合可证实性原则，否则就是没有意义的，是形而上学"（邓波、贺凯，2007）。实证主义知识论不仅对我国经济学、社会学、法学、历史学、心理学等学科产生了深刻而广泛的影响，而且，依照实证科学知识的研究模式去改造与重建各类知识几乎成为一种潮流和时尚。近年来，尽管它也受到了不少质疑和挑战，但它的主张早已广泛渗透到知识界的意识里，深深地影响着知识界对科学知识以及人类其他知识的整体理解。其次，"知识"似乎总是同"知识分子"、"研究者"、"专家"联系在一起，知识属于特定精英人群观念、观点、学说的独有产品和"专利品"，是"非常有分量"的真理。尤其当今社会以市场和竞争、供给和需求、生产和消费、城市化和全球化唱主角，经济学家及各类商业精英最具有代表性和符号性，他们的观点、看法在很大程度上已成为现代知识的同义语，或者说探悉相关社会现象的"锐利工具"，备受社会、媒体和公众的推崇。最后，另一种观点认为，"知识"是人们在互动中对问题进行了更深入的探讨，经相互补充与纠正后，达到所讨论主题的深度及广度。

究竟什么才算是知识？知识究竟是如何产生和建构的？在此，想借近些年研究实践中经常采用的焦点小组方法为例进行探讨。

有研究观点认为，焦点小组访谈其实是依靠预先准备好的"访谈提纲"参与知识生产，因此，焦点小组也从一定意义上是实证主义思维下产生的态度，具有标准性和客观性。那么，焦点小组访谈是凭借事先准备好的"提纲"来"操纵"知识的生产吗？在焦点小组访谈实践中，逐步真正体会到知识生产来源的多元性，尤其是从"草根"性质的焦点小组中发现了不同知识的实在价值。在本土性、参与性理念的指引下，透过"自下而上"的发声通道和研究路径，可以感受到被标签化为"草根"、"弱势"群体生产者拥有知识生产的极高智慧和能力。在"贫困山区农村基础教育需求评估"和"贫困山区农民健康和农村医疗需求评估"研究中，沿着赋权的路线，注重农村教育相关利益群体在研究工作中的话语权，依照焦点小组方法，获得了大量、丰富的有关农村基础教育和健康方面的知识：问题、需求和回应的对策。也正是透过在研究中各相关利益群体的不断反思，或者说对话与争论的过程，才引发我们把对焦点小组方法的思考置于知识生产的体系中，去探讨焦点小组在知识生产中的相关议题，逐步反思以往注重技巧运用的焦点小组取向。也正受此启发，对质性社会研究的意涵和聚焦点有了新的思考。从质性社会研究的视角来看，对于人类社会现象的研究，我们绝对不能忽视研究对象的主体性，研究对象对于自身的行为与其他事物进行的诠释，并赋予"主观意义"，并非真相之外的添加物，而是真相的重要构成部分。

二　焦点小组方法的基础

在社会科学研究中，焦点小组方法的使用可以被认为是一次道德与政治实践，它要经历社会文化、研究理论、取向和场域的考验。焦点小组正是以此为基础，确立了作为研究手法在社会研究中的价值定位、认识路径和逻辑空间，从而形成了质性社会研究视域下焦点小组方法的理论体系，构筑了质性社会研究理论体系的理性坐标。正因此，在运用这一方法的过程中，我们从意识层面应清楚，它不仅仅是一项技术性活动，更是一项社会性、文化性的实践，遵循一定的研究方法论作为引导，在一个存在差异性、本土性、多样性的知识地图上进行的巡回与挖掘。由此，我们也就会发现其实焦点小组方法并无定量研究中的标准性、客观性和可概推性，它作为微观的互动情境会因参与者的不同"特性"而带来小组过程的动态性和结果的不确定性。它们共同构成了生产"不守规矩的知识"的知识生产空间。

那么，在焦点小组实践中该如何认识权力的弥散性特征？对本土性、差异性到底要有怎样的尊重？这是开展焦点小组前不能不思考的议题？也是理解焦点小组方法基础的关键所在。

基础1：社会文化基础。俗语说得好，"一方水土养一方人"。表面来看，它意指不同地域上的人，由于环境、生存方式、地理气候、思想观念、人文历史和为人处世的不同，导致其文化性格特征也存在差异。其实，它也在提醒社会研究者，要理解研究对象的行为意义及其背后的致因，有效的"研究路径"首先应将其置于特定的社会生态系统中，一则了解研究者所处生活空间的本土性知识，如自然、地理、文化、民族和历史等，它们具有怎样的特征，在社会发展中扮演着怎样的角色，起着什么样的作用？从而为顺利、有效开展焦点小组奠定文化基础。二则清楚研究区域的地域文化。在宏观层面，认识研究区域居于何种社会经济位置；在微观层面，社区内部的社会形态和社会结构呈现什么特点，如各社群之间的差异性、权力关系等。此外，作为社会文化基础的另一个方面，则是对于研究者也应用道德文化标准对自己加以检验。在进入研究场域之前，作为研究者是否做好了准备？是否秉持赋权、社会性别理念，是否将此理念内化于心，并在具体行动中体现，对研究对象能保持应有的尊重、平等、社会性别敏感等。

基础 2：社会理论基础。从知识生产的视角认识焦点小组方法，其实也是对"质性研究的循环式建构主义研究"范式的再认识和再探讨。就研究传统而言，建构主义者主要是探究人们的符号、解释和意义的建构，他们认为没有所谓的"绝对真相"，而所有的知识，都是与情境脉络相联结的，扎根在情境中。因此，要了解他们，必须进入他们的"演出"。正因此，尽管不同质性研究理论的侧重点各不相同，但其核心无疑都为焦点小组方法的发展、延伸构筑了理论坐标。例如，以探讨社会现象而产生的民俗学方法论、符号互动论和扎根理论；以探讨文化现象而产生的人类学、民族志的研究传统；以个体、个体经验和行为作为研究对象形成的现象学、生命史、生态心理学等研究传统；以关注沟通/对话现象而发展出话语分析的社会语言学研究传统；以教育为主的教育研究传统；以管理/消费为主的组织/市场研究传统；等等。这些理论都构成了焦点小组方法立意、发展的社会理论基础，学习、理解和内化上述质性研究理论的传统，有助于我们从认识论、思考逻辑、研究内容和价值论等维度认识、理解焦点小组方法。

基础 3：社会场域基础。焦点小组方法更多的是遵循建构主义的研究传统，注重研究对象在研究场域中的场景互动。在以往的研究实践中，我们对此也有如下体会：其一，群体的多样性是基石。为有效获得受访者多元的观点，必须保证小组参与者的多样性，凡与研究主题相关的利益群体均可纳入小组，并结合人口特征、社会经济地位等指标加以分别组合。其二，地点、语言的在地性是动力。为体现赋权理念，一方面，访谈地点尽量契合他们的生活情境，体现出非正式特点；另一方面，研究者若能使用当地语言与参与者展开交流，可拉近与参与者之间的情感、心理距离，从而提升他们的参与欲望，达到良好的互动效果。其三，组员的参与性、互动性是关键。小组访谈是否成功、有效，组员的参与、互动至关重要，如何保持小组互动的氛围，凸显小组动力，是必须予以考虑和把握的。

总而言之，理解了焦点小组方法的基础，也就认识到知识生产依赖于权力的使用。在质性社会研究中运用焦点小组方法，往往会受到小组参与者性别、年龄、经济能力、职业、社会地位等各种因素的制约；小组参与者所扮演的角色，又会受到人格特质、社会制度、风俗习惯与价值观等影响，尤其是面对"科学性"、"价值中立"的挑战。"只要差异性存在，权力关系就一定存在。利益融合和利益分裂就必然支配着资源关系，形成了某种以权力游戏为核心的社会关系之网"。因此，意识到权力的分散、重叠、博弈性，就要在焦点小组中带有较强的价值介入，并使我们敏感地意识到，各种权力的运作，既存在固化单一知识的可能，也为生产丰富、多元的知识提供了广泛的空间。前者体现的是被规则的知识的再生产，后者则表现出多元价值尊重下的知识挖潜与创造。

三　焦点小组方法的取向和功能

在实证主义取向的研究氛围中，对焦点小组的偏见还是存在的。有人会认为，小组成员能在互动中完成知识生产吗？除传统意义上的研究者之外哪些人还具备"研究的能力"？没有专家、学者的"加工和生产"，他们的"知识"充其量只能算作基础信息或某种技术和技巧。之所以出现这样的质疑和看法，主要在于如何定位焦点小组方法的取向。就近些年的思考而言，对于使用焦点小组方法的人来说，基于平等、尊重和赋权的理念是最基本、最重要和最关键的，缺少这些理念，焦点小组就无法获得支撑性的价值和意义。也就是说，对于使用者而言，在研究中运用焦点小组方法首先不在于是否理解或掌握相关的概念和技巧，而在于是否具有支撑研究者进行研究实践的价值取向，这既是人们运用焦点小组方法开展研究实践的灵魂，更是人们如何运用焦点小组方法开展研究实践的精神动力。

具体来说，焦点小组方法的取向可通过如下五个方面来体现。

一是差异——参与性。焦点小组方法只是搭建了一个知识交流与生产的平台。在这个平台上，不同相关群体或个人之间的"对话"、"协商"，甚至"冲突"都是在制造、创新知识，而"赋权"的方法正是适用这种策略的体现。通过对小组成员的"赋权"，强调其在小组讨论中的主体性、独立性和行动权，使其内生更加积极的、有影响力的自我意识，主动地、积极地、建设性地参与到小组讨论中来。如此，既消弭了针对研究问题讨论"只见树木不见森林"的单一性和机械性，更可从多视角、多面向和多层面对研究主题进行全面的把握。

二是叙述——倾听性。焦点小组的研究方式一定会表现为参与式的特征。可要真正体现参与式背后的参与性理念就不是件容易的事了。于是，在实际操作中经常会出现将参与式中的参与性推卸得一干二净的情况，甚至把参与式演变为控制知识生产的"工具"。要解决这样一个难题首先要学会对不同身份的人的尊重，学会倾听，学会反身性的思考。知识的生产正是在叙述、倾听与互动中被建构与互构的，从而，在交流中不断减少人们知识上的误区和盲点、疑点，扩大人们的知识体系。正因此，在研究实践中，研究者持有"去权威"的态度不仅十分必要而且至关重要。研究人员应始终保持低调姿态，将主动权交与参与者，鼓励参与者即兴发问，相互对话，积极参与讨论，研究者则更多在旁引导和倾听。

三是解构——建构性。在研究实践中运用焦点小组方法，若仅从经济上的便宜以及信息采集效率上的快捷来理解显然将焦点小组方法表层化、简单化了。其实，焦点小组为研究者提供了每一位参与者的个人意见，它充分利用成员间的互动关系对问题进行更深入的探讨，在交流中相互补充与纠正，从而使得对问题的理解达到一定的深度及广度。从这个层面来理解，焦点小组注重的是参与者对知识建构所做的贡献，它为研究者提供了在特定情境下特定社会公众对特定事物的集体性解释，其知识生产过程实际上是集体智慧的结晶。

四是互构——反身性。焦点小组仅仅是一种"形式"或者"方法"吗？它是否会影响对单一声音的强化？当然，仅仅有这样的认识还是不够的，还要对焦点小组的互构性有更多理解。毕竟"我们身处于社会互构的时代"。如果说焦点小组建构性的基点在于突出小组成员的集体性思维和集体性解释，那么，焦点小组的互构性则主要通过不同小组成员互动及过程的相互提醒、彼此推动，着力理解和阐释多元行动主体间针对特定问题的相互形塑、同构共生关系。因此，可以如此理解，焦点小组访谈的目的并不是在建立共识，而是尽力挖掘不同的意见，通过目标群体各自的解释，来肯定事件或行为背后的原因。换言之，研究行动本身其实也是一种社会行动。研究者和参与者之间，参与者和参与者之间，既是研究主体，也是研究客体；既是研究者，也是被研究者、学习者。

五是反思——批判性。在运用焦点小组方法过程中，并非只有沿袭固有的模式、理路用于研究实践，研究者必须借助批判性反思不断勾画指引焦点小组方法的创新和发展。焦点小组反思更多表现为研究者从自己的经历、小组成员的叙说和反馈、小组的过程、研究团队其他成员的评价和小组实施的具体情境等方面，对自己的理念、角色、访谈大纲及互动过程进行审视，重新思考研究议题背后的发生机理和发展状况。其目的一则在于通过观察参与者间的互动行为，了解参与者在访谈中的思维过程，包括认知方式、看问题的角度、思考问题的逻辑、分析问题的步骤等，及其行为，涉及交谈机会的轮替、目光接触情形、说话的语调及口气等所代表的意义，从而发掘有关研究主题深层次的社会结构和社会运行机制。二则在于增加研究者的理性自主，使研究者对焦点小组方法和实践的因果决定因素有更多的自我意识，从而使研究者处于更多的理性自我反省之下，在运用焦点小组方法的过程中始终保持一种动态、开放、持续学习、成长和发展的状态。

确立了上述价值取向，仅仅是认识焦点小组方法的第一步，能否将其渗透于具体的研究实践活动或意识中，则是更为重要的和极富意义的。从实践角度而言，倘若研究者在运用焦点小组方法时能使焦点小组方法发挥如下功能，则较好地体现了上述价值取向，也是对上述价值取向最好的诠释。

第一，行动。前面已经讨论，焦点小组方法所获得的知识是访谈者与受访者之间的一种共同建构。有了这个认识的基点，在具体实践中更要体现为向参与者赋权，尤其是参与者为社会弱势群体时。通过焦点小组，为参与者搭建一个表达心声、传递信息的平台。让他们针对研究主题，表达自己的态度、行为以及产生这种行为或态度背后的影响因素。同时，借助社会工作小组的理论和策略，小组成员参与讨论的过程实际上也是一个增强自信心、心理调适的过程，特别一直缺少发声平台、发声机会的社会弱势群体。也正因此，有学者认为，焦点小组访谈比其他研究方法更能达到知识建构的效果，因为一则传统的学术研究更多地使受访者落入"被研究"的陷阱，只是被动地接受，却没有参与到研究中去。二则在焦点小组访谈中，访谈者本身并非权威，而是平等地交谈，这对于被研究者来说意义是完全不一样的。

第二，互动。从研究实践来看，焦点小组方法不只是在探讨研究者已知的问题，更期望能产生一些研究者和参与者之前也没有的想法，或对于同一主题获得多元的观点、感觉、态度与想法。因此，小组成员间针对研究主题的互动频率、广度和深度便成为评判焦点小组成功与否至关重要的依据。如此，焦点小组可以形象地理解为发声的平台、对话的情境、荟萃多元信息的集散地。其主要目标就是为了获取参与者对特定问题的不同主观经验。

第三，探索。在研究实践中，焦点小组方法更多被用于探索某一群体成员对某一现象的想法与说法；或由小组成员互动产生新的想法；或产生诊断性的信息；或探讨目标人群对一项新政策的观点等。从而，利用成员间的互动关系对问题进行更深入的探讨，相互补充与纠正，以达到所讨论主题的深度及广度。因此，焦点小组方法更适合用于探索性的研究，它对于研究结果有再确认的效果，可提供量化资料无法提供的更深入解释。

四 焦点小组工作前的准备

开展焦点小组工作前，积极、细致的准备是不可或缺的。搜集与研究主题相关的典型个案并进行剖析，虽然只能剖析某领域、事件的一些方面，对相关领域、事件的剖析也只有一部分，但对之后从小组成员差别的访问结果中发现、丰满相关的知识却是相当重要的。

焦点小组访问大纲能够做到全面吗？小组成员的选择能满足实证主义要求的抽样标准吗？我们无意重复多年来学术界的争论，只是想凭借这些年的实践提出几点感受。

其一，关于基础准备。基础准备工作是必须要做的。焦点小组方法强调尊重和吸纳本土知识，注重把握访谈过程，并非排斥开展其他工作的必要性。相反，运用焦点小组方法前的首要工作就是要做好基础准备，或称之为结合研究目标进行的"先导研究"。在基础准备工作中，无论是梳理、熟悉相关文献资料，或开展"社区行"了解社区概况，或通过访谈典型个案获得启发，等等，都是为了更好地完善访问大纲，合理设计小组类别、数量，从而更好地发挥焦点小组的功能。

其二，关于访谈大纲。访问大纲一定要是开放的。焦点小组实践不断地告诫我们，访问大纲需要有所准备，需要设计一些"开放"和"争论"的话题。这种设计策略实际上立足于对不同知识的尊重，也相信焦点小组是知识交流与生产的空间。依照参与性、建构性的原则，访问大纲设计的类型可以有不同的形式，而它们的产生往往又是通过对不同人群访问效果的比较中逐步完善的。

其三，关于参与者的选择。小组成员的选择显然没有必要"模仿"定量研究问卷调查法那样基于实证主义范式的抽样，最多称为"理论抽样"。当然，在这里使用"抽样"也是值得讨论的。所谓理论抽样就是要有差异性、代表性的存在，"一个小组中存在多种声音"，"一项研究中存在多种小组"。小组样本，必需是以能提供"深度"和"多元社会状况之广度"资料为标准，着重的是资讯的丰富内涵，强调从以往的经验，理论视角出发。唯有如此，小组才具有内在的张力，才有利于知识的生产。

五　焦点小组过程

焦点小组的实施过程与前期的准备和后期的整理一样，会面对各种各样的挑战。这不仅要求小组协作者具有良好的判断力，还要求其具有把握讨论主题的能力和意愿。小组过程又可以被视为对相关已成定论的传统知识的阐释、辩护或批判。这不仅是一个呈现的问题，更是一个参与者发挥社会学想象力的问题。

开始阶段，小组协作者向参与者说明焦点小组目标和主题是十分必要的。表面看来，它似乎只是简单的话语，但它对于舒缓参与者的心理压力，让参与者初步了解研究项目、讨论主题，以及交代主题与参与者的利益、需求和兴趣的关联度，从而拉近协作者与参与者之间的情感距离，调动小组的气氛，强化小组成员在团体中的发言能力，意义非凡。当然，阐释焦点小组的主题并不意味着要排斥与之相关的其他议题。其实，从动态上看，很有可能引申出来的议题对回应主题有更大的意义。实践证明，在讨论中往往会派生出一些互容的新议题，它们可以更好地扩大讨论的范围和区域，加深对议题的理解。这其实也对协作者的能力提出了更高的要求，要求协作者在注意小组变化和把握小组动态的过程中，更有策略和技巧。例如，有冷场时，协作者不必马上打破僵局，沉默可能是另一种有意义的情感沟通；协作者要注意策略，多观察参与者的行为及语言线索；参与者提问时，协作者的回答主要以引导参与者回答问题为主，避免让参与者过度表达自身情绪而转移注意力；协作者自己也应认真记笔记，以笔录内容与录音、录像等其他类型数据进行相关检验，作为追踪线索。

伴随开始阶段的铺垫，问题的提出与讨论、梳理与再探讨便成为小组的焦点所在。在此期间，小组动力便成为一个不能不关注的概念。焦点小组中有没有必要和如何建立小组动力？在这个过程中，有焦点转移的需要吗？这些对于能否成功开展焦点小组非常关键。

小组动力描述了小组过程中的各种影响因素及其力量、作用模式等，主要关注小组结构及其组员间的互动关系，比如小组凝聚力、小组压力、小组目标、小组结构和小组冲突等。在焦点小组中，引入社会工作的小组动力概念，是指影响小组发展过程的各种心理和行为因素及其相互作用的方式，它的基础是参与者的利益取舍和责任感，它的目标是发现、推动"小组中的各种动力的交互作用，小组对其组员的吸引及其小组组员之间的相互联系与相互作用"（库尔特，1939）。也可以理解为，在差异间发现动力源，刺激潜在动力发挥作用，这些都是小组过程中要敏感回应的。对于沉默者的关注，对"主导者"的限制，对焦点话题的提炼和延伸，对可能被隐藏或忽视话题的强调等，都是围绕讨论主题的逐渐深化而需要以开放态度处理的环节，而过程中的梳理、重复与探讨同样都是在澄清主题的内容，以不同人群的权力运作丰富知识的来源，并不是"跑题"。

六　焦点小组的结果

对焦点小组结果的记录是知识生产环节上的重要一环。尽管焦点小组的纪录不如定量研究那样标准化、系统化，或许还显得有点"杂乱"，但是，它恰恰反映了大量多元化、多样化的小组结果是目标对象互动的结果，目标对象充分参与了研究主题的研究，亦即参与了研究结果的建构。基于此，我们在此使用"知识链"的概念，是指在知识生产中其观念与操作方法上要有一致的价值取向，任何随意的割裂都是不可取的。"知识链"的概念意味着作为协作者应首先把讨论过程中可能出现的术语先界定一番，使参与者对于讨论主题有相同的知识基础。同时，"知识链"的概念还意味着作为聆听者和叙述者，始终存在知识生产上的互构关系。

焦点小组的结果如何去记录？它只是被看成一种记录与叙述的分工？抑或是其他？

在"知识链"的各个环节上，其建构包括了三个步骤：其一是叙述人的知识材料，包含着丰富的、大量的相关目标群体针对研究主题不同的主观经验。所以说，这是最基本的也是最为珍贵的研究焦点；其二是过程中的"加工人"，记录、转述成书写文字的聆听者。这是另一个"节点"，说它是"节点"，因为一切叙述者的声音都会被记录者加工为关键词/句。其三是再呈现为关注的话语。这样，如果说"知识链"从一开始就充满了权力运作的话，在记录环节上，权力的运作将更加放大，其中呈现的既有"原始"的知识，更是在互构下生成的知识，也可能是远离叙述者"知识"的"新知识"。为此，小组"反馈"变得十分重要。小组协作者在小组过程中"穿针引线"的作用发挥、有关科技辅具的使用（如彩色记录笔），以及记录技巧的运用便显得比较关键和重要了。

在"主持"小组过程中，协作者不断地"汇总"、"提炼"不同的声音，这绝不是为了使其具有"统计"、"编码"上的意义，其实在这个过程中更想看到差异是否存在，存在的程度，相同词汇下的不同含义的解释与申辩。强调发现"声音"背后的"声音"，也不光要有"听话听声"的功夫，还要有相应的技术，而最直接的减少"失真"的策略就是"重复"、"反馈"，不断地动员小组参与者去阅读被逐步创造中的知识。最后，设计焦点小组过程与结果的评估，这不光是对访问结果的再阅读，也是对知识生产过程的再审视。看看"知识链"上的关系、运作结构、能力技术以及达到的程度。既检视被研究者所持的观点，也必须检视研究者自身所持的观点及其所处的环境，并予以表述。

七　研究文本的写作

文本写作包含着内容广泛的含义。曾有国外研究者对焦点小组的文本写作提出了严格、规范化的程序，"决定资料分析方法；决定资料主题类型；转移录音带或笔记本中所录的资料；抽取关键概念；决定分析单位；根据分析单位予以分类；协调不同分类者的分类情形；定出主题与所使用的理论；草拟访谈报告。"（Vaughnet al，1996，p. 126）果真需要这样吗？凡是从事过相关工作的研究者不难发现，在写作"规范"的要求下，知识的生产及其呈现变成了传统意义上的"研究者""实现"自身价值、适合学术潮流、剥夺知识生产参与者权力的过程与结果。的确，不同社会群体都有本体系的文化规范，当传统意义上的"研究者"以自己熟悉的方式书写他人制造的知识时，有没有考虑要将知识生产过程尽可能地反映出来，将"原汁原味"的知识更有效地呈现出来，而不是被极大地"修正"。这种知识被"肢解"的"霸权"写作很可能会给知识带来"失真"和扭曲。

那么，焦点小组访问结果的呈现将遵守怎样的准则？有没有必要反映知识生产过程？需要怎样的呈现方式？

文本写作在"规范"的要求下显然存在表述的危机。这种危机既来自传统定量研究的书写偏见，也来自对知识生产利益相关群体的尊重表层化或完全忽视。相对于目前占据主流位置的定量研究而言，质性研究常被认为是比较不严谨、未标准化和不重要的，并缺乏较为系统的、明确的程序。从"假设"的质疑开始，到证实、证伪的提出，抽样可信度和资料效度的猜疑、编码处理的渗透，再到书写上的多重限制，质性研究的专业地位在这样的讨论脉络里被定型。这些都给焦点小组访问结果的写作带来了极大的困扰，给知识生产结果的传播带来了不利的影响。凡是有相关写作经验的人大都有这样的经历，随着对知识的"提炼"，分析能力的施展，原生态的知识会被"过滤"得越来越少，相反，传统研究者的前理解或前观察也不可能不渗透进来，使得他们的声音、风格会随着学术规范化而变得越来越大，越发鲜明。从而使得相关群体知识生产变成了专家知识的"生产"，多元的书写"策略"变成了学术规范的单一"策略"，最终与被研究描绘出的意义结构和原有的知识生产的结果甚至出现鸿沟。当然，这也让研究者在撰写研究结果时面临着"挣扎"：究竟要以被研究者的报告作为撰写的主轴，还是由研究者以一种"超然"、"客观"的语调描述现象？选择前者意味着维护了"被研究者"的主体地位，避免了"研究者"的主观，但却容易使描述缺少条理性而显得支离破碎，更可能因为受研究者表达语言工具的限制，使某些面相无法充分被呈现。但是，如果"被研究者"的报告只是作为描述时的脚注，那么，文本的意义就可能大受限制。

八　焦点小组中的角色

在我们已经普遍接受了对某一领域、事物的多重想象之后，它已经渗透到了意识和思维中，并影响着我们看待这些事物的视角。于是，知识其实也变成了标签，或称为标签化了的知识。其实，"知识真理"也有被讨论的空隙。包括既往的知识遭到质疑；文化视盲现象不仅发生在"局外人"身上，也发生在"局内人"身上；知识拥有者也存在"规训"的现象。一句话，在旧有空间内生产知识，不如生产新的知识空间。于是，知识生产的叙述者与聆听者之间，互为主体的关系和结构就显现出来了。这也促使我们不得不追问，焦点小组中的叙述者存在"视盲"现象吗？协作者在知识生产中扮演的角色是什么？

对于协作者和叙述者在焦点小组中的角色和作用，学术研究的传统似乎习惯用"研究者"和"被研究者"、"权威"和"普通"、"主持人"和"参加者"等称谓予以确认。研究者似乎"权高位重"，俯视着参加者，更多关注其"提纲"是否获得参加者的回答，以便研究者对初步研究结果进行效度检验。在这样的语境中，小组参加者更多地落入"被研究"的陷阱，只有仰视、遵循，依照"提纲"的指引为研究者的研究服务。对于当前仍被沿用的这种学术研究传统，我们在此无意展开过多的讨论，只想再次重复我们理解的焦点小组其实就是知识的再生产，访谈中的知识获知是协作者与叙述者间的一种共同建构，协作者本身非权威，而是与叙述者平等地交谈；叙述者也并非普通，而是知识生产中很重要的一员。

诚然，对叙述者的想象首先应该是合格的"讲故事"的人。其实，合格总是相对的，叙述者处于不同的发声位置会发出不同的声音。同样，他们也存在"视盲"的可能，这样，对他们的生活脉络、利益需求的认识，就变得十分必要。要知道，小组成员的身份在知识生产中面对的困境会一样的多。作为协作者有一点是需要注意的，就是在研究中要有悬置概念的勇气。所谓悬置概念就是克服知识想象障碍的技术和策略，这不仅是方法论的要求，也是一种有益的方式和方法。只有做到这些，才可能认真地去"听故事"、"记故事"，沿着叙述者叙述的内在逻辑和脉络动员参与者"讨论故事"，在减少知识盲点、误区的同时，在互构中完成知识的再生产。

总之，焦点小组方法以其"关系动态性"、"广泛探索性"、"意料之外发现可能性"从事着知识的生产和再生产，成为质性社会研究中的一个重要方法。对于知识生产的问题，尽管已经有很多人进行了探讨，但针对焦点小组方法，以下几点或许仍有必要再进行讨论。

第一，理论的反思。知识生产的空间；知识空间的有限与无限；知识空间的打造与建构；知识空间的主体与客体；打破文化统识，权力与知识的关系；权力对知识的影响。

第二，方法的反思。对社区主体经验的尊重；编码、量化统计的取向和不足；保持对多元权力关系的敏感性；关注声音与声音之间的逻辑关系；质性研究定量化和定量研究质性化的可能性。

第三，知识为了谁的反思。研究报告书写及表述的危机；利益的融合与分裂；学术的道德使命与社会使命。

（作者　江　波）

参考文献

马克卢普：《美国的知识生产与分配》，孙耀君译，中国人民大学出版社，2007。

邓波、贺凯：《试论科学知识、技术知识与工程知识》，《自然辩证法研究》2007年第10期。

〔美〕艾尔·巴比：《社会研究方法》，邱泽奇译，华夏出版社，2007。

〔奥〕卡林·诺尔－塞蒂纳：《制造知识——建构主义与科学的与境性》，王善博等译，东方出版社，2001，第2～3页。

胡幼慧主编《质性研究——理论、方法及本土女性研究实例》，巨流图书公司，1996，第147～148页。

石英、江波主编《贫困对教育的呼唤——西部贫困山区基础教育的一项质性研究》，西北大学出版社，2006。

石英、江波主编《贫困对健康的呼唤——西部贫困农村医疗与农民健康的一项质性研究》，西北大学出版社，2006。

陈向明：《质的研究方法与社会科学研究》，教育科学出版社，2000。

郑杭生：《郑杭生社会学学术历程之一·中国特色社会学理论的探索》，中国人民大学出版社，2005，第590～592页。

杨敏、郑杭生:《社会互构论·全貌概要和精义探微》,《社会学研究》2011 年第 1 期。

秦金亮:《国外社会科学两种研究范式的对峙与融合》,《山西师大学报（社会科学版）》2002 年第 4 期。

Morgan，David L.（1998）*Focus Group as Qualitative Research.* Sage.

Creswell. J. W.（1994）*Research Design：Qualitative& Quantitative Approaches.* Newbury Park：Sage.

Merton，Robert K. Fiske，Marjorie，and Kendall，Patricia L.（1990）The Focused Interview of *A Manual of Problems and Produces.* Free Press.

"网络话语"及其分析方法

随着互联网的普及与发展，"网络话语"逐渐兴起，并在传统话语体系的基础上，"改造"和形成了一套新的相对独立的话语体系，其内涵不断得到丰富与延伸，使得传统的话语分析方法遭遇到前所未有的挑战。建立网络话语的分析框架，已经成为网络时代背景下质性社会学研究不可回避的重要领域。

一 话语与话语分析

"话语"作为正式的学术术语最早出现在语言学领域，其概念渊源可以追溯到以索绪尔为代表的结构主义语言学对"语言"一词的建构。他将语言看做是一个符号系统，包括语音、词汇、语法和句法。哈里斯（Harris）则打破了索绪尔的语言与言语的二元对立思维，将"话语"扩展到"言说"（问句）、"片段"，打破了句子与句子之间的孤立。福柯则从社会学角度明确提出了"话语"的概念，认为，话语既有语言意义，也有非语言意义，它是"言语"、"语言"、"看"、"说"、"陈述"、"撰写或书写"和"商讨"有机结合的复杂体系，是声音活动（演说和对话）和符号活动（书写和商谈）的结合（郑华，2005）。费尔克拉夫（Norman Fairclough）将语言学的文本概念进一步延伸，使之能够超出访谈或谈话种类抄本的范围，而涵盖到其他类型的符号系统，诸如视觉形象，以及作为文字和影像之结合物的文本（殷晓蓉，2005）。至此，"话语"的内涵得到进一步丰富和完善，话语分析方法也逐渐兴起。

"话语分析"一词最早见于1952年美国结构主义语言学家哈里斯

（Harris）在美国《*Language*》杂志上发表的《*Discourse analysis*》（话语分析）一文。文中虽然没有对"话语"一词做明确的定义，但指出了"语言不是在零散的词或句子中发生的，而是存在于连贯的话语中"（Harris，1952）。他通过分析一篇关于洗发水的广告，探讨了解释句子与句子之间关系的规则，以及语言和文化、文本与社会情景之间的关系等问题（黄国文，2001）。

话语分析作为语言学的分支学科在 20 世纪 60 ~ 70 年代得到一定的发展，并有心理学、符号学、解释学、人类学、社会学等不同学科开始介入其中。话语分析方法也从语篇、语义分析拓展到叙述话语分析，从单纯的语言学延伸到符号学等多学科领域，并且更加注重语言的结构和功能分析。比如，戈夫曼等人对会话常规、话轮等口头交往结构规律进行的详细分析（丁和根，2004）。美国社会学家萨克斯、谢格洛夫等开创的会话分析，通过对大量录音材料的解读，探索社会交往中日常谈话的原则和规律。语言哲学家奥斯汀、赛尔等对言语行为和会话含义进行了连续性研究（丁和根，2004）。人类学家海姆斯等人开创了话语文化学，主要研究文化群体成员或不同文化群体成员间的社会交往，成为现代话语分析的一种理论框架（范宏雅，2003）。社会学领域中，福柯学派确立了话语分析的重要地位。福柯在"知识考古学"中，把各种各样的人文——社会科学"话语"（精神病学话语、临床医学话语、语言学话语、生物学话语、经济学话语、性话语等）作为自己的研究对象，用他倡导的"知识考古学"、"权力谱系学"等方法对这些话语的构成、来源和社会历史效应进行了别具一格的描述和分析（谢立中，2008）。他认为，"话语绝对不是一个透明的中性要素——性在当中放下屠刀，政治在其中安定团结——话语其实是某些要挟力量得以膨胀的良好场所。话语乍看上去好像空无一物——话语与禁令交锋的地方恰恰说明了它与欲望和权力的联系，这很好理解，正如心理分析所告诉我们的：话语无非就是表白（或者遮掩）欲望。话语同时也是争夺的对象，历史不厌其烦地教诲我们：话语并不是转化成语言的斗争或统治系统，它就是人们斗争的手段和目的，话语是权力，人通过话语赋予自己权力。"（福柯，1972）显然，他关注的重点是话语秩序、意识形态、社会关系等有关社会实践和社会变革问题，将话语作为权力关系运作的产物。

在哲学社会学的影响下，英国语言学家费尔克拉夫把现代批判理论引入语言学，并接纳了福柯学派的"互文性"概念，创立了批评性话语分析。

通过对话语结构的分析，寻找其突出的意识形态特征，以及对人们话语和社会实践的影响，以此解释话语是如何建构和再现权力关系的（邢勇，2009）。批评性话语分析以社会、文化实践和结构为出发点，更关注社会问题，以达到揭示语言与意识形态相互关系的目的。同时，伴随各种新媒体的不断出现，传媒话语分析或新闻话语分析逐渐兴起，成为语言符号学和文化符号学的重要领域。传媒话语分析主要对传媒话语的结构、言语行为、会话含义及其修辞策略等进行研究，涉及传媒话语的意识形态、社会认知、社会交流和社会权利功能，以及传媒话语与社会文化的关联（丁和根，2004）。虽然近几年多学科的介入使其出现了综合研究的趋势，媒体话语分析也走进了人们的视野。但是，对于网络环境下的话语分析依然缺乏系统的研究和诠释，这不能不说是其中的遗憾。

传统话语分析一直以语言学与符号学为基本的理论取向，离不开"语言"和"言语"的痕迹。但是社会学研究中话语分析理论与方法的出现，不仅实现了社会现象分析的符号学转向，在一定程度上还突破了传统实证主义、本质主义分析模式的制约，从单纯线性因果关系的探寻转变到开始关注过程和意义的理解。更为重要的是，它为认识社会现象和分析社会问题提供了一种新的思维和视角，透过话语与话语的模仿、生产与对话分析，拓宽了社会学研究的路径、层面，使其更有历史感、比较性和想象力。网络语境下的话语分析对丰富社会学研究，尤其是质性社会学研究将表现出异乎寻常的必要性和价值。

二 "网络话语"的提出及其特征

随着网络社会的到来，传统的话语概念在网络技术的嵌入与影响下进一步丰富和发展。其表现出的话语形式，不再限定为人们说出或写出的"语言"范围，"文本"的含义也得到相应延展。"网络话语"成为网络时代一种新的话语体系，必须予以重新界定与再度诠释。

在网络社会中，传统话语规范逐渐被打破，并不断生成新的话语。网络造词运动已经成为一个普遍的网络现象。一是对意义的再造。如本义为"光明"的"囧"字，由于字形外观颇像一个人无奈、愁眉苦脸时的表情，网友赋予了它"郁闷、悲伤、无奈、无语"的新内涵，同时又制作了多种"囧"字图片和表情，使其成为 2008 年网络社区中的流行语。二是对词形

（性）的再造。比如"给力"一词，最早出现于日本搞笑动漫《西游记：旅程的终点》的中文配音版，属于东北方言和日语的混合产物，以"牛"、"很棒"、"酷"的意义流行于网络，常作感叹词用。后来又有人加上否定前缀如"不给力"，也有网友根据"给力"造出一个新的英文单词"ungelivable"和法语"très guélile"。三是由于拼写或打字错误而产生的大量谐音词语。比如"神马"出自"什么"，"鸭梨"则是因无意间将"压力"打成"鸭梨"，引得无数人模仿而逐渐走红。

此外，传统话语的语体与句式不断得到延伸和扩展。例如，2009 年由"哥吃的不是面，是寂寞"帖子引发的人们对于此类句式的模仿，形成了"……不是……，是寂寞"的句式，随之，"我发的不是帖子，是寂寞。""我抽的不是烟，是寂寞"等话语成为了国内各大论坛的主流话语。这种看似无厘头的话语方式，却容易成为网络中流行的句式，而这种句式的模仿往往有一定的阶段性特征，会随着网络热点事件的转移而转移。

在微博上曾有一篇名为"学法语的人你伤不起啊！"的帖子，引发了以"有木有"、"伤不起"，"为什么"等词语加上若干个感叹号为特征的"咆哮体"流行。"两年前选了法语课！于是踏上了不归路啊！谁跟我讲法语是世界上最优美的语言啊！76 不念七十六啊！念六十加十六啊！96 不念九十六啊！念四个二十加十六啊！法国人数学好得不得了！有木有！电话号码两个两个念！176988472 怎么念！不念一七六九八八四七二啊！念一百加六十加十六、四个二十加十八、再四个二十加四、再六十加十二啊！你们还找美眉要电话啊！电话报完一集葫芦娃都看完了啊！有木有！"

随后，由于某成功人士在新浪微博上发表了一篇私奔通告，"私奔体"由此诞生并受到网友的热捧。"各位亲友，各位同事，我放弃一切，和某某私奔了。感谢大家多年的关怀和帮助，祝大家幸福！没法面对大家的期盼和信任，也没法和大家解释，也不好意思，故不告而别。叩请宽恕！鞠躬。"随着私奔事件的开始，"私奔体"迅速成为网络上一种新的话语模式被广大网友模仿，甚至被称为"私奔时代"的来临。但一个月后，随着私奔事件的结束，"私奔体"也开始在网络上慢慢淡去。

"网络话语"已经超出了传统话语分析的符号意义系统。在语言、文字之外，相关评论、视频、影像、图片、音乐、互动行为，以及声音、颜色、数字、标点、表情等符号本身等都成为"话语"，而且后者不再是前者的辅助表达"模态"，而是具有独立表达意义的话语本身。从技术上看，电子邮件、网络论坛/BBS、网络评论、网络聊天室、新闻评论、博客/个人空间、播客、微博、即时通信工具等建立在数字技术基础上的传播方式和手段，不仅是网络话语的重要载体，也是话语的一部分。"网络话语"从以前的单语言文本表达方式，逐渐丰富和扩展，变得更加立体。

"网络话语"具有自身的独特性，建立在传统话语体系的基础上，又不断"改造"和创建了一套新的、相对独立的话语体系。而这些话语往往仅在网络中使用，具有独特的表达意义。比如，童鞋、神马、踩等，成为网民在网络社会的语言特征和身份之一。虽然有一部分网络话语逐渐延伸到现实社会中，并且逐渐进入主流媒体话语文本，但是网络话语是否会对传统话语体系造成冲击和挤压，一直是社会担心的问题。因此，网络话语并没有真正地融入或被承认进入现实社会的话语体系中，反而在现实社会中极易失去原有的话语意义或者被传统的话语体系消解而发生转向。

三　网络话语分析方法诠释

目前关于话语分析的方法较多，无论是以语言学为主的结构分析法、语料库分析法，符号学相关的中介分析法、交往互动分析法，还是心理学热衷的认知分析法，传播学热衷的多模态分析法等都在不同研究领域发挥了一定的作用，但从整体上看都缺乏一定的系统性和可操作性，并且具有一定的语言学和量化倾向。网络话语分析不再限定为语言分析范畴，也不再局限于句子，或者更小的语法单位的语言学分析范式，而更需要体现话语背后的社会、文化和意识形态意义，具有更多的质性思维特征，这些都对传统的话语分析提出了挑战，因此，必须突破习惯性的话语分析范式，对网络话语分析方法予以重新解读与诠释。

（一）跨技术与空间的立体解读

互联网超越了传统平面媒体、电视媒体等时间和空间的限制，成为所有人对所有人传播的立体空间。因此，网络话语分析必须超越平面，实现跨空间立体的转向。

首先，网络社会内的跨技术、跨手段分析。一方面，区别门户网站、论坛、微博、聊天工具等不同类型传播方式的不同话语规范和特点，比如，博客上的话语信息更倾向于深层分析或长篇大论，微博话语则更注重信息的便捷性和可读性，更加及时和自由。同时，分析同一类型平台中不同群体应用功能的话语特点，比如，在网站体系中，政府网站有自己的话语体系，更加注重话语的权威性、真实性，而一般综合性网站往往注重信息话语的时效性、新闻性。在微博使用上，新浪微博、腾讯微博、网易微博等也都有自己的话语生成机制和特点。因此，网络话语分析必须实现空间的跨越，对于不同的渠道与平台的话语信息进行更全面、更立体的解读。

其次，网络社会与现实社会的跨空间分析。从"大空间"结构概念来看，现实社会与网络社会主体之间、传统媒体与网络新媒体之间的互动越来越频繁，形成了一种互构关系。网络话语不是现实话语的翻版，而是现实话语在不同层面上的延伸、丰富和发展。因此，网络话语分析不再局限于对网络中的话语进行分析，而需要实现网络话语与现实话语的有效对话。

（二）多维与动态的过程分析

首先，从文本的静态分析到图片、视频等多维的动态分析。传统话语分析更注重对新闻、事件/话题的静态文本（文字）分析，对文字之外的内容关注相对较少。而网络话语分析则超出了单一文本分析的局限，将与之相关联的影像、评论、相关方回应态度等都作为独立的话语符号进行多维的动态解读。比如，在中石化"天价酒"事件中，最初源于网络上爆出的中石化广州公司采购酒的票据截图，引起网络公众对图片信息的各种猜测和解读，传递出来的话语意义无疑和国有企业的高消费紧密联系，舆论也因此而迅速扩大。而网友自创出"我为祖国喝茅台"等网络歌曲和视频，则是用另一种话语，表达出对这一事件的关注。

其次，从注重静态结果到关注过程的动态分析。传统话语分析将话语置于一定的语境中，把特定的社会和文化语境中的话语意义建构作为话语分析的终结。而网络话语及其构成规范都具有一定的阶段性和流动性。人们更倾向于用特定的网络流行语来参与网络话题与行为，这就使得网络话语出现动态化的特点。因此，网络话语分析更是一个经过解构、建构、再解构的动态分析过程，必须在熟悉网络语言发生规律的基础上，既关注特定的语境分析，也关注话语的离境化现象，强调话语流变背后的社会事实和社会、文化结构变迁的过程意义。

（三）虚拟与镜像的还原解构

传统话语分析更关注话语的建构性。将话语看做是建构社会的过程，认为社会生活并不是客观存在的现实，而是在话语中建构起来的对经验的解释（王熙，2010）。虽然也有学者反对过度夸大话语的建构性，包括费尔克拉夫建议的折中建构主义认识论，但从整体上说都是一种建构主义话语观，在话语分析实践中从没有放弃话语对社会的建构及其如何建构的意义探索，以期建构语言和社会之间的关系。而在碎片化的网络话语中解构与还原成为话语分析必不可少的环节。

首先，由于网络的隐匿性和开放性，严格的规范和约束机制还比较缺乏。有部分公众会在网络中建构一套与现实社会中不同，甚至相反的性别角色、身份或形象，其话语、行为，甚至是思维模式也有可能背离现实社会中的日常习惯，也就是说，网络话语反映的不一定是现实中的本我意识。其次，必须认识到网络中的一些虚假或者不准确信息的大量存在。即网络话语所反映的不一定完全是社会事实的"真相"，而是建立在许多的"镜像"或"虚像"之上的事实。所有这些特点都决定了网络话语分析中有一个潜在的"去伪存真"的还原过程。只有对其进行解构，才能逐渐接近"真实"或"真相"，透过话语的符号表象，不仅还原或接近话语主体的行为和心理特征，而且进一步揭示网络话语背后隐藏的社会事实与意识形态意义。

（四）社会群体意义的集合与回归

网络时代，传统意义上的受众掌握了更大的话语主动权，成为传播信息的主体。每个人都是一个媒体。然而，由于个人都无法回避价值、视角的局限，所呈现的结果一定是当事人对"事实"加工后的事实图像，是出于不同视角和发声位置建构的"事实"。因此，话语信息的形式和内容往往表现出多元化和碎片化的特征，但从某种意义上说，网络话语是一种基于互联网产生的集体行为（赵万里、王菲，2009）。每个个体话语背后往往关联着社会与群体的意义。个体话语与群体话语的关系生成、群体话语的社会隐喻特征等才是网络话语分析的真正意义所在。

网络话语分析不排斥对个体话语的解读，并且在此基础上，通过多元话语的比较，对不同阶层、不同身份、不同地域的个体在网络社会中的行为和话语特征进行分析和解构。更加强调在碎片化信息的整合和解读过程中,揭示不同阶层、利益集团等各种群体意识,关注由众多个体形成的群体思维、群体意识和社会思潮特征,及其文化和结构意义。

四　网络话语分析的策略

网络话语分析主要以定性研究方法为基础,不仅关注具体语境下的话语意义,也关注离境化语言的实践指涉与过程,更强调不同学科与方法的多视角解读。

(一) 坚持价值介入的分析取向

网络话语分析不仅是简单的观察、描写和解释,更是研究者的一种政治与道德实践过程。因此,在网络话语分析中,要呈现真实的话语意义,体现话语价值,就必须坚持价值介入的取向。

作为道德实践,网络话语分析不可能保持价值抽离的绝对中立,而为了还原其社会和道德意义及其寻求解决问题的策略都需要引入一定的价值判断。这里,价值介入中的"价值"是一种道德判断而不是个人好恶,是在尊重少数人声音的基础上,社会大多数人能够接受的规范和理念。而作为一种政治实践,研究者的价值介入也是必然的。在当前网络话语对政治话题高度敏感的背景下,网络话语分析就不可避免地具有政治和意识形态范畴意义。

因此,网络话语分析者应该有一定的社会和政治立场,用话语分析来还原和揭露话语背后的意识形态和道德意义。更着重研究与文本和文本生成有关的权力问题,研究话语主题与社会、思想意识的相互关系,尤其是重视话语中的符号指涉,对话语中隐含的主宰、隐喻和想象的内容总要予以阐释。同时,也要避免西方话语分析理论中出现的简单将话语与权力、民主相联系的倾向,从我国的国情出发,以推动社会的良性运行和发展、提高人们的社会道德水平为追求。

(二) 转向主体间性的分析理念

在传统媒体的权威话语下,信息传播更多的是一种"主—客"二元模式,媒体成为信息传播的主体,掌握了信息和话语权,而广大受众被当做客体,一定程度上被动地接受信息的单向"灌输"。

网络社会作为一个相对平等和开放的平台，改变了原有的传播体系和方式，话语传播不再是主体和客体之间的单向传播过程，而是双向，甚至是多向传播。话语传播者与接受者的界限也不再清晰，更多时候，是互为听众，互为传播者，网民既是话语的生产者也是信息的消费者，呈现出来的是互为主体的特性，具有明显的主体间性特征。主体性的发挥不再是被约束和控制的单主体性发挥，而是双向互动的平等对话、彼此交流的关系。因此，"主—客"二元思维已经不适合网络社会的话语环境。

以主体间性的思维作为网络话语分析的新思维，不再以传媒为本位，而是在尊重各主体差异性和互文性的前提下，提倡网络平等、民主、宽容与理解，强调主体与主体之间进行交互对话的重要意义。

（三）倡导积极话语的分析视角

无论福柯还是费尔克拉夫，都曾以对新闻等媒体话语分析作为主要研究对象，但其基本的分析框架都是从问题视角出发，以批判性为特色。这就决定了他们总是习惯于站在"揭露"和"否定"的立场，对所分析的社会事实采取揭露和批评的态度，对于权力因素的分析几乎成了话语分析的全部内容（朱永生，2006）。

在网络社会中，尤其在对网络舆论事件的话语分析中，批评性的问题视角有其建设性，也有其破坏性。一味地批判往往会引发对社会现象的误读，其结果反而不利于事件和问题的解决，新闻话语中的批评取向极容易误导民众的消极情绪。因而，网络话语分析不仅强调对社会问题/现象的事实分析与解读，更倡导从优势视角，积极地看待社会问题和现象。解构的目的不在于批评与否定，而在于"还原"话语事实，找出有利于问题解决的积极因素。需要指出的是，以优势视角进行积极话语分析并不是对存在的问题视而不见，而是在客观承认问题和矛盾的基础上，化消极为积极，最大限度地发挥积极话语的导向作用。

（四）加强多学科的互补与整合

随着相关学科的发展与完善，话语分析也出现了综合发展的趋势。从当前的话语分析模式来看可以分为评价模式、描述模式及互动模式。描述模式主要以展现或还原事实真相为根本，只是讲求事实真假而不强调意义建构；互动模式将语言作为人际关系的基础，主要强调语言的行动和实践意义；评价模式则更多的是对话语及相关内容进行积极的或消极的评价,具有明显的价值倾向。这三种分析模式都有各自的优势,但面对网络话语的多元性特征,任何单一的分析模式都显得力不从心。从实践来看,虽然许多学科都将其纳入自身的研究领域和体系之中,但更多的还是针对本领域内的相关问题进行话语分析,各学科之间实际上依然处于一种相对隔离的状态,没有真正实现互补与融合。

网络话语具有自身的"虚拟"性,也具有一定的现实性,是一种融合性较强的话语体系,因此网络话语分析必须坚持全面性、系统性、可操作性和整合性,超越以往相对分隔的分析习惯,以多学科的视角进行多角度、全方位的分析与阐释。在必要的语言学基础之外,吸收行为科学、社会学、心理学、文化学、政治学和认知科学等学科的理论与方法,并实现多种评价模式的整合,形成现代人文/社会科学全领域的综合性研究。

(五)探索再境化分析框架

传统的话语分析中,任何话语都不能脱离其所在的语境而被理解。但是,在网络社会中,部分话语,尤其是新产生的网络话语对于语境的依赖并不明显。无论是话语的再造,还是在新的话语空间中的运用,从字词、句型、语法、上下文衔接等角度来看,此类话语往往具有离境化的特征,更多地表达了网民对事件、现象或者自身内心状态的一种情绪和态度,不再依赖其产生的语境而存在,而成为万能的网络流行语。比如,"打酱油"、"躲猫猫"等词语,可以脱离其产生的相关背景,泛用于各个领域。因此,针对这些离境化的话语,必须建立一套不同于以往的过于依赖特定语境的话语分析方法,在跨空间、跨语境的转换过程中,进行再境化分析。

再境化分析往往脱离话语产生的原始语境,主要任务在于,透过离境化话语的表达方式、方法、手段、途径,重点分析背后的网络舆情及其社会思潮特征,透过具体事件的评价与描述,或者是个人情绪态度的表达,更多关注"类事件"的群类问题或现象。

网络话语分析是质性社会学研究的重要领域。这样说不仅仅是因为,在这方面成体系的研究依然薄弱,更多的原因还在于,网络社会的到来本身就为质性社会学研究开辟了一个有效的分析空间,网络话语分析的本土经验也有待我国质性社会研究方法的贡献,全球化的网络更需要有全球化视野下的网络话语分析体系予以解释与建构。当从事网络社会学研究的研究者们不再只是依赖于"使用"外来工具，而有意识地、自觉地开始"创新"工具的时候，当发展出扎根于中国本土的网络社会话语分析理论与方法的时候，作为质性社会学研究方法的网络话语分析才会走向成熟，同时，我国网络话语分析的国际话语权才会有所增强。

（作者　张春华）

参考文献

Harris, Z. S. Discourse Analysis, *Language*, 1952, Vol. 28. No. l. pp. 1 – 30.

黄国文：《语篇分析的理论与实践——广告语篇研究》，上海外语教育出版社，2001。

米歇尔·福柯：《知识考古学》，谢强、马月译，生活·读书·新知三联书店，2007。

米歇尔·福柯：《话语的秩序》，肖涛译，载许宝强、袁伟编《语言与翻译的政治》，中央编译出版社，2001。

丁和根：《大众传媒话语分析的理论、对象与方法》，《新闻与传播研究》2004 年第 1 期。

范宏雅：《近三十年话语分析研究述评》，《山西大学学报》（哲学社会科学版）2003 年第 6 期。

谢立中：《话语或权力：福柯前后期话语分析理论之间的矛盾》，http://www.hnshx.com/Article_ Show. asp? ArticleID = 5482。

邢勇：《中国纪录片话语研究综述》，《新闻界》2009 年第 2 期。

郑华：《话语分析与国际关系——福柯的"话语观"对后现代国际关系理论的影响》，《现代国际关系》2005 年第 4 期。

殷晓蓉：《话语分析：如何为媒介社会语言实践提供说明》，《广播电视大学学报》2005 年第 2 期。

王熙：《批判性话语分析对教育研究的意义》，《教育研究》2010 年第 2 期。

赵万里、王菲：《网络事件、网络话语与公共领域的重建》，《兰州大学学报》2009 年第 5 期。

王君健：《强机制介入理论视角下的社会工作原则探讨》，《商业时代》2009 年第 7 期。

朱永生：《积极话语分析：对批评话语分析的反拨与补充》，《英语研究》2006 年第 4 期。

"在地性"与扎根方法的应用

在研究过程中，常常会面临实地调研成果的在地性问题。在地性具有地方性和区域性等特点，受地域、时间、社会、文化等因素的影响和制约。关于某一特殊群体、区域的研究结论，需要将其置于一个特定的地域空间、社会文化背景、历史背景之下理解。使在地性研究成果在一定程度上超越特殊性，具有一般性方面，扎根理论研究方法论提供了很好的视角。扎根理论是对抽象问题及其社会过程的研究，并非问卷调查和案例研究等描述性研究那样针对社会单元的研究（格拉泽，1992）。通过数据与数据、数据与概念间不断地比较，达到理论饱和。这里的比较就包括了不同地域特征的在地性成果，通过不断抽象概念化，社会过程自然呈现，多样性和特殊性趋于一般化特征。就样本的选择和从实地收集数据来看，扎根理论和民族志具有相似性。就研究成果的可推广性来说，扎根理论既可以是本地的和实质的，又可以是延伸的和形式的研究成果（费小冬，2008）。对此，我们在关于农村问题的研究中进行了初步尝试。

一 问题的提出

为了解西部农村村民自治管理的现状，尤其是村干部这一农村精英群体的管理方式，特意进行此次访问。在访问之前，我对本课题进行研究设计时提出的问题是，这一群体在农村社区事务管理中面对的主要问题是什么？他们采取的应对措施有哪些？这样，主要的访问对象当然就是村主任和村党支部书记了。

对区域样本的选择，采用的是随机抽样，范围是陕西省。抽样前，我根据以往的研究经验，先将其分为三个地理区域，陕北、关中、陕南，它们在地理环境、经济发展水平和社会文化特征等方面区别较大。抽样第一层，根据乡镇数目与人口数量两个因素，在陕北、陕南各随机抽取了一个地区，关中从东到西抽取了三个地区；抽样第二层，各地区抽取一个县，共 5 个县；抽样第三层，各县抽取两个乡镇，共 10 个乡镇；抽样第四层，每个乡镇抽取两个村，这样共需要调查的村有 20 个。调查时间是 2010 年 4 月到 2010 年 11 月。在所调查的 20 个村中，其中一个村，因特殊原因，在进行了第一次访问之后，便放弃了，另外找了替换的村。还有一个村，由于道路不畅的原因，两次前往均未到达，但对村主任及支书进行了异地访谈。其他各村均按计划到现场进行过两次访问。原计划是对各村党支部书记和村主任分别进行访谈，但在实际调查中，因有的被访者外出无法完成访谈。

对于本项研究采用的方法有必要进行简略的说明。在究竟使用何种方法完成本项调研还存在过一番自我纠缠。自己习惯的方式就是根据以往研究的经验，分类提出一些问题，由被访者回答。然而，这种以研究者为中心的个案访问，对自己而言已经缺少了实践的兴趣，对被访者而言也未必能刺激诉说的欲望，同时，对深化本项研究更可能带来障碍。最终还是决定尝试运用扎根理论作为研究方法。对这一研究方法的认知始于 2010 年 10 月在西安举办的第五届扎根理论研讨会。因为本项研究调查开始于 4 月份，已经按照原计划对所要调研的村进行了第一轮的前期调研，当时正进行第二轮对有关人员的深度访谈。这样，在扎根理论研讨会后，我就尝试用扎根理论做其余 8 个村的调查，并对前期的调研进行了回顾。

在第一轮的调查中，访谈的立足点是我从被访者得到想要了解的问题，所以基本上是以我提问为主。对村委会主任和党支部书记的访谈按照提纲进行，访谈提纲是在前期文献回顾的基础上结合本项研究的目的编写的，内容主要是社区管理中的一些基本状况。我们的调研是在当地民政部门的协助下进行的，由他们和被访村村干部进行联系，一般情况下访谈时有民政局及乡镇干部在场。这种情况导致访谈利弊同时存在，即一方面我们能顺利与村干部见面，不至于被拒绝；另一方面，村干部也有所顾虑，谈话内容的真实性会减弱，并且有些问题没能深入交谈，比较表面化。除此之外，在访谈时，有时会感觉与被访者之间存在的隔阂，影响访谈质量，影响因素包括熟悉程度，因为是初次接触，在访谈中，访谈对象对陌生人多少存在一定的戒备心理，在交谈中也有所保留；也可能是我在社区停留的时间较短，对被访社区没有很深的了解，或提前设计的问题并没有触及社区管理的深层问题等。一问一答，没有更多的互动，有时又会出现答非所问，尤其在年龄较大的被访者身上表现得更加明显，他们会强调自己做的一些工作、最近处理的事情，对于我来说，这些事情并不在自己的访谈之内，觉得没有什么价值。即便这样，社区的一些明显特点也还是呈现出来了，比如社区发展对项目的依赖、村委会干部的精英化、民主选举的正规化倾向等。

第二轮的调查主要是对村干部的深访。由于有过接触，这次访谈就比上次容易沟通了许多。在陕北没有民政局及乡镇干部的陪同，对村干部的访谈中，话题也就更广泛，过程更随意，因此更多地了解到村干部的想法。这一过程对以前形成的某些观念带来了较大的冲击。例如，以前会根据一些文献的观点认为，农村的两委关系很紧张等。但实际上，在我所调查的村庄，这不是主要问题，两委相互间合作很好的也不在少数。我的另一个担心就是，如何在较短的时间内，了解他们的真实想法、他们管理农村社区事务的特点，以便确定第二次访谈的重点内容，这仍然是一个难题。

很幸运，在调研进程过半时，一个偶然的机会，我参加了由美国扎根理论学院在西安交通大学举办的第五届中国扎根理论研究方法论研讨会，会议由费小冬博士主持。研讨会上介绍了扎根理论的历史及发展、针对的主要问题、基本要素、研究程序及评判标准，讨论了扎根理论和其他方法论的不同及相似之处。扎根理论方法论是由格拉泽和施特劳斯在1967年始创，然后陆续得到这两位学者及其学生的发展、应用和深化（巴尼 G. 格拉泽，2009）。正统的扎根理论研究方法论针对的主要问题是研究对象如何不断处理他们所关注的主要顾虑（Glaser，1978）。针对这一问题，研究者抽象概念化地解释研究对象如何不断处理他们所关注的主要顾虑这一基本社会过程（Glaser，1978）。这一问题是和研究对象相关的（relevant）（Glaser，1978），所以它不同于那些从现有文献中形成的、和研究对象毫不相关的研究问题，即理论诠释和解释了在某一实质或形式研究领域中真正在发生的，而不是研究者期望发生的（Glaser，1998）。扎根理论重点在于抽象概念化，而不是准确性描述（Glaser，2001）。

扎根理论研究方法论只是一个普通的研究方法论，适用于任何数据，具有一套独立的方法论要素、研究程序和评判标准（Glaser & Strauss，1967；Glaser，1978）。方法论要素包括了阅读和使用文献、自然呈现、对现实存在但不容易被注意到的行为模式进行概念化、社会过程分析、一切皆为数据、扎根理论不受时间、地点和人物的限制等（费小冬，2008）。

正统的扎根理论研究者使用文献的方式与其他方式不同，其中包括：文献回顾的时间的选择（即进行研究实地之前和之后的文献回顾），在扎根理论研究的前期，要阅读与研究不同的实质性领域。研究者通常会在进入研究实地之前，就已经对其所感兴趣的实质性研究领域中的文献有所了解。我们的主要目的是：在进入研究实地之前就已经接触相关的文献，然后把它们放在一边，再用心聆听研究对象所关注的主要顾虑及其处理方式（Glaser，1978；1998）；现有文献的本质（即视现有文献为数据的一部分），"原始资料"只是数据的一部分，因为"一切皆为数据"（Glaser，2001）；阅读所研究的实质性领域之外的文献之必要性（即为了提高研究者的理论敏感性）；以及文献回顾的目的性（即不从现有文献中找出任何不足之处或鸿沟，从而形成研究问题和研究疑问等）（Glaser，1992；1998）。

研究程序包括：开放性编码和选择性编码；不断比较；理论性采样；理论性饱和；理论性编码；写备忘录和手工整理备忘录（费小冬，2008）。在正统的扎根理论研究方法论的研究程序中，编码分成两个阶段：实质性编码（substantive coding）和理论性编码（theoretical coding）（Glaser，1978）。实质性编码又分为两种：开放性编码（open coding）和选择性编码（selective coding）（Glaser，1978）。理论性编码（theoretical coding）是指，整理出实质性编码（substantive codes）之间所自然呈现的结构（Glaser，1978）。研究者在不断比较分析的初期阶段，进行开放性编码（open coding），进行事件与事件之间的不断比较，从而形成一系列的概念（或变量），但是同时又进行这些概念与更多的事件之间、这些概念之间的不断比较（Glaser，1978）。然后，研究者在选择性编码（selective coding）的阶段，直接根据所界定的、正在形成的核心变量的理论性发展需要，有选择性地进行编码（Glaser，1978）。

格拉泽把理论性采样（theoretical sampling）定义为："为了形成理论，数据分析者同时收集、编码并分析数据，决定下一步要收集什么数据和从哪里可以找到它们，在理论形成的同时发展理论的数据收集过程。这个数据收集过程由正在形成的实质或形式理论所控制。"（Glaser，1978）

作为决定何时停止采样的鉴定标准，理论性饱和是指不可以获取额外数据以使分析者进一步发展某一个范畴之特征的时刻（Glaser & Strauss, 1967）。从理论上，还可以不断地进行对比，但是实际上是要受到研究者时间、资金等因素的影响。

思想性备忘录是扎根理论的基石，理论性地整理备忘录，是用词语或书面材料来向他人阐述的理论内容的关键（Glaser, 2009）。写备忘录是为了捕捉某一时刻，其目的在于——一个正在发展的理论，在它发生的那一刻，抓住意义和思想（Glaser, 1998）。

正统的扎根理论研究方法论的评判标准是：适用性（fit）、可行性（workability）、相关性（relevance）和可修改调整性（modifiability）（Glaser, 1978）。已经或者正在形成的扎根理论，会随着新的数据的涌现，通过它们之间的不断比较而对该扎根理论作出必要的修正（Glaser, 1978）。扎根理论是一座搭建在过去、现在与未来之间的"桥梁"（Glaser, 1992）。

对此我产生了极大的兴趣，在后续的调研中我开始尝试运用扎根理论，将注意力放在村干部关注的问题，以及他们如何不断解决自身所关注的社会问题，尽可能地倾听他们的声音。正是遵循了这样的研究路径，他们所关注的问题终于呈现出来，其中许多是我在访问前根本不可能想到的。研究理念、研究方法转换了，研究就有了新的收获。在访谈过程中，不同地区、不同村干部相似的管理特征开始渐渐呈现出来，在经过与前期的访谈内容进行对比，不断抽象概念化的过程，于是，对农村社区的管理方式形成了初步的结论。

二　扎根理论的田野实践

格拉泽指出，"在我们的方式中，我们首先在实地收集数据。然后开始分析它并形成理论。当理论看上去扎根和发展充分时，我们然后回顾该领域中的文献，并通过思想的整合使其和理论联系起来"（Glaser, 1978; 2001）。我们的研究基本上是遵循了格拉泽的这一思路，在调研地点实地搜集数据，并进一步对数据进行编码，继而不断地比较编码，直至相关结论自然呈现。经过这样的研究程序，我们的结论是：村干部对社区的管理主要是一个维持运转平衡的过程。

维持运转平衡可以分为三个不同的层面，即维持较高水平的平衡、维持中等水平的平衡和维持较低水平的平衡。不同的层面体现了村干部管理理念的差异和能力的高低，导致了迥异的结果。维持运转平衡主要通过以下的程序实施，即分配任务，反馈（顺从、拒绝），应对，再分配，结果，循环。

在实践中，分配任务主要分内外两类，其一，乡镇政府安排的各项任务，包括政府各个部门对应农村的工作，内容繁多，且具有时限性。任务下达后，乡村基层组织会整村动员完成任务。其二，村干部为本村发展所制定的规划，需要村民筹资筹劳等。分配的方式主要是通过各小组长与村民联系、传达，或召开村民代表大会讨论。乡镇政府安排的工作，基本上是自上而下，来自省、市、县各级政府的指令，既有常规性的工作，如计划生育；也有规划性的任务，如统一在全县发展某种经济作物；也有推广新技术，如沼气池的建设等；还有强行推销农作物，如向村里推销种子等。改革开放以来，农村经济社会结构发生了重大变化，党和国家虽然在治理思路和政策措施上进行了某些改革和调整，但总体上并没有改变在经济、政治、组织、思想等各个领域实行全面控制的格局（李克军，2010）。

> 工作多数是上面安排的，没有政府安排事就少得很，例如计划生育、党建、环境卫生、防疫、教育、预备役训练、防火、防汛等。政府部门有的工作，农村都有，任务太多。2009 年一年，几乎天天都在忙这些事，要花大量的时间、精力和钱。村里本身的事情没有什么，这届村委会主要工作就是处理以前遗留的一些问题。现在土地承包，土地都到各户，种地的事不用管，几乎没有什么事找村干部，主要处理邻里纠纷，办村里的事主要就是公正（FZL 村村主任、支书）。
>
> 碰到的主要问题就是上面安排的事太多，不论虚事、实事，事情太多。虚的事情，就像劳务输出、收入情况、计生情况等需要每月给政府提交一些上报材料（LSZZ 村村主任）。

对于乡镇政府安排的各种工作，村干部一般是接受。因为，首先，村干部认为自己是为国家服务的。虽然村干部的基本身份是村民，但是，现在基层政府对于他们的激励安排，基本上采取了政府内部的管理办法，或者说是把他们作为政府官员来管理。乡镇普遍对村干部实行目标责任制考核，村级干部的工资标准，由乡镇政府核定……从供养的角度看，村级干部已经完全成为"政府的雇员"（赵树凯，2006）。其次，村干部及村民都明白，土地是国家的，由集体管理，村民承包，政府的要求如同法律一样是要遵守的。再次，陕西农村 80% 以上的村没有集体收入，村民收入较低，想要发展，必须依靠政府的扶持。如果不配合政府的工作，那么，村里的发展也就没有希望了。因此不管怎样，都会想办法去完成，如给村里推销的种子，质量很差，村干部虽然很不满意，但仍然要给村民做工作，让他们把种子买了。如在 FZL 村我们看到，一个个废弃的用于种植大棚菜的棚子。这批大棚建于2002 年，当时为发展当地经济，提高农民收入，政府提供无息贷款，推广大棚菜，建成一个大棚共需要 5300 元，政府提供 5000 元的贷款，村民自己出 300 元。

由传统的种粮变为种大棚菜，作为政府的一项政绩工程，在推广时给村里下了任务，村干部积极配合。他们知道任务也不是镇上下来的，是从市上、县上一级一级下的任务，不能坏在这里。为配合当地政府的推广活动，村两委把农民承包地收回到集体，村干部做村民工作，劝说统一搞大棚菜。作为村里的扶持产业，把村里 60 多亩机动地无偿提供村民使用，种植大棚菜终于大面积推行开了。种植大棚菜与种粮相比，要投入更多的精力、时间、资金，也要面临更多的市场风险。两年后，原有大棚使用年限已到，需要继续投资建棚时，种植大棚菜的人已是寥寥无几了。坚持到现在的人，尽管经济效益很好，别的村民也看到了效益，但是觉得自己吃不了那种苦，也就放弃了。政府提供的贷款到现在还没有还。政府推广的项目有一个特点，就是在开始有人管，但是在执行的过程中无人监督，项目的结果如何也没有相应的机构评价。村干部在开始时，动员村民参加，至于种植以后的事情，上面不管，他们也就不再有来自政府的压力，村民要面对随之而来的种种问题。近十年的折腾，诸如此类项目的推行，作为政府的政绩工程，效果不佳，但是"乡镇干部、村干部成天应付这些事"，项目的推行原意是为了提高村民的经济收入，但是由于某些原因，如没有考虑农村的实际需求，经济状况、项目的延续性较差、项目之间的关联性较差等，没有成功，成为了双输的选择，国家投资很大，但投入没有效益，农民的收入也没有提高，而且，农民意见很大。体现在村委会的选举上，就是村委会成员的落选，但下一届新组建的村委会班子，需要继续面对并处理上届的遗留问题（FZL 村村主任）。

反馈表现在村民对村干部安排的任务，一般会有两种反应，即顺从和拒绝。顺从与拒绝两种反应的比例、程度，一般会同任务的合理性、村民对任务的认识、村干部与村民的关系，以及以往的经验等相关。如下面所举的种植核桃的例子。这对村民来讲是新事物，有一定的技术含量和市场风险，在合理的情况下，需要循序渐进地推行，如果开始就要求大面积种植，每家必须买多少树苗这样的做法，村民拒绝的比例就会较高。村干部与村民之间如已建立了较为信任的关系，工作进展会比较容易，如陕南 YLJ 村村干部认为本村村民素质高，村民认为村干部确实为群众办实事，对村干部的工作也很理解，村干部安排的任务也比较容易完成。而在有的村，村干部认为，现在村干部没有什么权力管村民，没有约束机制，又不发钱，靠村民的觉悟不行，现在的政策把村民惯坏了，政府的各项工作在推行时，遭遇拒绝的可能性很大。

"现在村民自治，能干的，自己干，干不了的，投资再多，也打了水漂"。"说起来是好事，效果不行"。"当时搞大棚菜，村干部年轻，做事还是有些欠缺，应该小面积上，成功了，再大面积地搞，现在弄成这样，村民意见很大，把群众的地都占了，这事去年才平息。把原来98年开始三十年承包不变的土地收了，开始老百姓不知道怎么回事，要收地就给交了，最后反应过来，要土地，大棚在那占着腾不出来，村两委决定要弄大棚菜的弄，不弄的就推，去年（2009 年）把大棚推了，推了有 90 多个，把土地还给农民。但是等于钱白花了，老百姓也没收入"（FZL 村村主任）。

"2009 年县上建核桃园项目，给村里分了 300 亩的种植任务，共需要一万多树苗，一个树苗 12 元，总投资 12 万多元。有一天，镇上干部到村里要求当天交齐这些钱。在这种情况下，我和村支书先拿出自己的钱垫上，应付上面的任务。说的是自愿，实际是强迫。下来就给各小组长安排到各户收钱，给组长说明是强迫，完成的要完成，完不成的也要完成，上面的任务，没有办法，村民还可以，比较配合。现在要建奶牛小区，县上要在村里征 50 亩地，招商引资，每亩每年 350 元的租赁费，现在正给村民做工作，任务也比较艰巨"（LSZZ 村村主任）。

"农村低保，县里下了任务，要求村里要有 240~250 人，以前每月 25 元，村干部在上报低保名额时，有些人符合条件，有些不符合条件，但是和村干部关系好，一些人开始看不上，也觉得不好听不在意。现在每月 65 元，开始觉得不拿划不来，看见有人拿低保心理不平衡了，也就开始争当低保户了。低保名额少的时候矛盾少，名额多了竞争的人也多了，矛盾也多了。"（LSZZ 村村主任）

村领导层对于拒绝执行的情况会采取几种应对措施。其一，威胁，表明这是上面的任务，或村民代表大会已通过，必须要完成，如果不支持村上的工作，那么你以后找村里办事就很难，像宅基地审批、外出需要村上开证明和贷款等。其二，劝说，熟人社会的治理，除了信息透明度高以外，还有两个重要特点：一是以情动人。村民之间及村组干部解决村里的矛盾，往往会以情动人，所谓"动之以情，晓之以理"；二是充分采用举例说明的办法。举例说明，是以村民都知道的身边发生过的事例说服教育村民，通过讲理，调动感情，而不是通过讲法律规则。其三，教育，讲政策。有的村干部会利用自己多年来在村民中树立起的威信，站在较高的立场，对村民的行为批评教育，要求考虑大局，或是讲这是国家的政策，必须执行。其四，示范，要求村民做到的，村干部先做，做出成绩了，再劝说村民，关注项目的整个发展过程，不简单以完成任务为目的。如 YLJ 村，在引导村民种植中药材后，又积极找专家讲课，寻找商家销售产品，形成完整的链条，让村民看到付出有回报。经过这个过程，执行情况会有较大改变，最终以完成任务结束，然后开始下一轮的循环。乡村干部在完成任务的过程中，必须因人因事制宜，必须软硬兼施，必须对事情有足够的理解和了解，必须充分利用各种可能的公私关系，及必须充分使用地方性的智慧（贺雪峰，2010）。一般情况下，当选村主任，在群众中总有一定的威望，因此任务基本上能完成。

YLJ 村现在主要种植中药材、蔬菜。以前以种粮为主，因所在地区适合种植中药材，县上对此进行推广，村两委为提高群众收入，开始在村里动员村民种中草药，开始群众并不愿意，没有人种，对此问题，村主任采取了循序渐进的办法。

"我们村干部自己先种，成功了以后，动员党员种，党员种成功了，再引导群众，在种的时候，联系技术专家来办讲座，在技术上给予指导，产量不断提高。开始的时候，村干部去外面联系客商，谈价钱，把他们带到村里来，村民觉得价钱合适，就卖了，现在到收割季节，客商就打电话和村民联系，谈好价钱，说好时间，村民就到地里把药材挖上来，到时候，客商的车就到了村里，直接装货了，现在村民的经济意识很强。这几年种药材、种菜，群众的收入明显提高，群众也受了益。"（YLJ 村主任）

村干部对村务管理的差异在不同的环节都有所体现。在反馈阶段，取决于顺从与拒绝的人数比例，在维持较高水平的平衡中，顺从的人数占有较大比例，在较低水平的平衡中，拒绝的人数占的比例较大；在应对阶段，在维持较高水平的平衡中，会较多地使用劝说的方式，反之，则多用威胁；在结果阶段，维持较高水平的平衡中，村干部与村民之间的信任会加强，反之，会削弱，进而在村委会的选举中，会有续任与落选的差异。

三 扎根理论的原因分析

我认为村干部对村务的管理之所以是一个维持运转平衡的过程，主要有以下三个原因：第一，双重身份。作为国家行政村的领导人，是政府的代理人，要完成乡镇政府安排的各项任务；作为村民民主选举产生的主任，是村民的代言人，要体现、实现村民的利益。第二，双重认可。要得到国家的认可，即能较好地完成乡镇政府下派的各种任务，利于国家对于农村的控制；要得到村民的认可，能给村民带来利益，提高收入，改善生产生活条件。第三，双重权力。村主任使用的权力既是自上而下赋予的，代表了政府对于农村的管理，乡镇政府的各种政策都要到达村干部一级，由他们向村民传达、执行；又是自下而上的，来自于选民的选票，代表村民与政府及其他社会组织交往，实现集体的利益。三种双重性导致了在农村管理中，以村主任及党支部书记为主的领导层处于夹层状态，主要的工作就是维持农村正常发展，保证稳定，得到双方认可，达到平衡。

维持不同水平的平衡，体现了村干部不同的管理理念，结果是发展的"马太效应"，村与村之间的差距越来越明显。维持较高水平的平衡，体现了村干部积极的管理理念。在熟人社会要赢得人心，必须谋求发展，从小处入手，为群众着想，解决他们的困难和问题，让村民真正得到实惠；办事公正，赢得村民的信任，形成良好的互动；政府安排的任务也能得到较好地执行，项目的正面作用也能体现出来；村干部的能力得到基层政府的认可，为本村发展申请项目则更容易，各种优势资源逐渐向这样的村子倾斜，形成了一种良性循环，这是制度作用所不能及的。

> YLJ村在所调研的村里，干群关系最融洽，村办公室每天都有村干部在轮流办公，解决村民问题，主要是经济问题、技术问题、合作医疗报销、和上面的联系以及邻里纠纷等。"一个地方要发展好，首先干部要服务好，要确确实实为群众办实事，群众才认可。农村资金困难，村干部要争取项目，给老百姓办一些看得见的事，老百姓会很支持。经过十年时间的努力，村组织、村干部的形象逐渐树立起来了，现在村民不管有什么困难、问题，都会来找村干部帮忙。"（YLJ村村主任）

HW村由于第六届村委会选举中未选出村委会班子成员，由党支部书记代理村委会工作，村干部之间存在矛盾，村里的一些工作无法正常开展，成为当地的难点村，在第七届村委会选举时，现任村主任当时不在候选人之列，但是村民还是选择了他。村主任办事认真责任心强、处理事情公平公正、个人能力较强。他上任后，巧妙处理了干部之间的矛盾，缓和了干部之间的关系，"以前一些村干部之间有矛盾，互相都不说话，更别说在一起商量村里的事，我就安排他们一起出去办事，他们也就不得不说话了，慢慢的关系就好了，其实本身也没有太大的问题，相互不理解，矛盾也就越来越多了，现在大家在一起工作，接触多了，关系也就好了。"现在，HW村在两委班子的合作下，由难点村逐渐转变为普通村，再继续向示范村发展，在上任一年多的时间里，为村里申请了近十个项目，已完成了五六个，在调研过程中，村民对这一届班子交口称赞，认为确实是为村里办实事。

维持较低水平的平衡，体现了村干部消极的管理理念。其表现特征是：对村整体发展、村民经济收入提高、生活条件改善的意识不强；或办事不公正，关注小集体利益，未通过努力与村民形成一定的信任关系等；对乡镇政府安排的各项任务被动完成，项目的积极效果没有得到很好的发挥；不主动申请项目，改善生产生活条件；村民有较多不满，群体未形成凝聚力。

> HZB村，第六、第七届村委会主任未选出，未组建村委会班子，由村党支部书记代理，但是，由于一些对外活动需要村委会出面，如村民到公安部门办户口需要村委会盖章，或申请项目需要两委班子齐全，因此，村里的正常工作受到很大影响，公共事务近于瘫痪，村民也是怨

声载道。

当干部不为村里办事，群众要骂，可是要干事，太麻烦，干的事越多，骂的人越多，做不好了，也会挨骂（FZL 村主任）。

维持中等水平的平衡，介于二者之间。不同村之间村干部管理能力的差异，在一定程度上导致了社区之间整体发展状况的差距。农村的发展状况首先取决于一定历史条件下的制度安排，取决于地理环境、历史文化传统、经济发展状况等。但是，在这些条件相近的情况下，我们的研究显示，农村干部的素质、能力对社区发展将起到很重要的作用。

总之，农村干部对社区的管理内容主要有两类，对内及对外。对内主要处理村民之间的纠纷，解决村民的困难。有发展理念的村干部，会在进一步提高村民收入、改善生活条件等方面努力。村干部基本上是通过村民选举上任，在村里有一定的威望，因此内部事务相对容易解决。对外主要是处理与政府的关系，关系的亲疏影响着村庄的发展，村干部需要妥善处理由此引起的各种问题，维持整个村庄的正常运转。

四 结语：启示与意义

在本次调研中对于扎根理论的运用，做了初步的尝试，因为认识水平的局限，没有严格按照扎根理论的要求进行，但可以说是受到扎根理论的影响。与传统的质性研究方法相比，扎根理论关注自然呈现（emergence）和发现（discovery），并非精确性（accuracy）和验证核查（verification）（lowe，2006，转引自费小冬，2008）。扎根理论之形成得益于数据正在自然呈现（Glaser，2009）。在研究者研究、编码及分析数据时，概念会自然呈现（Glaser，2009）。我所理解的概念的自然呈现和研究者个人研究视角、学科背景、理念等联系密切，面对相同的访谈对象和访谈内容，得出的结论可能并不相同，因此更多地体现了个人的视角。自然呈现也并不代表简单过程，需要在数据的抽象概念化过程中，不断进行比较。格拉泽（Glaser，1978）所提出的不断比较的方法有四种类型：分析者比较（1）事件与事件；（2）概念与更多的事件；（3）概念与概念；（4）（数据之外的）经验性事件（譬如，轶事、故事和文献）。对于本文所提出的"维持运转平衡"也是在不断比较中得出的结论。在强调自然呈现时，研究问题的形成至关重要，在一般的研究中会强调通过前期的文献回顾，找出不足，形成研究问题，提供研究线索。而扎根理论强调，正因为扎根理论是从数据中形成的理论，研究问题应当从研究参与者中产生（Glaser，1992，转引自费小冬，2008）。采用这种方式来形成研究问题可以避开格拉泽所谓的"一个规范的预测，一个有学问的事先假设，一个范式性的预测，一个文化组织"，其意思是研究者把自己的问题或专业兴趣强加于研究对象身上（费小冬，2008）。在实地调研中形成研究问题，在研究过程中形成扎根理论。

在研究过程中，还需要用扎根理论研究方法论的评判标准即适用性（fit）、可行性（workability）、相关性（relevance）和可修改调整性（modifiability）检验所得出的结论。适用性（fit）是指概念能否充分表达数据中所要概念化、通过不断比较而持续修正的行为模式；可行性（workability）是指概念及其所涉及的相关假设的方式，能否充分解释研究对象在某一个实质领域中的主要关注得到持续解决；相关性（relevance）是指该研究是否针对研究对象的主要顾虑或关怀；可修改调整性（modifiability）是指现有理论对新数据的反应潜力（Glaser，1978）。可修改调整性也反映了这样一个假设——社会学理论由于社会现象的液态性，所以是暂时的（Wells，1995，36，转引自费小冬，2008）。在我们的研究过程中，把研究结论置于这样的标准下，不断修正、补充，使其更具有开放性。

在调研写作过程中，我是边做边学，其间和费小冬博士进行了多次的沟通，他解答了我在概念、要素、程序等方面的问题，也对文章提出了很好的修改意见，如提出多与相关文章比较，使理论更加饱满等。总体来讲，我认为扎根理论给研究提供了新的视角，更多地从研究对象的角度看问题。就如格拉泽所讲，对于我们来说，所谓的研究问题只是研究者对研究对象本身所关注的问题的阐述罢了。

（本文为国家级课题"西部农村社区村民自治问题研究"阶段性成果）

（作者　吴　南）

参考文献

Glaser，B. G.（1978）. Theoretical Sensitivity: Advances in the Methodology of

Grounded Theory. Mill Valley, CA：Sociology Press.

Glaser, B. G. (2001). The Grounded Theory Perspective：Conceptualisation Contrasted with Description. Mill Valley, CA：Sociology Press.

Glaser, B. G. and Strauss, A. L. (1967). The Discovery of Grounded Theory：Strategies for Qualitative Research. New York：Aldine Publishing Company.

Glaser, B. G. (1992). Basics of Grounded Theory Analysis：Emergence vs. Forcing. Mill Valley, CA：Sociology Press.

费小冬：《扎根理论研究方法论：要素、研究程序和评判标准》，《公共行政管理》2008 年第 3 期。

〔美〕格拉泽：《扎根理论研究概论：自然呈现与生硬促成》，费小冬译，美国社会学出版社，2009。

李克军：《乡村视野——"三农"问题的调查与思考》，新华出版社，2010。

赵树凯：《乡村治理中的政府"不宜"》，《中国发展观察》2006 年第 5 期。

贺雪峰：《论农村基层组织的结构与功能》，《天津行政学院学报》2010 年第 6 期。

"实践性"与社会工作方法

社会工作方法具有极强的实践取向,这一取向使其专业理论、价值和目的从抽象形态向可操作形态转换,从而实施助人过程。简单地说,社会工作要具体地去做,即在理论指导下采取行动,通过对科学方法的运用,与服务对象一起,帮助他们改变自己的困境,增进其社会功能。这是它不同于其他理论性社会科学的重要特点。与社会工作的实践性相同,质性研究也不仅仅是理论的沉思,它同样具有"实践"的特性,是一种基于某种善的目的而行动的活动,正是由于这种"实践性",使得质性研究与注重实务操作的社会工作在多方面存在着契合性,社会工作者有必要了解并加强质性研究方面的训练。

一 社会工作的"实践性"

AT 莫雷尔和 BW 雪福认为,"社会工作实践由社会工作价值、原则和技术的专业应用所组成,以便实现下述一个或多个目的:帮助人获得有形的服务,对个人、家庭和群体进行辅导和心理治疗,帮助社区或群体提供或改善社会和健康服务,并参与立法过程"(AT,BW,17)。社会工作具有实践的特征,这种特征贯穿于社会工作的整个发展历程。离开了实践性,社会工作就无法完成它"助人自助"的服务本质;离开了实践性,社会工作就失去了它存在的意义。正是实践性,规定了社会工作的本质。

(一) 起源于实践的社会工作

社会工作走向职业化以前,志愿者承担了济贫、扶危、解困和救难的工作，可以说，这些志愿者是社会工作者的前身。这些义务性的实践活动也许是出于志愿者的宗教信仰，也许是出于志愿者个人道德自我完善的需要，因此它并不是制度化的，而是偶然的、临时性的安排。非制度化既是初期社会工作的优点，也是它的缺点。因为受到帮助的人在不需要付出任何花费的情况下就可以得到这种照顾，但是他们往往需要对帮助者感恩或以个人的人格、尊严受损为代价。这就是说，帮助者并不是按照受照顾者本身的实际需求，而是根据他们自身的精神需求来提供帮助的。这种早期的社会工作实践的恩赐性质在很大程度上决定了社会福利制度的早期形式——具有侮辱性质的剩余福利。

（二）实践取向的职业性社会工作

美国内战期间，一定意义上的职业性社会工作产生了。之所以称其为职业性，是因为一个志愿机构由于受到政府资助从而转变为公共部门——美国卫生委员会的特别救济处为社会工作者提供了第一份薪水。特别救济处及其代理人服务于支持政府的士兵与他们的家人，帮助他们解决由于战争所引起的精神和健康问题。美国内战结束后，特别救济处关闭，社会工作作为一种职业的历史暂时告一段落。1863 年，马萨诸塞慈善委员会成立，社会工作重新回到历史舞台，与此同时，该慈善委员会也把社会研究引进了人类服务发展领域。为了解决复杂的社会问题，社会需要更加职业化的社会工作，因此作为一种职业，社会工作逐步发展起来，社会工作者开始受到提供服务方面的专门训练。这促进了社会工作由一种职业向一种专业转变的进程。

（三）注重实践的专业社会工作

当社会工作发展成为一门专业，它依然以实践为取向。这一点可以从两个方面来阐述：第一，社会工作的专业发展从根本上来说是社会工作的实践取向所要求的。社会工作具有照顾、治疗和改变三大目的。为了提高照顾水平，保证治疗质量，满足变迁要求，社会工作必须走专业化发展的道路，即必须开展社会工作教育，培养专业人才，发展专业地位，这样才能更好地为案主服务。第二，社会工作在其专业化的过程中依然保持其强烈的实践取向。根据国际社会工作学校联合会的规定，所有学士学位的学生在校学习期间必须完成 800 小时的野外实习，此即其实践性的鲜明体现。世界上许多大学的研究生，例如，多伦多大学社会工作学院的研究生，同样是按照学生感兴趣的实践（服务）领域来制订学习计划的，包括：学习哪些课程，写什么题目的毕业论文，到哪些机构去实习，以及毕业后的就业去向等问题，这一切在学生入学时就必须在导师的指导下首先确定下来，然后才能进入正规学习。校方认为，只有经过这样的实践定向过程，才能培养出有用的社会合格人才。

二　质性研究与社会工作的互动

对于质性研究，很多学者的理解并不尽相同。学者陈向明认为，质的研究是以研究者本人作为研究工具，在自然情境下，采用多种资料收集方法，对研究现象进行深入的整体性探究，从原始资料中形成结论和理论，通过与研究对象互动，对其行为和意义建构获得解释性理解的一种活动。质性研究的特性包括自然主义、解释性、反身性、实践性等。本文主要是从实践性来表述质性研究与社会工作的内在关联。所谓质性研究的"实践性"，是相对理论性而言，质性研究并不是单纯的理论反思，在其基础理论的沉淀上，无论是其研究方法还是研究过程，都强调"实地研究"，即需要研究者亲身参与到研究对象所处的情境中，充满研究者与研究对象的互动，这是一个"做"的过程，研究者也是通过"做"而获得资质的。因此，从实践性的角度来讲，质性研究与社会工作存在着共通的领域，二者可以实现对话与互动。

（一）社会工作的方法比较

发展初期的社会工作，是以实证传统为基础建立起来的，它不断以自然科学为典范来发展自己的知识，强调客观性和价值中立，早期的社会工作者坚信社会工作理论可以经由科学证明其有效性而推广到更大的人群中，从而产生了行为理论、生态视角、系统视角等理论。但是随着社会工作的发展，人们发现社会工作实务是复杂的、变化的，社会工作者需要理解服务对象的想法，由此，价值因素被引入社会工作。但是，价值与科学性之间是存在冲突的，如何解决价值因素与社会研究科学性的问题成为社会工作理论迫切需要解决的问题。

正是在这样的背景下，越来越多的社会工作者开始寻求更为广阔的研究方法，也就是质性研究方法，有学者将自然主义的质性研究方法与实证主义的量化研究方法做比较，认为质性研究更倾向于社会工作的内在逻辑。然而，就像社会科学的方法论之争一样，社会工作的实务与研究领域，关于研究方法的适用方面从未达成一致。虽然当前已经出现了量化研究与质性研究从泾渭分明走向相互补充、相互融合的趋势，但量化研究仍然更受推崇，质性研究仍处于边缘位置。Tripodi 和 Epsfein 于 1998 年在一个方法学的应用上表示，以为质性研究比量化研究更适合社会工作专业是一种错误，因为从研究方法的操作性、实施范围与社工实务的适合性来看，量化的研究方法在社会工作实务中的应用更加具有可操作性。但是，我们也要看到，社会工作面对的是处于不同情境中的人，其工作对象是不断变化的，单一的量化问卷，并不能对事件的起因、过程、结果做出清晰的描述，虽然这两种研究方法都具备了科学的基本原则，但是两者的区别也很明显（见表 1 - 1）（劳伦斯·纽曼，2008：21），它们针对不同的主题，从不同的视角对社会生活呈现了不同的解释。

表 1 - 1　定量研究与质性研究的主要区别

定量研究	质性研究
测量客观事实	建构社会现实、文化内涵
强调变量	强调互动或场合时间
信度是关键	真实性是关键
价值中立	价值明显具体
独立于环境之外	受情境限制
很多个案和研究对象	个案和研究对象数量相对较少
统计分析	主题研究
研究人员与研究分离	研究人员与研究关系密切

　　质性研究的特点可以通过与定量研究的对比体现出来。可以说，大部分定量研究的资料收集技术是对资料进行浓缩，相反，质性研究包括更多富有弹性的、创造的、行动的、过程动态的、参与的特质，可以理解为资料的放大，放大的优势在于能使我们更加清楚地了解个案的方方面面。而且从研究方法与社工理念的一致性来看，质性方法所强调的"互动"、"注重情境"这些带有实践性的特征明显优于量化方法，质性研究的语言表述也与社会工作更加贴近。之所以做出这样一种比较，并不是要强调质性研究方法就一定优于量化的研究方法，而是要说明，面对不同的人群与社会生活，两种方法

的运用一定是各有适用范围和优势的。所以单纯说量化的方法就一定优于质性的方法是不明智的。

(二) 质性研究与社会工作的关联

质性研究不是对一成不变的、必然的事物本性进行思考的活动，也不是一种不行动的活动，它是一种"实践"的活动，正是这种实践性，使得质性研究与注重实务的社会工作在伦理原则、工作理念以及操作手法上都有着很切实的联系。

1. 价值伦理的契合性：伦理原则源于实践

任何一种专业或职业总是扎根于一定的社会历史土壤中并深受其影响的，社会工作也不例外。起源于西方工业化时期的社会工作专业，特别强调工作的伦理问题，其价值观也是西方传统价值观的延续以及现代价值观的提升。从其诞生的历史环境中，可以将社会工作的理论渊源和价值观念总结为基督教信仰、人道主义以及乌托邦思想。它所持的一些基本价值观包括：重视个人的价值和尊严、知情同意原则、个人应受到社会的关怀、鼓励案主的参与、采取不批判的原则、每个人都是独特的、肯定个人和社会的互相依存等。以这样的原则为基础，社会工作实务中，需要从服务对象本身的角度出发，尊重每一位服务对象，强调他们的需要、对问题的理解，采取不批判的态度，更好地帮助他们。

与社会工作一样，伦理问题也是一个质性研究发展过程中讨论非常多的议题，而且讨论的深度与广度都是量化研究很难企及的。尤其是到了后现代的今天，很多研究者认识到，研究永远不可能"客观"，研究者所做的，不仅是再现社会，而且也在建构社会。质性研究已经从对自我和研究者关系的反思转移到了对语言、政治、历史以及社会科学家作为一种职业的反省。质性研究与社会行动之间的结合越发密切，使质性研究者发现自己的研究会对不同的人群造成影响，也可能被不同的利益集团所利用，所以研究越来越关注其价值影响和政治意义。众多的质性研究者探讨了质性研究伦理的组成部分，认为质性研究伦理包括知情同意原则、尊重个人隐私与保密原则、公正合理原则以及公平回报原则。与前面所提到的社会工作价值相比较，可以看出，质性研究所持的这些原则，在很大程度上与社会工作伦理以及价值观都十分契合，都强调在尊重的前提下，征得被研究者或服务对象的同意，在不影响他们生活的过程中，理解他们的观念、文化以及生活。质性研究方法的原则和社会工作有如此高的一致性，也许是因为二者都不是纯研究的学科，它们不仅需要进行基础理论研究，还特别强调行动，也就是源于实践、落实于实践。

2. 工作理念的一致性：在实际参与中理解

质性研究认为，个人的思想和行为是与他们所处的社会情境分不开的，所以要理解个人或社会组织，就要将其置于自然情境中，从其所处的社会发展脉络中深入地理解它。在这个过程中，研究者不能做一个与研究对象保持距离的观察者，而应该是一个具有人性的学者，并在实地进行长期的观察，其自身与被研究者的关系应该成为衡量研究结果的一个重要标准。质性研究者们意识到，研究不仅是意义的呈现，同时也是意义的赋予，在这个意义赋予的过程中，研究者本身也是一个行动者，因此研究是一个研究者与被研究者彼此互动、共同理解的过程。在这一理念上，质性研究与社会工作所强调的"同理心"十分相似。就社会工作而言，现在的社会工作十分重视对服务对象问题的深层次理解，认为这样能够帮助服务对象理清走出困境的思路，有助于从根本上解决问题。要做到这一点，就要求社会工作者与服务对象建立良好的关系，不以自身的价值观去理解服务对象，而是要用同理心，理解服务对象对环境的感受，体验服务对象内心的情绪，这都要求社会工作者与服务对象密切交往，对服务对象进行细致观察，与他们深入交流。所以说，社会工作的这些理念正是质性研究方法的体现，它同质性研究所强调的参与、理解都存在一致性。

3. 操作方法的相似性：在行动中收集资料

社会工作是以帮助案主走出困境为目的的，案主是有思想有意识的个体，其内在的思想体系必然会导致其独特的主观观念，不了解案主的感受就不能了解他真正需要的是什么，也就无法开展工作。因此在社会工作中，社会工作者在介入案主的生活之前会从多个方面收集资料，将案主看做社会脉络中的一个环节，通过有效的渠道去了解案主的感受。这些渠道包括访谈、观察等，而这些方法正是质性研究中的主要资料收集方法。在收集资料的过程中，研究者面对的是不断变化的现象，他们需要敏锐地观察形势，与环境的回话（back talk）进行对话并及时调整自己的行动策略。这是一个"做"与"受"的过程，这个过程具有互动性和连续性，研究者虽然在上路之前进行了详细、系统的设计，但是在研究的进程中必然会遭遇不可预料的变故，必须根据情境的变化不断调整自己的思路和对策。与理论沉思需要

"智慧"不同，质性研究的实践需要的是"明智"，即研究者要投身于研究活动中，在"做"的过程中不断提高（陈向明，2010）。社会工作实务中撰写工作笔记、调整行动方案、做出个案报告等基本工作，与上述质性研究中的资料收集、分析过程十分相似。质性研究所重视的自然研究，对于经常访问案主家庭的社会工作者来说也十分熟悉。在质性研究的资料收集方法中，访谈法与治疗性的会谈十分相像。在这两类谈话中，访问者都努力建立一个"安全"的非评价性的环境，以此来获得受访者的心理认同，激发受访者的倾诉欲望、想法以及回忆，在谈话中寻求意义与了解。

四 实践性对社会工作的作用

质性研究的实践性将其与社会工作能够紧密地联系起来，同时也对社会工作具有多方面的助益。

（一）丰富社会工作的视角

质性研究方法为社会工作者提供了一个观察、理解以及干预个人问题、社区问题的视角。从起源上看，质性研究方法从一开始就被赋予关注那些处于社会变迁下的个体生存状态的特点，质性研究从被研究者的立场看待研究问题、关心被研究者的境遇，在此基础上发展到今天的注重改善被研究者的现实状况、社会工作者满怀"同情心"的崇高精神，这些都构成了社会工作的基础。从质性研究方法的主要特点看，质性研究既是一种描述社会现象、了解社会、对社会现象和个人生活进行解释和建构的方法，同时也是一种参与社会生活、融入被研究者生活，从而积极改善和重建社会、改善被研究者生活状态的过程，质性研究中，蕴涵着积极推动社会发展、个人发展的动力因素。从质性研究方法的价值取向看，质性研究方法是一种"平民化"的研究方法，它所体现出的对普通人的关心倾向，体现了浓厚的人文气息，体现了与现实客观生活的最大程度贴近，这些都是社会工作中十分重要的元素。

（二）完善社会工作研究方法

质性研究能够为社会工作提供丰富多样、切实有效的研究方法。除了理论的视角和思考问题的模式，质性研究还为社会工作者提供了具体的可操作的方法。比如，社会工作者如何进入工作现场？如何开始介入工作？如何与案主建立恰当的工作关系？如何处理在工作中遇到的两难困境？如何处理好工作中的"移情"？如何做好关于案主的各种资料的记录、分析？如何处理与案主的职业伦理关系？如何整理工作报告？等等。在研究者和被研究者的关系定位上，质性研究一直强调研究对象本身的思想、价值观念及行为是需要我们理解的内容，研究者本人对于研究对象来说，实际上是处在"文化客位"，所以质的研究十分看重研究者和研究对象之间的角色互动，使研究对象不受研究者的影响。陈向明指出，研究者对于研究对象来说，无论是处于"局内人"还是"局外人"的角色定位，都会对研究过程和结果起到正负两方面的影响，"局内人"的角色虽然可以帮助研究者理解对象的思想，但是却很难看到研究对象所处文化的特点，"局外人"的角色更容易把握事物的发展方向，却难以达到足够深的层次。所以，质的研究要求研究者的角色是多元和动态的，可以从外到内，也可以从内到外。对于社会工作来说，社会工作者和服务对象的关系就像质性研究中研究者和研究对象的关系，这种所谓的"专业关系"对于社会工作的成败来说是非常重要的，但是，对于专业关系的定位和把握一直是社会工作研究中较少涉足的方面，这使社会工作者常常犯下取代服务对象或对服务对象强势介入的错误，特别是在我国社会工作起步的阶段，很多社会工作者都由于对专业关系的把握不准而使得服务活动难以开展。所以说，质性研究中关于研究者和研究对象关系的基本理念，是值得社会工作借鉴的，重视社会工作者和服务对象之间的角色互动方式、社会工作者服务过程中角色的多元化，能够更好地帮助社会工作者理解案主所处的社会环境，从而从不同的角度来看待这个环境。

（三）提升社会工作者的专业能力

质性研究方法为社会工作者自身专业素养的培养提供了适宜、可行的途径。由于质性方法是把研究者个人作为研究工具介入研究过程的，因此在研究过程中，研究者需要与被研究者建立起深度的、可信任的个人关系。在二者互相接触的过程中，研究者个人对社会和生活的看法、观点有可能对被研究者产生深刻的影响，改变被研究者对现实生活和对问题的看法，因此在质性研究方法的学习和运用中都特别强调研究者个人的反省、研究者个人的品质和风格、研究者的职业伦理等自身职业素质方面的问题。美国学者沃克特总结出具有下列特征的人不适合做质性研究：有权利欲望的人、倚仗自己专业知识而自认为高人一等的人、希望对所接触的事情了如指掌的人、对事物只有一种解释的人、喜欢控制别人的人。另一位学者 Ely 则明确提出了从事质性研究的人应当具备的特点：（1）思维灵活敏捷、具有幽默感；（2）能够容忍实务的不确定性、模糊性并能做出多元解释；（3）具有丰富的想象力，善于抓住线索；（4）具有共情的能力，能够获得对方的信任；（5）愿意让自己在对方眼里看起来像个"傻瓜"；（6）有耐心与毅力，不会因为遇到困难而过分失望或急躁；（7）工作认真、一丝不苟；（8）能够清楚地表达自己的思想，写作风格朴实、清楚。从上述特点来看，质性研究者所应具备的品质和社会工作者所应具备的品质具有很大的相似性，因此质性研究方法的学习过程，也是一个社会工作者自身素质培养和提高的有效途径。

五　结语与思考

从上面的叙述中，我们知道，从实践性上来讲，质性研究与社会工作不仅在伦理原则、工作理念、操作方法等方面与传统社会工作存在契合性，而且对社会工作实务的开展与研究都有所助益。社会工作是一项应用性很强的专业和学科，它的服务对象和研究对象都是社会中具体的人，正是因为这样，要求社会工作无论在实务上还是在研究上都不能单纯地采取量化的研究方法去分析问题，社会工作者不仅要学会如何去应对不同文化模式下、不同经历、不同生活经验的服务对象，还要深入地理解服务对象，不能简单地将规律性的东西套用在每一个人的身上，所以对社会工作来说，质性研究为社会工作提供了一种不可缺少的研究视角，这与量化方法在社会工作中的应用并不矛盾。当然，这并不是说质性研究方法就适合于所有的社会工作领域，要知道，任何一种方法都不是万能的。有学者指出，以下主题的社工服务特别适用质性研究方法：服务对象少有人知的情景，如同性恋者、单亲爸爸抚养子女的适应情况等；服务对象需敏感深度探索的情景，如对性工作者、偷车人、异装癖等群体；从社工角度发现经验创造意义的情景，如把握流浪妇女的生命过程、贫民社区居民的低保等；社工介入方案与介入过程的研究，如居家家庭处理方案、儿童服务方案等；社工实务的行动研究，为达到社会公正的目的，从行动中研究，研究中获取实务经验（王红，2009）。所以说，在社会工作领域中，质性研究同样适合于社工服务与研究，强调量化的方法更适合社会工作并不明智，社会工作需要更广阔的研究方法，需要质性研究方法的支持，对社会工作者来说，了解并掌握质性研究方法，培养质性的思维，都是大有益处的。那么，我们又应该如何去培养质性思维呢？在此，笔者提出几点看法：

第一，通过认识质性研究的发展脉络增强对质性研究成果的理解。了解质性研究的发展脉络，可以发现一个值得我们注意的事实，那就是质性研究本身并不是一个固有的、一成不变的研究方法，它经历了人们对社会知识建构的一系列"革命"。从传统的质性研究范式到今天的"批判"与"反思"的范式，这之间存在的差别已经相当巨大。所以在今天当我们阅读关于质性研究的著作时，如果能对研究报告的背景与历史时期有所感悟，那么对于我们理解研究报告的研究过程、后设思维以及结论都会有所帮助。

第二，以好奇心引导研究的开展。质性研究的开始起源于好奇心，人们是因为好奇心才开始关注某一事物，质性研究正是这样开始于"西方一些发达国家学者对世界上其他残存的'原始'文化所产生的兴趣"，然后，人们想要接近这个事物并通过获得事物的资料来进一步了解它，所以研究者们通过文字资料的收集、参与式观察等方法的运用去占有资料，随着资料的整理，人们又开始思考，这些资料是否具有说服力？我们对这些资料的理解与分析是否是对的？我们与被研究者之间应该是一种什么样的关系？之后就是，在人们满足了自己的好奇心之后，又会思考，认识这个事物对我们而言有什么意义呢？于是，对于研究者而言，解释性的研究已经不够了，他们开始关注自身的社会责任。这样一个过程，对于我们这些做研究的新手来说，给了我们这样一个启示，那就是我们在做研究的时候，也应该遵循这样一个过程，首先要保持对社会现象的好奇心，去关注我们感到好奇、有趣的事物，并产生要去了解它的动力，培养学术上的敏感性，我想这是做研究中最关键的因素，接下来，就是关于这项事物的思考与研究设计以及尽可能地去收集资料与分析资料了。

第三，在具体实践中理解学习。由于质性研究的实践性，陈向明学者指出，质性研究"可学但不可教"，学做质性研究的最好途径是跟着"师父"学，与师父一起做课题，在做中学，在情境中学。只有如此，徒弟们才可能捕捉到师父的"行动中识知"（knowing-in-action），即那些多半是无法言表的、非概念的、身体化的知识（陈向明，2010）。而当在研究过程中遇到问题时，产生惊奇时，徒弟们需要学会"在行动中反思"，这是一个行动—反思—再行动的反复过程，也就是说，培养质性思维，学做质性研究，只依靠书本知识是远远不足的,最关键的还是要在有经验的"师父"的指导下,在实践中理解学习,在这个过程中,学习质性研究需要通过"做"来学习如何做,而不是通过直接"告诉",学习者必须自己主动参与,带着自己的问题和已有经验来学习;并通过问题解决、做中学,才能获得真正属于自己的知识。这需要我们愿意积极地去投入新的精力,并且必须冒着失去胜任感、控制感和自信心的危险,就犹如在不熟悉的水域里游泳,暂时放弃已有的标准和准则,甚至可能会永远失去自己已经知道并且珍视的东西(舍恩,2009:85~86)。

(作者　田丽丽)

参考文献

陈向明:《质性研究:反思与评论》第2卷,重庆大学出版社,2010。

〔美〕劳伦斯·纽曼:《社会工作研究方法:质性和定量方法的应用》,中国人民大学出版社,2008。

李晓凤、舍双好:《质性研究方法》,武汉大学出版社,2006。

麻国庆:《走进他者的世界》,学苑出版社,2001。

石丹理、韩晓燕、邓敏如:《社会工作质性评估研究的回顾(1990~2003):对中国社会工作的启示》,《社会》2005年第3期。

舍恩:《培养反映的实践者》,郝彩虹等译,教育科学出版社,2009。

王红、祝西冰:《社会工作研究中质化方法的选择、执行与评估》,《社会工作》2009年第9期下。

亚里士多德:《尼各马可伦理学》,廖申白译注,商务印书馆,2003。

Armando T. Morales and Bradford W. Sheafor, 1992, *Social Work: A Profession of Many Faces*, Allyn and Bacon.

"倾听"与质性社会研究方法探索

随着社会的发展和技术的进步，人们的物质生活水平快速提高。物质的丰富虽然解决了人类的生存困扰，却无法使人们得到心灵的满足。尤其是工业社会对物质无止境的追求，刺激了人的欲望，不断冲击着社会的底线。由此造成环境恶化、自然灾害频繁、伦理道德滑坡、社会分化加剧等问题不断出现，侵蚀着社会的基础，而这样的后果需要公众共同承担。此时，注重人文关怀，寻求构建"质性社会"，即以追求社会质量为发展目标的社会应运而生。它注重心灵的重建、社会关系的重构和理想社会的实现。以平等心、包容心倾听，用心体会个体及群体的声音，架起了人际沟通、交流的桥梁，丰富了质性社会学的研究方法和路径。

一　由"倾听"理解人与社会

倾听，按照《现代汉语词典》的解释，指的是细心地听取（多用于上对下），就是凭借听觉器官接收言语信息，进而通过思维活动达到认知、理解的全过程。在古代文献里，倾听一词有两层含义。1. 侧着头听。《礼记·曲礼上》："立必正方，不倾听。"孔颖达疏则进一步解释为："不得倾头属听左右也。"唐甄《潜书·居山》云"与之处数日，见其身如丘山，神如渊水，无疾言，无矜色，无流视，无倾听，心服其静而自憾未能也"。2. 细听，认真地听。刘宋鲍照《登庐山望石门》诗云："倾听凤管宾，缅望钓龙子。"《太平广记》卷二八一引《河东记·独孤遐叔》则云"满座倾听，诸女郎转面挥涕"。文天祥《跋辛龙泉行状》："予语以山川风俗之故，君离坐倾听，若谨识之。"本文所要论述的"倾听"，使用的是该词的第二层含

156

义。

个人的联系和互动交往而成社会，个体长期交往逐渐沉淀形成群体认同的规则，这里的规则可理解为包括信仰和价值体系、风俗、习惯等，内化为人的意识，指导人的行动，形成了一定的社会关系、社会组织等，构成了相对稳定的社会结构。同时，人的意识、反思和实践活动又可以消解已形成的结构，促成新结构的形成。因此，可以说，我们所研究的规则、组织、结构等显而易见的、相对固定的、宏观的社会现象，其实是处于不断地变化之中，从萌芽至形成到成熟到消解，再出现新的萌芽，不断地循环。将这种运动分解，我们可以看到如构成物质的原子，构成社会的原子——人，在其中所起的核心作用。人的意识、语言、行为对他人产生着影响，又受到他人的影响，在相互作用的合力之下，书写着故事，延续着历史。在此过程中人的感官发挥了基础性作用。

在质性研究中，对研究对象语言、行为方式的理解和解释，是我们研究的重点内容。实地调研时，一般情况下，会通过研究者对研究对象的观察、访谈、发放问卷等方法获得数据，并对收集到的数据进一步分析判断、总结归纳等，达到对研究对象的理解，对某一社会现象的因果解释。如何获得相对真实可靠的信息，是研究者在进入调研地点后首先面临的问题，方法因人而异，但均不能离开感官功能的发挥。西美尔在《感官社会学》中提到，"我们之所以可以进行人际互动是因为人们相互之间引发了感官效应……每一种感官都具有自身的特性，它们合力构建了社会的个体存在；社会关系的独特性在感官印象的细微差别中也有相应体现；在个体交往中，一种感官获得的印象往往压倒一切"（西美尔，2001）。感官功能在人际交往中处于非常重要的位置，它们是一切知识的主要来源。在日常生活中，人与外界打交道，获得认知，需要运用自身感觉器官的功能，如视觉、听觉、嗅觉、味觉、触觉、意识，才能顺利完成这一过程。同时，个人与外界事物接触时所产生的各种感受，由于认识的器官不同，感受到的信息也会有所差别。正如西美尔在《感官社会学》中所讲，眼睛能够确证人类本性中持久和恒定的本质，而耳朵能够捕获那些更加迂回曲折的表达。就眼睛而言，可以通过观察，从对方的外表获得信息，这方面也许个人的社会经验发挥了更大的作用，人的面貌、外表经过多年经历已刻上深深的烙印，通过细心的观察可以发现其中的特征；又可以通过目光交流，加强双方的沟通，达到互惠性。人们也可利用嗅觉，获得信息，例如，不同的民族所散发出的不同体味，在某一民族地区，我们可以通过很明显的体味判断出对方的民族，接受或拒绝这种气味，也意味是否愿意接受对方。如尼采对他所憎恨的人有这样的著名言论："他们闻起来不对劲"（西美尔，2001）。同样的道理，我们利用不同的感官，得到不同的认识和感觉。通过眼、耳、鼻、舌、身，我们将外界的信息收集，经过一番复杂的运作，犹如经过一系列输入、解析、处理、输出等程序，将外界的信息，与自身的意识、潜意识连接，积累对外界的认知，并根据以往的经验做出自己的判断和对外界的反应。当然，这只是比较表层的反应，作出判断的根基来源于存在人的意识中长期以来各种因素的综合影响，如文化、教育、信仰、自身的经历等等，在个体的意识当中，形成了一定的认知标准，外在的因素是主体在感觉与行动之间的媒介。

感官功能的重要性，受到学者的关注。个体与外界互动过程中，不同的感官发挥着各自独特的功能，在多感官的共同作用下形成认识，指导行动，而不会刻意突出某一感官的功能。因此，过于强调某一感官的作用，有可能忽视其他感官，如听觉在人际互动中所起的重要作用。在人的感官中，耳朵起的作用就是把声音传入大脑，感受外界信息，即"听"。

二 "倾听"的社会功能及其在质性研究中的作用

"听"在社会研究方法中有多种表现形式，"倾听"是最能调动受访者与访问者之间心灵沟通的一种交流方式，暗含着访问者对受访者的关注。

（一）"倾听"的社会功能

现代社会中，"倾听"扮演着重要的角色。倾听在人的社会化、社会交往中发挥着重要的作用。我们的学习过程起始于听，通过倾听将大量的外界信息传递到大脑、心灵，形成个人的思维、行为方式和交往方式，通过听学会表达，与其他人沟通交往，逐渐构建个人对社会的认识角度、对社会事实的判断。

倾听与社会知识生产。首先，人的成长之初，听觉在感官功能中占主要位置。美国俄亥俄州立大学认知科学中心的科学家通过试验发现，声音在婴幼儿的认知过程中占支配地位。随着儿童的成长，图像的影响才变得越来越明显。听是说的前提，交流首先是能听懂对方的语言、含义。因此，在最初的语言学习中，我们是不断在倾听，逐渐明白词汇的含义，然后学习用同样的语言和词汇表达自己的意思，这样不断反复学习，逐渐达到语言交流的顺畅。其次，在学校学习期间，以听为主。教师将自己的知识通过语言传递给学生，激发学生的创造力和学习热情，他又倾听、回应学生对于所学领域现象的理解、困惑、创造等；学生则在倾听的过程中学习、领会，产生自己的观念，并进一步沟通、学习。个体在社会化的过程中，融入新的环境，接受不同的规则，也要依赖周围人的反复强调，弥补个体知识的不足，不久，也可以在规则之下即兴表演。

倾听与社会实践性。社会交往过程中，"听"在其中所占的比例出乎人的意料。"一份针对不同职业背景人士的研究报告显示，在他们清醒的时候，有70%的时间用于交流。在这些时间当中，有9%用于写，16%用于阅读，30%用于说话，45%用于倾听"（罗伯特·博尔顿，2004）。数据显示，在人们的日常沟通手段中，"倾听"所占的比例最高。通过倾听了解对方的想法、目的、意愿，然后才可能有准确的表达，与对方进行沟通。倾听是交流中表达的前提，没有倾听，没有相应的感受，也就无法对对方的话语做出反应。

倾听与社会互动。人是社会的人，个人的生活、学习、工作等一切莫不与他人建立千丝万缕的联系，离开与他人的联系，个人的生存就会面临极大的挑战。倾听所具有的普遍、直接、真实的特点，使人的互动交往更是以倾听为媒介，通过倾听明了对方的意愿，表达自我的想法，进一步通过话语系统互动。倾听可以帮助个体跨越群体的排他性边界，依靠积累的共享知识，了解、理解群体的语言、故事以及行为方式，有利于个体与个体、个体与群体、群体与群体间的社会互动。

倾听是我们了解他人的手段，是社会交往的桥梁。它所具有的特点传递着信息，沟通着彼此。

（二）"倾听"在质性研究中的特点

倾听关注普遍性与差异性。倾听是最为普遍的互动方式，相对其他感官，它更少受到环境的制约，如在黑暗中，人们看不清对方的表情，却可以听到声音，并不影响沟通。就像我们经常看到的聊天场景，人们在马路上、交通工具里，在一切可能的场合，有表达就有倾听。如今科技发展，更延伸了听觉功能，人们依靠电话、广播、互联网等穿过时空的界限，将声音传播得更远、更广。当声音的传播具有了新的特点时，我们所得到的信息随着量的增加，多样性会更加突出。此时，需要关注的不仅是传播工具多样性带来的交往方式变化，更要关注表达内容的差异性，及其体现出的个体、群体的分化，以及社会的变动。

倾听关注声音与声音背后的声音。人们通过对话将含义表达出来，或直接或委婉，促使互动更顺畅。较视觉等其他感官来讲，表达更具地域文化特点。例如，中国人有"端茶送客"的习俗，客来喝茶，茶毕送客，这是中国人待客的礼貌和习惯。若言语不合，或客人迟迟不去，主人往往以茶来表示请去的意思。客气委婉的主人问一句，"再喝杯茶吗？"这自然让人比较容易接受。若不客气，那就是主人端起茶碗或叫仆人再上茶，这就表示下逐客令了。知趣的客人，会立刻告别离去，否则可能会遇到更难堪的场面。因此，要了解对方的话语含义，需要关注语言背后隐藏的社会文化意义，共享共同知识。

倾听关注真实性与互构性。文本呈现出来的，一般已经过修饰润色，字斟句酌，有些表达隐含在字里行间。而谈话时，没有更多的时间掩饰真实情况，面对面倾听时，还有视觉等其他感官的共同作用，帮助了解表达是否真实。电话倾听时，也可通过语音、语调等判断对方的情感、意愿等，如声音中透露出的喜悦、哀伤、紧张、放松等。倾听时，也可通过不断地追问，了解更多的事实，尤其是在实地调研中，发现了未曾遇到的情况，在文献中记载较少，但对研究而言很有价值，在这种场景中，需要更加专注地倾听，发现关键点，及时与对方沟通，了解群体内更多的地方知识，发现其中的结构、关系及机制等。

三　质性社会学话语分析与"倾听"

在关于倾听的研究中，我们所关注的是蕴涵于话语之中的意义。巴赫金指出，"所有这些表述或话语都不是各说各话，各行其是，犹如天马行空，独往独来，而是处在交往与对话的社会历史网络之中。因而，它们无不充盈着社会情态和意识形态内容，无不具有事件性、指向性、意愿性、评价性，并渗透着'对话的泛音'：与其说是话语的纯粹符号性在这一关系中重要，倒不如说是它的无所不在的社会性更重要。要知道，话语只有在人们的一切相互影响、相互交往中真正起作用：劳动协作、意识形态的交流、偶尔的生活交往、相互的政治关系等。在话语里实现着渗透了社会交际的所有方面的无数意识形态的联系。显而易见，话语将是最敏感的社会变化的标志。"对于话语的研究，学者们根据研究角度、研究目的等不同提出了自己的理论。如福柯认为话语与权力是一种辩证的同构关系，影响、控制话语运用的最根本因素是权力。布迪厄则揭示了隐含在语言的等级制和实际使用中的暴力。

在话语体系中，"说者"与"听者"在话语体系中涉及的内容体现了历史的、社会的、情境的因素的影响，突出了社会的特征，并且是动态发展的，不是静止不动的，随着社会历史的流动而改变内容及表现形式。语言如同载体一般，在话语体系中持续地把流动的社会进程表现出来。我们根据听到的内容，不仅抽象出其中的共同点，以此反映出不同群体、阶层在社会发展的特定阶段呈现出的特点，而且也反映出个体的特征。

有效的话语系统，不仅是形式上具有"说者"和"听者"，而且在于二者能够进行双向度对话，达到真正的交流沟通、传递信息。在研究中，"说者"的态度，即是否愿意打开心扉，说出真实话语，影响着听的质量。要能达到真正的交流，而不是仅仅将研究对象作为获得资料的手段，我们需要由研究者和研究对象的分离和对立走向主体间性的交流。如哈贝马斯指出：在我看来，话语真实性的判断尺度只能是它的主体间性。即是说，只有在话语主体的交往对话中，话语的真实性才能得到检验。当所有人都进入平等对话，并就同一话语对象进行理性的探讨与论证，最后达成共识时，该话语才可被看做是真实的（哈贝马斯，2000）。

真实性是研究中首先要达到的，如果话语的真实性受到质疑，那么更不可能达到结论的真实、正确。所以，我们强调的是主体间的有效对话。对话系统中"说者"和"听者"要能进行对话，需要双方处于平等的位置，以及双方认同对话规则，对话才可能进行，倾听才能有效。系统中强势的一方往往掌握着话语规则的制定权，只根据自己的理解，或有利于自己的方式制定实施对话规则，弱势的一方则会通过语言或行为对此提出抗议，对话就很难进行下去。如广东东莞的"零报名"听证会事件。2011年6月，东莞市物价局发布了征集水价听证会参加人的公告，到最后一天，未收到任何市民的报名。有市民表示，不愿参加"走过场听证会"。东莞市消委会秘书长称，无人报名参加这只是说明消费者非常不成熟，民主素质有待提高。而作为对话系统的另一方认为，既然听证会已成摆设，公众的意见根本不会被采纳，那么公众对这样的听证会当然是拒绝，这是民众理性的选择。听证会可以在某种意义上最大限度地听取民意，从而捍卫普通公众的利益，限制行政权力的滥用。既然由政府部门操办，听证会可谓是政府行为，因此，听证会是否合理、有效，关系着政府的公信力，如果弄虚作假，会失去政府的公信力。名为听证会，实则走过场，拒绝倾听参加人的意见，市民在行为上的拒绝也反映了他们对于权力的反抗。

相比较定量方法而言，质性研究方法更强调主体之间的对话与理解，不论是参与式研究、深访、焦点小组访谈还是观察法等都需要"研究者"与"被研究者"之间的交往与对话，谈话不是一份一成不变的问卷，而是在对话中不断深入理解，以及在谈话的关键点给予适当的引导，得到更多可靠的数据，从对话内容反映出历史阶段、意识形态的特点。在研究中，需要摆脱控制取向，以倾听和理解为核心。

在倾听时应怀着平等心，保持敏感性，具有主动性，坚持开放性等。平等性倾听，是心理和态度上的平等，不论是对于公众还是专家，都尊重对方，不把对方的身份当成衡量话语重要性的尺度，平等对待，注重倾听话语中的信息。一般情况下，人们往往会认为专家的话语更具权威性，而普通人则是人微言轻，于是产生傲慢心，忽视谈话内容，影响倾听的质量。保持敏感性是根据研究对象话语中的内容，把握共性、差异性、特点、隐含的意义等，以及对过程中访谈对象谈话的关键点，了解对方心理变化，明白需求，为追问提供依据。具有主动性，需要研究者不仅耐心地倾听，也要注重引导，掌握对话的主动权，在研究对象的倾诉过程中，通过提问、评论、肯定对方的谈话内容等，展开一些探讨来加以引导。如果研究者在倾听的同时适时地主动加以引导，谈话效果会更好。坚持开放性，研究场所的陌生感、研究对象的多样性、问题的不确定性等都需要研究者保持开放的心态，耐心从容面对，坚持在不同的场景中完成调研工作。

倾听在研究中占有重要的位置。根据笔者个人的经验，我们进入研究场所，在研究对象看来，我们是外来者，在他们的生活中，已经形成了有一定区域的无形的围墙，里面的人熟识各种规则、语言、行动、话语隐含的意思，无形的气场笼罩在其中，我们想要知道他们的思维方式、行为方式、信仰等，我们对他们是不了解的。为此，在定性研究中，我们需要预先做大量的文献回顾，找到现有研究中的问题、缺陷或遗漏，确定自己的研究问题；

在扎根理论研究中,我们需要直接去了解研究对象关注的问题、解决的方式;在定量研究中,我们要根据想要了解的问题,设计问卷。这一切准备工作都是在寻找适当的途径,得到我们想要的数据。"倾听"研究对象的诉说,是了解他们的重要途径之一。尤其是在一些特殊的场合,更显示出"倾听"的重要性和特殊性。

在不久前进行的民间信仰调查中,我们就经历了这样的过程。对于民间信仰的某些活动,现有的文字资料记录得较少。对于他们的组织结构、仪式、活动过程等都不了解,尤其是一些仪式性活动,具有一定的神秘性。对于研究者来说如何融入研究场所的气氛,成为他们眼里的"自己人"是首要任务。在进入某些场所时,我们并没有直接进入专业工作状态,而是和其他人一样,给神像磕头上香,"上布施"(向功德箱里投钱)。坐到一旁,静静地观察,从主事人员之间的对话找到突破口。我们的工作主要就是倾听,收集大量的信息,找到问题,通过少量的提问,引导他们继续诉说,对他们的情况有了初步的了解。开始进入研究场所时,研究人员拿出了相机,开始拍照,马上引起了在场人员的警觉,好像一个入侵者,让大家觉得不安,其实自己也感觉和周围一切格格不入,感觉很不自在。在拍了一张照片之后,我们也觉得自己的动作太突兀了。本来,进入场景之中已显特殊,拍照动作更被别人排斥。于是,我们收起了相机,找到活动的中心区域,仪式正在进行,我们找个地方坐下,听"师父"(民间信仰活动中的神职人员,类似于萨满,口语称为"顶神的")口中的念词,我们的专注可能引起有的"师傅"注意。再往后,我们同当事人坐在床边开始聊天,从他们所供奉的神灵,到他们的日常活动,从简单的问题入手,从他们的讲述中发现新的问题,继续提问、倾听,虽然信任关系并没有建立得很深入,但是他们对我们的问题还是比较认真地给予了答复。通过这个简单的例子,我想说的是,耐心倾听就能够深入了解研究对象的内心世界,使他们感受到研究者对他们的尊重,从而愿意把自己的想法告诉研究者,这个时候所进行的交流往往是真实的。

四 质性社会学研究中"倾听"的技巧

倾听并不是仅用耳朵听,更重要的是要用心去听。倾听,即在听,又不执着于听的动作和直接效果,跳出"声音"本身,观察声音背后蕴涵的意义。我们用耳朵去听对方的话语,用心体会话中的含意。通过用心倾听,拉近自己与研究对象的距离，进一步深入话题。在访谈过程中，研究者往往会把注意力聚焦在访谈大纲上，而忽略了"倾听"。访谈大纲是我们在进行文献回顾时，认为自己应该了解的，而"倾听"的内容是受访者的，无法提前预知。为保证获得自己感兴趣的数据，研究者会对自己能够掌控的、为确保访谈顺利进行的问题加以充分关注，而对于"倾听"，就有所忽视，从而使"倾听"处于不理想的状态。在倾听时，更重要的是主动式地用心听，听话中话、言外之意，达到更好的沟通。

首先，通过倾听，识别倾诉的目的。在访问中关注研究对象所谈论的，有何指向性。比如在对某村一位党支部书记的访谈中，他提到，自己已经为党工作30多年，兢兢业业，在村里很有威信。现在年龄大了，身体很不好，有心脏病、高血压等，没有什么收入，最后提出希望访问人员写材料向上反映，给老党支部书记提高待遇，特别是退休后要有固定收入。当然，我们只是研究人员，并不能给他什么承诺，只能是通过文章提出建议，结果如何并不是我们所能控制的。这方面也是需要与被访对象讲明白的。

其次，在倾听的同时注重引导。对话具有开放性、流动性、过程性等特点，这对研究者提出了更高的要求，要求研究者善于掌控谈话场景，鼓励研究对象敞开心扉等。有的访谈人员在访谈中，只是依靠访谈大纲，不注意引导，使问题的讨论只限于表面，不能进一步深入。没抓住研究对象的内心，找到追问的关键点。如在对某村民进行填答问卷中，问到有关对村干部的看法，村民说道，这道题应该选这项（评价较低），但是，你们来问，我就不能这么答，还是选那个吧（评价一般）。但是此时，访问人员并没有抓住时机，打消研究对象的顾虑，继续问下去，找到原因。为了获得最真实的信息，我们需要采取婉转的问法，从心理上让他们感觉访问者和自己是"一条战线"的，进一步激发他说出一些真实的情况及想法。

再次，在倾听时，不做否定性的评价。研究对象的行为选择，是基于他们对自己生活环境、社会条件等所作的理性选择，有些做法在我们看来，也许不可理解，但是，在他们看来，有选择的合理性。如在农村村务公开中，村干部提到，现在农村要发展得要项目，但是，得花钱请客送礼，还有个人的电话费、路费等，这些都不能公开，只能通过一些私下的活动，把钱凑上。有些事在具体情境中属于合理不合法或合法不合理。在访问中，听到这些与规定不符的情况，抱以适当的认同和对他们处境的同情，能赢得对方的信任，使对话顺畅进行。心理学研究表明，人在内心深处都有一种渴望别人尊重的愿望，而倾听就是鼓励对方诉说，使研究对象感到自己获得了尊重，研究者也赢得了研究对象的信任。

五　小结

倾听的精神是宽容，能容纳不同的声音，解读其中的含义，"这一最直接的氛围及其最直接的社会参加者决定着表述的偶然形式与风格，它的结构的最深层取决于说话者所置身的更长久和更重要的社会联系"（巴赫金，1998）。同时，倾听也是一个过程，可以穿越时空，不断深入，"从对话语境来说，既没有第一句话，也没有最后一句话，而且没有边界（语境绵延到无限的过去和无限的未来）。即使是过去的含义，即在已往世纪的对话中所产生的含义，也从来不是固定的（一劳永逸完成了的、终结了的），它们总是在随着对话进一步发展的过程中不断变化着（得到更新）。在对话发展的任何时刻，都存在着无穷数量的被遗忘的含义，但在对话进一步发展的特定时刻里，它们随着对话的发展会重新被人忆起，并以更新了的面貌（在新语境中）获得新生"（巴赫金，1998）。话语中蕴涵的无穷尽的内容，显示出个人、群体、阶层在社会交往中对社会建构所起的重要作用。要了解和阐释这些，就需要我们充分认识倾听的力量，超越听觉的界限、场域的局限和时间的限制，在耐心的倾听中理解人与社会。

（作者　吴　南）

参考文献

西美尔：《时尚的哲学》，费勇等译，文化艺术出版社，2001，第3页。

罗伯特·博尔顿：《交互式听说训练》，新华出版社，2004，第32~33页。

《巴赫金全集》，白春仁、晓河译，河北教育出版社，第二卷，1998，第359页。

章国锋：《哈贝马斯访谈录》，《外国文学评论》2000年第1期。

《巴赫金全集》，白春仁、晓河译，河北教育出版社，第二卷，1998，第437页。

《巴赫金全集》，白春仁、晓河译，河北教育出版社，第四卷，1998，第391~392页。

视域融合：定量到质性研究的转向

传统的定量研究方法在某种情境下已经面临无法深入描述和准确诠释现代、后现代社会生活图景的困境，其恪守的客观化价值，使得一些研究结果与新生的社会生活存在较大的"间隙"。质性研究方法从强调"不确定性"、"主体感受"、"建构性"等研究价值出发，能更完整地勾勒出社会生活的生动实态。近年来，尽管定量与质性研究方法之间的争论还在持续，但已多少显现出某种融合的趋势。对这种趋势的认识不仅来自对多元视域下的理论判断，也与笔者从事人口发展领域的一次次田野经验有关。在此，希望借助从事"西部计划生育利益导向机制研究"课题的调研过程，对两种方法的整合使用做一次自我的学术巡礼与实践反思。

一　田野研究中的实践经历

（一）在调研中体验和感悟不同调查研究方法的整合

人口与计划生育研究是一项理论与实践、定量与定性相结合的综合性研究。自 20 世纪 80 年代起，西方现代人口分析技术和统计分析方法全面引入中国，对我国人口科学研究的规范化与发展起到了巨大的推动作用。从全国六次人口普查，到两次全国人口抽样调查，以及多次有关人口与计划生育各个方面的专项抽样调查，人口学研究的数据日趋丰富，专业社会统计软件也日益成熟。这些都大大推动了定量研究方法在人口研究中的广泛应用，为人口学的定量研究奠定了数据基础和技术支撑。然而，定量研究其实只能反映宏观的人口现象，而对微观人口现象，如个体和群体的内心世界、思想情感、价值观、世界观及其行为等则反映不出来或反映得很少，质性研究恰恰能弥补其不足。

笔者在从事人口与社会的研究过程中，逐步尝试由单一研究方法向多种研究方法并重的研究过程转变，用定量分析和质性分析相结合的研究方法进行研究，获得了一些真实的启发。在执行"西部计划生育利益导向机制研究"课题的调研过程中，笔者采用人口学研究、计划生育管理研究、社会调查研究、社会统计分析及参与式评估研究等多种研究方法，由无意识的几种方法的综合使用到自觉的方法整合，的确经历了对具体方法使用价值及其方法论认同的极大转变。"计划生育利益导向机制"这个充满学术意义的概念，该如何走进科研之外的生活世界？又该如何面向社会的不同群体？要回答这些，不仅在考验研究者的学术能力，还在考验研究者的道德和政治实践感。在经历了不同阶段的研究过程之后，笔者终于明白了，单一的研究方法很可能会遮蔽研究者的视线，更可能将社会的弱势人群排斥在分享学术研究成果和现实的政策利益获取之外。为了减少研究过程的信息"失真"，为了使政策研究落实在"实处"，调查研究中逐步形成了几种方法整合使用的自觉，即将文献分析、问卷调查、实地考察、焦点小组座谈、个案深度访谈、数学模型分析等方法相结合，并保持对不同调查方法分析结果的敏感性，在达到探索性、描述性和解释性研究目的的同时，体现研究者的社会责任感和人文关怀理念。这些不仅是方法运用的自觉，也增强了研究者在研究活动中理论和方法论的自觉。

事实上，课题的调查研究是由文献收集与分析作为突破口的。凭借着习以为常的研究路径，一开始自己就大量地收集各级政府的相关文件、领导讲话、调研报告、工作总结、会议纪要等，以此掌握各地各级政府在人口和计划生育方面的政策和措施、绩效和影响，面临的问题和困扰等。然而，在文献梳理的过程中，越来越感到"话语"的分量。说到底，这些资料都是政策制定者和实施管理者的话语呈现。这样，研究中的话语权问题随着分析的深入而逐步地呈现出来。政策的相关利益群体在哪里？服务、受益人群在哪里？他们的声音和话语权在哪里？这些提问不断地刺激着自己的研究神经。为了了解政策实践中不同相关群体的感受和评价，问卷调查方法似乎有得天独厚的优势。在当时看来，问卷调查是科学客观的研究方法，只要针对不同利益人群设计相应的问卷，通过对他们的调查访问，就可以从不同层面、不同角度了解计划生育奖励优惠政策的落实状况，发现不同人群对计生政策的认知水平、满意度、需求和希望。这样，也就能为形成相关的对策建议提供依据。意识到不同群体间的差异性，笔者特意设计了三套不同问卷。但是，问卷调查和分析的结果又使笔者陷入了对方法运用是否得当的思考之中。问卷的使用是研究者运用自身最熟悉的技术和语言在同"被研究者"看来完全陌生的技术和语言进行不平等的"对话"，这样的研究结果真实吗？能反映被研究者的内心世界吗？于是，研究又实现了一次转折。参与式评估方法闯入了本不该进入的研究殿堂。它以体现赋权、尊重本土知识的理念和方法出现，以期获得相关利益群体柔性的生活经验。焦点小组方法起到了动员社区人共同参与讨论的效果，在获取他们对计生政策及其实施主体感受、经验及评价的同时，共同探讨解决问题的途径。同样，个体深度访谈的重点是独生子女户和双女户家长。这些平时缺少发声机会的人群，通过一对一的谈话形式，打消了传统意义上访问者与被访者之间的隔膜，在倾诉与聆听中，激励"被研究者"讲出他们的故事，为研究提供了丰富的本土叙事。就是这样，在课题研究中由不自觉达到了自觉的研究方法的整合。

（二）不同的研究方可获得有差异性的研究结果

透过文献资料的文本分析，得出了计划生育政策从开始推行到现在不同阶段的话语特征，理解了利益导向机制话语在不同区域的实践过程。2000年的《中共中央国务院关于加强人口与计划生育工作稳定低生育水平的决定》，明确将利益导向机制引入到计划生育工作中，"把计划生育工作与发展经济、帮助群众勤劳致富、建设文明幸福家庭有机结合起来"。特别是2001年通过的《中华人民共和国人口与计划生育法》，专门设立了奖励与社会保障一章，突出了奖励性，扭转了以往的处罚性取向，标志着计划生育利益导向政策走上人性化、法律化、制度化和规范化的轨道。2004年实施的农村计划生育家庭奖励扶助制度和西部地区"少生快富"扶贫工程，促成以经济取向为目的的利益导向内容日渐丰富与完备。在宏观政策话语实践分析的背景下，针对各市、县/区、乡/镇实施计划生育利益导向政策的文献资料，整理、归纳、分析出陕北、关中、陕南不同地域利益导向的实施状况：关中平原经费保障机制比较健全，奖励优惠政策基本落实，计划生育"三结合"和社会保障绩效突出；陕北地区性别比居高不下，因此，对独女户和双女户实行加倍、优先、区别对待，并实行"双奖扶"制度，有力地推动了"关爱女孩"行动；陕南当地政府因地制宜，推出"优育人才工程"

和"绿色产业养老保险"，既提高了资金利用效率，又鼓励了独生子女勤学成才，解决了双女户父母养老的困难。文献分析有它的局限性，涉及政策的文本资料也远不如生活中的事件那样生动。但是，它从宏观的视角为研究者勾勒了一幅跨时期的计划生育政策话语实践的坐标。

统计分析是人口研究者最擅长的本领。基于各类假设的分析框架，为被研究者搭建了规范化的发声平台。这次问卷调查共设计了四级调查问卷。前三级问卷是针对计划生育利益导向实施主体，即县（区、市）、乡（镇、街道办）和村（居）委会而设计的，第四级问卷是针对计划生育利益导向的直接受益者，即独生子女户和双女绝育户而设计的。在政策效果评估上，问卷调查确实起到了直观、明确、可比照的作用。统计分析结果，从宏观上反映了各级政府和组织计划生育利益导向的实施状况。因素分析揭示了对政策实施影响因素的科学判定，如人口数量产生负面影响，独生子女领证率产生正面影响，人均GDP、财政总收入、农民人均纯收入等经济因素对实施状况没有显著性差异等。还发现，计划生育利益导向政策实施效果与工作机制、经济、人口环境等呈正相关关系；计划生育利益导向绩效评估与利益群体的受益度和满意度存在差异。统计分析技术着眼于求证不同假设，建立因果模型，从而为理解政策、观念、行为逻辑关系建立起认识的桥梁，使得这些研究更加细致、精准和规范，并以"数字"这一直观形式揭示出社会事实/社会现象发生、变化、趋势的逻辑演绎过程。参与式研究方法是质性社会研究的方法之一。在本研究中，我们采用参与式观察、小组焦点和个案深度访谈等工具，透过相关群体的"对话"，尤其是关于利益导向中存在的问题、需求与希望的表达，可以看到，群众有实行计划生育的内在需求，只是往往被现实生活的困难和无奈所掩盖。许多优惠政策和保障措施在他们身上还无法得到更好的体现。同时，在一定程度上也发现了利益导向机制在设计理念上的某些误区。比如，政策取向侧重于经济资本建设，关注的是经济基础的增强与个体物质利益的满足，强调的是物质上的给予、奖励与援助，而对于社会资本和文化资本则有所忽视。计划生育政策利益导向机制本该包含的以经济、社会、文化资源多元获取与整合的意义无法表达。利益导向机制本该是多元激励的表达，但是，在刺激少生育的机制下，在某种程度上也助长了一些人"等"、"靠"、"要"的依赖意识。

访问中不断地感受到现实生活的冲击，鲜活的事例、真诚的话语，翔实地表达了基层计划生育政策实践者对计划生育政策的切实体验和感受。而这些更深入、更真实、更生动的研究资料是相关的政策文本、定量调查分析所无法获取的。这是一位独女户自信心的个案影像：

"我37岁了，一个独生女，16岁了，上初中二年级。我个子小，不能到外面干活，只能在家里做活，屋里的卫生、做饭都是我做，还做扎花的活，有时也到地里去接树（苹果树嫁接）。扎花这活一年能有七八百块钱收入，我们村的，周围邻村的，娃结婚啦，办喜事啦，送人啦，自己用啦，都拿来让我给扎花。我办理了独生子女证，政策也给我奖励了，一次奖励500元，分4次奖励，已经奖励两年了。独生子女保健费也领了，一年领一次。学校也给娃减免了学杂费。我就想让娃尽量念书，哪怕做活再辛苦，也要叫娃念下去。村上人都说我一天不闲着，天下雨了在屋里做，天放晴了就下地去做。"

"我个子小，把我一天愁的，早上一起来就淌眼泪，一出去看人家，个子都大大的，看我个子小小的。我初中上了两年就不上了，就因为个子小。那时候，我念书还念得好，写字也写得好，我就想哪怕将来教书也行，我妈说：'你看你个子那么小，在黑板上写字都够不着。'我也就不念了。"

现在她很乐观，看不出她对自己个子小有自卑感，而且非常能干，刺绣、养猪、种地、撒肥料、接树，样样活都能干，家里的房子也是他们自己盖的。政府对他们也很关心，经常来看望他们，问寒问暖，提供信息、技术等帮助，民政部门的困难户补助，他们每年都有。她绣的花非常好看，收费也合适，周围四邻八乡的人都慕名而来。她高兴地说："我接的活多得很，都干不完。我出去，有人就问我：'你是扎花的？'硬让我给扎花。我现在生活上好着呢！女子对我也很好，她学习好，身体也好，个子长得也高。我希望生活上能再好一些，女子长大能有出息。"（扶风县前进村独女户刘雪霞）

透过这位独女户残疾母亲的表达，首先感到的是她的自信心和对生活积极、乐观的态度，以及计划生育政策在她身上所显示出的优越性和激励作用。同时也看到另一层含义，作为母亲将自己年幼时的经历与对女儿的期望比较，性别意义凸显其中：同样是女性，一个是不能读书，一个是鼓励读书。这种反差，反映了计划生育政策对女性自信心培养的潜在影响。其实，在访问过程中，看到研究参与者激动地讲述自己的或发生在身边的故事，也会感到由衷的欣慰。没有用什么特殊的办法却得到了他们的积极回应，这正是参与研究的优势。

二 研究进程中的一个悖论

传统的资料收集方式和量化数据虽然能从一个侧面反映人口和计划生育工作实践的表象，但无法充分揭示出人们具体而细腻的日常生活情境和内心的实际感受，更无法真正洞悉社会现实中人们的主体经验和思想行为。这种局限和不足一方面源于研究者自身的实践历程及其思考的积淀程度，另一方面也与参加田野观察的研究者选取研究方法类型的具体指向有关。定量研究方法针对的是某类群体成员的同质状态、共同特征、因果关联，相对而言，质性研究方法则步入了另一条呈现社会现象、归纳社会实践的研究道路，重点关注现存差异性的个体特征、历时性的社会后果、社区生活的情境化。每完成一项研究之后，研究者往往要进行一些回顾与反思，注重研究者的自我书写与主体实践。就研究发现来说，无论是经验还是问题，其实都要持有必要的敏感，不然类似个体的主观感受和经历的细节就容易被忽视。这样来看，计划生育利益导向实践过程中出现的困扰，有可能是因政策设计和执行中存在的缺陷，也可能是由于相关利益群体在表达上的差异，还可能是因为研究者在研究过程中理念与方法的不完善而导致。正是这些不同维度的多元因素影响了研究结果的清晰与完美。这些方面都有待于我们进行深度的反思。

（一）惯性程序：问卷设计中的困惑

田野研究一旦启动，必然首先涉及如何"接触"、"理解"社区的问题。作为研究者，从社区来看就是"陌生人"、"外来人"，如何在较短时间内进入到社区的日常生活世界中去，表面上看阅读文献文本是个不错的选择，有利于研究者缩短与社区场域及其个体的距离感，并能推倒"藩篱"以加快促进二者互动。站在定量方法的立场，阅读文献文本之后设计调查问卷是第一步，这也与研究者以往田野研究经验的"积蓄释放"相关，其研究方法类型的选取会成为"惯习"／"研究路径依赖"，导致总会倚重某一类研究方法。但是，其实背后折射出的是知识生产外化，相对缺乏对社区主体呼声的准确回应。由于文献文本属于"旧有知识"、"他者知识"的呈现，不同主体和社区的差异性知识容易被遮蔽，更为重要的是，如果研究前期进入社区观察的经历空白，呈现的仅仅是一种完全"客体化"的"标准"问卷，这种外化于社区场域之外的研究很难避免拉大外来研究者与研究对象之间的距离。

研究开始，调查问卷分两种类型。一类是面向各级政府计划生育部门官员的，研究内容设计主要围绕当地社会经济发展和计划生育政策执行情况来考虑，包括政策实施效果、问题与不足，当然也涉及群众的反映和评估等，这样就从宏观制度及其运作效果层面切入研究过程中。到了实际的调查场景中，很多回答者容易带有感情色彩，对某些带有敏感性的问题作出谨慎回答或不予回答，反映的是"纸面"的真实，仅仅是调查时的互动回应，以致有些值得思考的问题并未在问卷中得到充分表达，比如，各级政府在执行政策时是否达成一致？在国家自上而下的政策体系中，各级政府如何掌握执行政策的自主性？这种执行政策的差异性是否会影响到政策的公平与公正？需要什么样的方式来维护政策的一致性？如何看待政策执行的效果和群众的反映？从目前实施的情况来看，由于各县、乡、村的具体环境状况不尽相同，故没有形成一个较适用的完整的评估体系。问卷在这方面的设计还有欠缺，要想全面分析评估体系影响因素尚无法进行。而设计"柔性"指标更能覆盖到这些方面的内容，尤其是一些非量化的指标可以成为评估政策的新途径和新尝试。由于个体化的感受和差异并不能通过直接的量化指标予以评判，单纯追逐定量研究方法容易使调查研究过程与个体的日常生活真实场景分离，导致研究者对个体感受的敏感和捕捉程度有限。

第二类问卷是针对计划生育利益导向的直接受益者——独生子女户和双女户的，问题的设计主要是家庭基本状况和计划生育优惠政策的享受情况，以及还存在哪些困难和希望。尤其是那些涉及相关利益群体的"个体化"问题，例如，困难、期待、希望等。有时，有些问题设计不科学，有些问题没有涉及，群众的内心感受、真实想法和希望渴求受问卷的固定结构限制而没有完全表达出来。同时也囿于研究者对当地社区、文化惯习、地方知识等许多内在因素的熟悉程度，这些因素都会使研究陷入困境，并易使研究过程简单化、同质化，达不到一个较为圆满的结果。比如，影响个体满意程度的内部因素如家庭经济收入、文化心理因素等是否存在差异性？外部因素如社区环境、信息沟通机制等对个体享受程度产生怎样的影响？有些差异性问题也没有反映在问卷中，如独子户和独女户的差异性在问卷设计中没有做有意的安排，而使得调查结果不能较明显地看到其差别。另外，定量化问卷的设计过程长期以来秉持的是"结构化思维"态度，缺乏将"质性思维"——不确定性、非唯一性、主观体验等融入研究进程中，容易丧失了知识的在地性和主体性，从这些方面来看，都不能不说是研究设计中的缺憾。

（二）实践盲点：调查实施过程中的困惑

社会调查是贯穿于整个研究过程的必不可少的手段和工具。通过社会调查可以达到探索性、描述性、解释性、预测性、评估性等不同的研究目的。再根据不同研究目的可以确定社会调查的方法。调查研究的实施过程一方面是将文本知识、过往经验与新的实践场景相互勾连、提炼的过程；另一方面则是根据调查研究的实践结果、回应，不断调整研究调查的思路，规避实践中存在盲点的过程。当然，这种理想状态并不容易达到，总会面临不少现实因素的制约与挑战，以致"研究实践"会出现不同程度的"打折"结果。

本次研究案例实质上属于一个描述性、解释性、评估性综合研究项目，采用了多种研究方法。但在实际调查过程中仍然面临着许多困惑和难题。文献文本资料大部分来自当地社区提供以及网上查阅，但"社会文本资料"不容易获得，它的一个必要前提就是人们之间的互动，即外来研究者与当地社区个体的互动，他们互动的程度控制了这类知识生产的深度、广度和频度。这种互动受地缘、物缘、人缘的限制而缺乏深度、广度和频度，从而影响了知识生产的深度、广度和频度。与此同时，反映自然情境、人物行为及内心世界的质性研究资料，包括访谈记录、笔记、照片、录像带、录音带等，需要耗费大量人力、物力，又受经费和时间的限制而较为稀缺；实地调查走访受地域、经济、时间等条件限制，不能面面俱到，使调查资料不能充分显示出地方特色；小组焦点座谈受主持人员对焦点主题的认识差异、态度，参与人员的逻辑思维、表达能力以及其他主客观条件限制，也无法充分获得参与者的真实想法，达不到座谈本身的预期效果；深度访谈同样受访问者认识、态度、思维、交谈技巧、被访问者语言表达能力以及时间的限制而缺乏深度，访问对象的生活背景不够生动、细腻，内心世界没有完全表达出来。这些都有待于在今后的研究反思中加以解决。

三　田野调查后的真实感觉

（一）赋权理念下的研究方法

在通常理解的研究方法的内容中，我们很少见到赋权这个概念。在客观性、价值中立的学术规范下，研究中的"权力关系"是很少被提到桌面上来的。既然不存在研究中的权力关系，又如何说到赋权。事实上，社会研究中很难做到真正意义上的价值中立，实践告诉我们，即便是问卷调查，也存在不平等的研究关系，更何况其他方法了。所以，关键的问题不是追求所谓的客观性，而是要从研究的目的出发，认识真实的生活世界和那里的人民。而赋权的研究理念就是在研究过程中，协助弱势群体或个人排除各种主观的和客观的障碍来感受本身的力量。它强调人的主体观念和主观能动性。在这样的思维下再看看问卷调查，传统的问卷调查法使被访者处于完全被动的受访地位，其话语权受研究者和问卷结构的限制，真实话语很难表达，在影响研究效果的同时，也不可避免地将被研究者边缘化了。在"赋权"视角下的质性研究方法，不管是叙事分析、半结构式访谈、非结构式访谈还是参与式小组焦点访谈，都是为了激发参与的积极性，强调每个个体、每个群体的社会、历史、文化背景的特殊性、差异性，关注他们的生存与发展，赋予其在生存与发展中的认同感、自信心和能力，调动他们参与的积极性，将他们的问题与所处的环境和社会关系密切关联起来分析，真正发现他们所面临的问题，提出有效的改善策略。计划生育群体是中国特殊历史背景下出现的特殊弱势群体，他们的社会、历史、文化背景的特殊性、差异性，决定了他们的生存与发展面临特殊的困难、问题与需求，表现了与主流社会不同的差异性，在"赋权"理念下的质性研究方法，正好达到了研究者的研究目的。

（二）整合取向下的研究方法

社会科学研究发展到今天，越来越需要研究视域的整合，这不仅仅体现在具体研究方法的使用上，还体现在理念与方法论的包容上。定量分析方法是以主客体的二元分离为前提的。也就是说在运用定量分析方法进行研究的过程中，研究者和被研究者之间是一种控制者与被控制者的关系。"研究者通过占有信息和资料，控制着被研究者的话语权力，研究结果更多的是为研究目的服务而不是出于了解和服务被研究者，因而研究的结果不能够真实地反映被研究者的状况"（王金玲，2002），但是，它也具有自己独特的研究优势，对整体性、普遍性有着更好的把握。"质性研究中，研究者与被研究者不是分离的和等级关系的，而是以整合的、同情的、平等的甚至合作的关系形式为特征"（Mies，1983）。质性分析方法更关注研究者和被研究者之间的亲和性，注重站在被研究者的角度，描述被研究者自己的生活经历和生活细节，从中捕捉和发掘出被研究者的生活亮点和生活经验，强调被研究者的参与权和知情权。在计划生育利益导向机制课题的研究过程中，因为运用了不同取向的研究工具，从不同层面获得了大量的信息，为开展深入的探讨提供了必要的支持。通过计生部门获得大量政府文献，为研究提供了系统的理论支持；通过网上获得相关新闻报道，为研究提供了丰富的信息支持；通过实地调查采访，获得相关群体的实际状况，如政策执行者的工作过程、执行顺利程度、难度、困惑、实际感受以及改进措施，政策受益者的实际享受程度、满意度、实际感受、面临的困难、担忧、期望，这些大量的、鲜活的、生动的质性信息，是从政府部门或网上所得不到的，是通过研究者亲眼目睹、亲耳聆听所获得的，从而为研究者打开深入研究之门、挖掘被研究者内心世界、形成清晰的思维脉络、使研究目的更加清晰与完整提供了生动的实践支持。因此，将质性研究与定量研究方法相融合，关注被研究者的普遍性、独特性、共同性和差异性，使研究目的达到清晰与完整，是研究深入的原则。提出研究方法的整合其意义还在于打破定量与质性研究人为的学术偏见和对立的二元思维规训，在各自方法优势的基础上取长补短，提升社会科学研究方法的品质。

（三）情感控制下的研究方法

在追求"客观化"的社会事实、"真实"的日常生活情境过程中，定量研究方法扮演了非常重要的角色，许多日常生活知识被以"统一、规范、标准"的"数据"文本形式呈现出来，但社会科学研究的对象是活生生的人、生动的社会事实、五彩缤纷的社会生活，这与自然科学相比有着根本的不同，那些无法用"数据"文本表达的知识如何"现身"呢？质性研究方法的深度访谈，就是通过访问员与被访者情感互动，达到情感的融合，启发被访者口述故事，用自己的语言说话，来表达自己的主观感受、发自内心的情感，最终让述说者毫无保留地发出自己的声音。质性研究方法，不管是叙事分析、半结构式访谈、非结构式访谈还是参与式小组焦点访谈，都是为了寻找一种多样性，强调每个个体和群体的社会、历史、文化背景的特殊性、差异性，真正发现他们所面临的问题、情感世界、价值取向以及社会、历史、文化背景。尤其是当通过问卷调查的互动方式，研究者与调查对象被纳入研究者熟悉的知识生产方式中来，这一技术化的问答方式是格式化的，同时也是去"个性化"的，一些个体的主观体验/日常生活逻辑就会自然不自然地被"知识生产"的规则消解。每当深入田野实践，研究者要实现对地方知识的了解、熟悉，首先就得与研究对象——日常生活的主体，形成良性互动，而这一互动过程正是一种情感交流与互惠的过程，倾听"他们"的诉说，获得其认同，更是保证研究实践向前迈进的前提和基础。质性研究方法之所以成立和重要，就在于其体现出整合社区资源、加强人际关联的独特价值，注意尊重每一个社会个体的情感体验和生活经历感受，为刚性的社会结构注入了不少"柔性"的元素，与之相关的个体行动、行为等更具灵活性、能动性。

（四）多元视角下的研究方法

多元视角的理念早已进入了研究者的内心。但是，在现实的研究过程中，由于其位置的不确定，往往在一些场合就不自觉地将它悬置在边缘的位置上。多元视角意味着在研究过程中要敏感地意识到研究对象是不同阶层的代表，他们之间有不同的利益诉求。如研究计划生育利益导向政策的实施效果，计划生育部门的工作人员和计划生育群众就有着不同利益诉求。计生部门工作人员是政策的执行者，关注的是工作业绩、量化指标完成情况及考核能否过关；计划生育群众是政策的受益者，关注的是实际得到了多少实惠、解决了多少困难。只有通过参与式的方式才易于揭示各自的利益点。在研究中采用的焦点小组方法，较好地回应了方法使用上面临的困境。多元视角还意味着对不同知识的尊重，尤其关注本土知识的价值。同样，为了尊重不同的知识，认识其不同的特征，就要运用不同的研究方法。在多元视角下研究不同的社会现象就要在方法上不断探索和创新。通过对研究过程中研究理念、研究态度、研究方法的创新，达到社会科学研究方法的实质性突破。研究态度主要体现在研究者在研究过程中持何种态度与被研究者开展互动与交流，从而获得全面的研究资料和真实的研究结果。质性研究更强调研究关系的建立，更加关注以传统意义上的被研究者为中心，尽量避免研究中的主客分离，注重调动被研究者的积极性、主动性和参与性，充分展示研究对象的聪明才智和主观能动性，以建构清晰、完整的研究体系。其实，研究中的多元视角更需要体现研究者对文化和社会的关怀，在利益导向研究中应更加突出研究经济、社会、文化资源的多元整合，强调在经济利益导向之外追求更加多元的利益导向，满足研究对象多元的利益需求。社会科学研究要想真正走向人民，为人民服务，作为研究者必须实现知识生产中的理论自觉和方法自觉。

（作者　李　巾）

参考文献

〔美〕邓津、林肯：《定性研究：方法论基础（第一卷）》，风笑天译，重庆大学出版社，2007。

约翰·W.克雷斯威尔：《研究设计与写作指导：定性定量与混合研究的路径》，崔延强译，重庆大学出版社，2007。

〔美〕迈尔斯、休伯曼：《质性资料的分析——方法与实践》，张芬芬译，重庆大学出版社，2008。

陈向明：《质的研究方法与社会科学研究》，教育科学出版社，2000。

江波：《共同探讨质性社会学的特征》，《质性社会学研究》2010 年第 2 期。

张璐璐：《女性主义质性分析方法与社会工作的结合》，社会学视野网，2007。

王金玲主编《女性社会学的本土研究与经验（上、下册）》，上海人民出版社，2002。

Mies, Maria, 1983, "Towards a Methodology for Feminist Research." in Theories of Women's Studies, (ed.) by Gloria Bowles & Renate Duelli-Klein, Routledge & Kegan Paul.

质性社会学的实践
及其印迹

城市贫困家庭儿童的脆弱性分析

城市贫困与反贫困是一个沉重而不能回避的话题。20 世纪 90 年代之后，随着工业化、城市化、市场化进程的不断推进，社会结构转型、经济体制转轨、产业结构调整等改革的一次次深化，城市社会结构发生了重大变化，城市贫困问题越发凸显。城市贫困与反贫困成为社会关注的重点和难点问题。作为一项重要的分析工具，脆弱性分析框架被引入了贫困的研究体系中。本文运用对西安市城市低保家庭及其儿童营养状况的调查，分析贫困家庭及其儿童应对风险而表现出的贫困脆弱性，提出建立减少脆弱性的干预机制，降低贫困发生率的对策建议。

一 脆弱性概念及分析范式

脆弱性（vulnerability），是约瑟夫奈和基欧汉在《权利与相互依赖》一书中首次用于分析国际政治的概念，它是指改变相互依存的体系所带来的代价，也可以被看做是违背或改变游戏规则所带来的代价。自此，脆弱性概念被运用于多种学科。然而，不同的学科对于脆弱性概念的定义是不同的，分析范式也存在差异。

在生态学方面，脆弱性是指生态系统在受到干扰时，容易从一种状态转变为另一种状态，而且一经改变，很难恢复到初始状态。这种转变常常有以下几方面暗含：其损失不可弥补；对于人类引起的变化特别敏感；如果这一损失和退化导致物种多样性降低及生态系统不稳定性增加，将产生广泛的不良连锁反应。

灾害管理研究，是从人类面对自然灾害方面定义脆弱性，主要强调人类社会经济系统易于受到侵害的性质和人类自身抵御灾害的社会经济属性，反

181

映的是人类易于遭受或敏感于自然灾害破坏与伤害的状态。因此，脆弱性定义为人类社会经济系统在受到灾害影响时的抗御、应对和恢复重建的能力。因此，个人、家庭和社区拥有的资本和获得这些资本（包括物质的、经济的、人力的、社会的）的机会，是衡量应对自然灾害的脆弱性的重要方面。

经济学对脆弱性的定义，通常强调在一定条件下，家庭应对风险的结果。其狭义概念往往是关注用货币测量的福利损失，即家庭面对某种风险，产生的收入或消费方面的福利损失。脆弱性的广义概念不仅仅包括收入脆弱性，还包括与健康、暴力、社会排斥相关的风险（Coudouel and Hentschel，2000）。

社会学、人类学对脆弱性的定义，丰富了贫困的内涵。传统研究通常将贫困描述为与一定环境相结合的，收入或消费不充足的状态。能力、谋生、剥夺、排斥等术语用于描述贫困状态（Moser and Holland，1998）。通过使用参与式研究方法去识别贫困、可能性和贫困的程度（Chambers，1989）。引入脆弱性概念后，贫困研究更加深入。贫困与脆弱性概念紧密联系，但又不完全相同。有些人并不贫困但脆弱，有些人不脆弱但贫困（Gaiha and Imai，2008）。2000年Pritchett等给出了一个脆弱性到贫困的动态定义：风险是客观存在的、不可预测的，是不以人的意志为转移的，是不可避免的。抵御风险的能力弱，就表现为脆弱性，继而导致贫困。其分析架构可以描述为：风险——→脆弱性——→贫困。

健康和营养学通常关注个体营养状况的指标进而衡量其健康状况，因此脆弱性通常被认为营养脆弱性，表现为缺乏正常生活需要的食品摄入的概率（National Research Council，1986），或者是忍受营养相关的患病率或死亡率（Davis，1996）。一些学者在估计营养不良的结果，分析在一定经济社会条件下，营养和健康结果之间的关系。

综合生态学、灾害管理学、经济学、社会学、人类学、健康营养学等学科，脆弱性分析范式发生改变，与能力、资本、风险、排斥、贫困等核心概念有关，但是不同学科面对解决问题的不同各有侧重。从总体上看，在层次分明的系统当中，拥有若干资本的个体（群体），通过自身能力维系其系统存在，而随着系统环境及个体（群体）能力的改变，特别是能力的衰减，会形成向系统低层次流动的风险，从而引发贫困与排斥现象，此处把这种现象称为脆弱性路径。

本文旨在探索当前市场化背景下社会救助制度的改革，20世纪90年代至今，社会救助制度建立并不断完善，救助层次与规模都有明显提高，但在市场化中社会救助制度的滞后性明显呈现。为达到研究目的，选择儿童营养贫困入手，分析贫困家庭及儿童的脆弱性路径形成机制，以及市场化背景下的脆弱环节，最后提出消除机制。

二 城市贫困家庭儿童的脆弱性表现

本文把城市贫困家庭界定为城市低保家庭，其家庭中共同生活的成员月人均收入低于其户籍所在地当年城市居民最低生活保障标准。城市贫困家庭成员主要包括：低收入者、下岗职工、较早退休人员、失业人员以及打零工、摆小摊的"体制外人员"，无生活能力的残疾人、孤寡老人、儿童等。城市低保家庭是社会中的弱势群体，处于社会生活的最底层。

2009 年我们对在西安市民政局注册登记的低保家庭及其儿童进行了一次实证调查，描述了近年来低保家庭的生活状况及其儿童的营养健康状况等，特别是分析了食品价格上涨对儿童营养造成的多元的、直接与间接的、显性与隐性的影响及程度，以及造成不同影响的其他因素，家长对儿童营养的认知态度和支持行为的变化情况等。调查中召开了焦点小组访谈会 47 组，其中家长 42 组，儿童 5 组；关键人物深度访谈 38 人，其中单亲无业家长 5 人，双方无业家长 18 人，重病残疾家庭家长 9 人，儿童 6 人。

本文运用此次调查的质性资料，直接引用焦点小组访谈和关键人物深度访谈的受访对象的口述，生动呈现贫困低保家庭的生活状况、儿童营养健康状况和自我认知的对话动态，通过互动的沟通、交流，深入事件内部，分析贫困家庭及其儿童应对风险表现出的贫困脆弱性。因为贫困家庭儿童脆弱性表现，更多地反映其家庭的脆弱性。所以分析儿童的脆弱性必须先分析其家庭的脆弱性。

（一）贫困家庭的脆弱性表现

1. 经济收入少且不稳定

家庭成员的就业状况直接决定着一个家庭的经济状况和生活水平。低保家庭的父母大都没有工作，有的虽然有工作，但极不稳定，主要是打零工。家庭成员中下岗失业、没有固定职业或长期患病、残疾者较多，造成大多低保家庭缺乏相对稳定的收入来源，家庭收入明显偏低，尤其是工资性收入所占比重更小。从他们的话语中可以发现低保家庭成员的就业不容乐观，经济上的脆弱性比较突出：

◆我们都下岗/失业了，工作机会少。

◆找工作难，现在年龄大、没文化、没技术，打零工，收入没保证。

2. 住房条件差空间拥挤

低保家庭的住房状况普遍较差，房屋陈旧，居住面积狭小，有些甚至没有自己的住房，只能与老人挤在一起，三世同堂现象比较普遍。他们的表白道出了贫困家庭生活环境的脆弱性。

◆住房困难，我们和老人几个人挤一间房子。

◆我没房子，现在是借住我姐的，和他们一块住着。房子是 37 个平方米，房子小得很，没有厅，两间房，他们一间，我们一间，也挺不方便，就一直这么住着，特别的不方便。

3. 病残家庭看不起病的较多

因病致贫、因残致贫的现象在低保家庭当中屡见不鲜，尤其有重病患者或残疾人的低保家庭，其生活状况比一般低保家庭更加困难，看不起病是这些低保家庭尤为突出的问题，表现出健康脆弱性。

◆小孩 8 岁半了，5 岁时得了白血病，一年两次化疗，头一年就花了 10 万，后几年花的少一些，现在每周一次化疗，一次就 8000～9000 的化疗费，低保金才 650 元，打零工也就几百元，看病花费光门诊就 600 多元，爷爷奶奶的养老钱都花完了，全家人都在帮助我们。治这病就要用最好的药，才能把娃挽留住。那些药都可贵了，虽然有医保，而且社区给我们办了低保，有补助，但那些药都报不了，住院才能报销。

◆儿子 12 岁，先天脑发育不全，3 级智力残疾。女儿 6 岁，弱视，体弱多病，得过肺炎。儿子都不敢看病，女儿看病每月得 500 元，常在社区医院看病，药费便宜一些。

4. 受教育程度较低导致劳动素质差

大多数低保人群受教育程度普遍较低，这既是他们生活贫困的结果，也是导致其贫困的原因。因受教育程度低，缺乏劳动技能，导致就业困难，而就业困难又使家庭贫困进一步加剧，致使很多低保家庭陷入代际贫困的恶性循环中难以自拔，教育、文化脆弱性由此而生。

◆文化不高，小学，给一个建筑工地看大门，一月才 500 元，一旦人家不叫咱干了，咱就没收入了。

◆儿子 30 岁了，媳妇也是 30，都没有文凭，小学毕业，哪有个正式工作，都是临时打工，说不要你就不要你了。活也不好找，这几个月都没活干了。

5. 婚姻不稳定造成家庭结构脆弱

低保家庭，由于生活上的种种困境，往往引发婚姻的不稳定，家庭矛盾增多，导致离婚率高，单亲家庭比例高，精神疾病多，反映出家庭结构的脆弱性。由此也给他们的子女在身心健康成长等方面带来诸多负面影响。

◆我有两个孩子，现在是单身。第一个老婆十几年前就分手了，第二个老婆嫌拖累重，在儿子两岁多也走了，不知去向。我也没本事，经济差，没人愿意跟咱。孩子老是觉得有点自卑心理，脾气跟别的孩子不一样。

◆我和爱人在孩子 3 岁时就离异了。心理健康很重要，单亲家庭的孩子容易走极端，跟孩子沟通难，压力大，同学交往少，脾气不好，缺乏耐心。我很担心他的将来，感觉儿童的教育很难，就像"老虎吃天无处下爪"一样。

（二）贫困家庭儿童的脆弱性表现

1. 受家庭经济能力的限制，儿童日常饮食廉价单一，营养不全面

低保家庭的父母受经济能力的限制，只要能让小孩吃饱饭就已属不易，无法满足儿童的营养需求。被营养学家视为营养丰富、有利于儿童身体发育的食品，对于低保家庭的儿童来说是可望而不可即。低保儿童的日常饮食廉价单一，营养不全面，食物种类主要以面食为主，价格较贵的鱼、肉、蛋、奶及其制品等营养丰富的食物较少，不能满足儿童身体发育的基本需求。

◆不买营养品，没有计划，经济上不允许，鸡蛋，物价上涨就不买，奶制品不考虑，营养跟不上，孩子发育不好，眼睛肿。

◆别人吃蛋糕，我们吃馍；别人喝奶，我们喝水。

◆需要补充的营养品较多，但价格贵，牛奶、鸡蛋、肉类吃得少，没钱买。

2. 家长对儿童营养认知水平较低，影响儿童的饮食习惯和膳食结构

许多低保家庭由于父母文化素质较低，不了解关于儿童饮食卫生方面的科学知识，不知道如何进行营养调节和膳食结构搭配，错误地认为孩子想吃什么，只要条件许可就让他多吃什么，客观上放纵小孩，形成了孩子挑食、偏食、不吃早餐等不良饮食习惯，使人体所需的蛋白质、维生素和无机盐等基本营养素摄入量不足，造成体内营养缺乏、营养不均衡，身体发育受到影响。

◆不太了解营养的搭配和孩子的需求，孩子吃饱就行，说不上什么营养。

◆缺少关于孩子营养方面的知识，不了解孩子缺少什么营养。

◆不爱吃青菜，只爱吃肉，比较偏食，挑食。

3. 营养不足，导致身体发育迟缓

充足的蛋白质是儿童生长发育的最佳"建筑材料"，动物性食品，如鱼、肉、蛋、奶类所含人体必需的氨基酸齐全，营养价值高，应保证供给和需要。供给丰富的钙质是构成骨骼的重要原料，如果食物中钙的供给不足，婴幼儿就会发生软骨病，学龄儿童就会长不高。所以，日常饮食应注意给孩子增加营养丰富的食品，食谱应多样化，以达到食物的互补作用，使儿童获得身体发育的充足营养。调查中发现，低保家庭的孩子身体发育明显比富裕家庭孩子迟缓，个子矮小，容易生病，表现出生理上的脆弱性。

◆孩子身体比较瘦弱，比同龄孩子低。容易感冒、发烧，抵抗力差，跟营养缺乏有关系，跟牛奶、酸奶、肉少有关系。

◆孩子缺钙、锌，膝盖、腿疼，抽筋，腿软，跟不上别人。原来还给孩子补钙，现在补不起了。

◆营养跟不上，孩子身体健康不好。

4. 营养不良，影响儿童智力发育

营养状况不仅影响儿童体质状况，而且关系到儿童智力发育及将来的发展。研究证明，儿童时期蛋白质热能营养不良，可使智商降低 15 分，导致成年收入及劳动生产率下降 10%（Selowsky M，Taylor L，1973）。一些长期观察的研究说明，儿童时期的营养会影响孩子一生的智力发育及劳动能力发展。调查显示，许多贫困家庭的儿童，由于营养摄入不足，智力发育受到影响，注意力不集中，学习成绩下降，表现出智力上的脆弱性。

◆对智力发育有影响，感觉到他有多动症，思想注意力不集中。

◆娃吃不好，营养没跟上，智力方面比同龄的孩子低一点，记忆力差。

◆孩子智力比较低，学习老上不去，在班里是倒数第几名，上课思想抛锚，爱做小动作，多动症，跟别的孩子不太和睦。

5. 教育费用高昂，影响了孩子的智能发展

因婴幼儿教育和学前教育费用高昂，不少低保家庭缺乏对婴幼儿的教育和学龄前儿童的教育，使孩子早期教育相对滞后。在义务教育阶段，虽然学费免去，但各种补习班费、择校费、参考资料费、赞助费高昂，贫困家庭根本支付不起，从而影响了孩子的智能发展，儿童潜能开发处于弱势，与富裕家庭孩子的差距拉大。从他们无奈的话语中，我们可以觉察到这种教育脆弱性是导致代际贫困的危险信号。

◆孩子入托困难，现在的托儿所都是社会办的，中等的每月都要 400 ~ 500 元。

◆经济压力大，孩子要参加各种补习班都要费用，希望有免费的补习班。

◆买不起课外书籍，没有能力让娃参加各种培训班。

◆英语补习班，一学期要 800 多元，没有报，经济达不到。

6. 家庭环境使儿童的心理健康问题比较严重

家庭环境对儿童的心理健康会产生极为重要的影响。调查发现，低保家庭儿童在自尊、人际关系等方面相对比较敏感、脆弱，渴望被家庭、学校和

社会接纳，希望得到关爱和尊重，不希望人们总是用怜悯的眼光看他们，不希望被贴上低保的"标签"。这种"标签化"处理不当会造成孩子的心理创伤，使其在个人身心发展、家庭关系、同学关系及社会生活等方面都受到不同程度的影响，特别是一些单亲家庭、残疾家庭的孩子，极容易出现心理上的自卑感等脆弱性问题。

◆孩子心理自卑，在学校开低保证明怕被同学看不起。

◆孩子因父亲过世，母亲改嫁，心理障碍很大。

◆因为我们都是残疾，他心理上有压力，觉得父母都是残疾人，开家长会时，他不叫我们去，叫他外公去。

三　贫困家庭儿童的脆弱性特征

（一）贫困家庭的脆弱性特征

贫困家庭的脆弱性，可以理解为一个家庭由于不确定事件引起的未来福利的损失，也就是说贫困家庭的脆弱性是将来的生活没有达到一定福利水平的可能性。由上面的研究发现，低保家庭的脆弱性有以下特征。

第一，低保家庭成员的就业状况不容乐观，经济收入少，经济上的脆弱性比较突出。

第二，低保家庭的住房状况普遍较差，房屋陈旧，居住面积狭小，有些甚至没有自己的住房，生活环境的脆弱性比较明显。

第三，低保家庭的健康脆弱性也比较突出，家庭成员中重病人、残疾人较多，因病致贫、因残致贫的现象在低保家庭当中屡见不鲜。

第四，低保家庭的家长受教育程度普遍较低，缺乏劳动技能或技能单一，就业困难，表现出教育、文化的脆弱性。

第五，低保家庭婚姻不稳定，家庭矛盾多，导致离婚率高，单亲家庭比例高，反映出家庭结构的脆弱性。

（二）贫困家庭儿童的脆弱性特征

生活在贫困家庭中的儿童，其家庭的脆弱性，会对他们童年时期的健康、幸福甚至一生产生不利影响。贫困儿童的脆弱性，表现为面对家庭的脆弱性而引发的生理和心理的某种隐晦，生存的技能和应对未来风险的能力的缺失。

为了进一步描述儿童脆弱性特征，我们引入儿童营养贫困概念。所谓儿童营养贫困，是一种在社会不平等的分化过程中儿童对他们所处的营养匮乏的一种适应和反应。因为所拥有的资源（包括物质的、文化的和社会的）匮乏而导致的儿童在物质上、生理上、心理上、情感上的脆弱与缺失状态。除了物质上的缺乏，低水平的教育和健康外，还表现为心理上的自卑感，文化上的被剥夺感，行为上的被孤立感和自身需求的被忽视感。

不言而喻，前面的研究让我们对此概念有了更深的理解，体现在以下几个方面：

一是低保家庭的儿童日常饮食廉价单一，营养不全面，食物种类主要以面食为主，价格较贵的鱼、肉、蛋、奶及其制品等营养丰富的食物较少，不能充分满足身体发育的需要。

二是低保家庭的儿童的饮食习惯和膳食结构不合理，挑食、偏食、不吃早餐等不良饮食习惯较多，造成体内营养素不均衡，影响其健康成长。

三是低保家庭的孩子缺乏营养，身体发育迟缓，个子矮小，容易生病，表现出生理上的脆弱性。

四是许多贫困家庭的儿童，由于营养摄入不足，智力发育受到影响，注意力不集中，学习成绩下降，表现出智力上的脆弱性。

五是在不少低保家庭中，学龄前儿童教育缺失，儿童潜能开发处于弱势。在义务教育阶段，虽然学费免去，但各种补习班费、择校费、参考资料费、赞助费高昂，贫困家庭根本支付不起，从而影响了孩子的智能发展，拉大了与富裕家庭孩子的差距。这种教育脆弱性是导致代际贫困的危险信号。

六是低保家庭的儿童受家庭环境的影响，被低保的"标签"所笼罩，在自尊、人际关系、社会交往等方面相对比较敏感、脆弱，极容易出现心理上的自卑感等脆弱性问题。

从贫困家庭脆弱性特征与其儿童情况相比来看，脆弱性不仅可以向深度、广度延伸，还可以发生代际层次延续现象。通过剖析儿童营养贫困的脆弱性表现，发现其贫困家庭诸多脆弱环节紧密相连，进而发现市场化背景下的低保救助政策无法消弭整个脆弱环节。就像"木桶"理论描述的那样，水永远是从最短板处流出。从中可以看到，社会救助的短板永远会从家庭最薄弱环节中表现出来。

（三）脆弱性路径形成与依赖

1. 政策刺激固化脆弱性路径

调查中我们感觉到，贫困家庭的受访者对政府的低保救助政策给予了充分的肯定，他们的感激之情是发自内心的。

◆政府对我们照顾的够好的了，娃现在上学又不掏钱，现在政策好得很，娃看病住院有医保，咱自己也交的少，门诊也给咱报着呢，我觉得真的可以了。

◆总的来说，我对国家的低保政策比较满意，国家想的都很周到，各方面都想到了，廉租房啊，经济适用房啊，大病补助啊，医疗救助啊，肉食补贴啊，国家政策是好的。如果国家针对儿童再制定些政策，那就更好了，一个小孩花钱比大人要多得多，小孩要想得到好的教育，是要花很多钱的，低保户的孩子，不像别的孩子，学音乐啊，学舞蹈啊，没有这个条件，因为这个花费特别大，家庭拿不出钱来。

2. 被动地努力消弭脆弱性环节

与此同时，他们也在积极努力，面对物价上涨等风险来临时，通过调节生活方式，提高自身的应对能力，力图改变自身的贫困状况。

◆如果物价继续上涨，就从大人身上省，国家有保障，咱们紧一紧，我们都是过来的人，都能理解，相信国家能解决好这些问题。

◆物价上涨时，就买便宜的菜，就到附近的菜市场买菜。

◆物价上涨以后，减少购物的次数和数量，可买可不买的就不买，必需买的就买。说实话，尽量不出去，也能省钱。

◆把大人的花费减少，给孩子多补充营养。

◆努力工作挣钱，给孩子买好吃的。

3. 脆弱性路径依赖呼唤新政策出台

可以看出，贫困家庭通过各种办法来应对风险给他们带来的影响，同时也对政府提出了殷切的期望。

◆对所有的中国儿童发一个营养卡，拿着这个卡，父母每天早上可以给娃领营养品；拿着这个卡，每季度可以给娃免费检查身体；拿着这个卡，持卡人冬天可以不交取暖费，不交夏天的空调费；拿着这个卡，可以到文具用品店领钢笔、本子。中国的财力完全可以达到。

◆对于低保户，小孩入托最好能减免一些。

◆对特殊儿童应增加一些特殊的照顾。

◆国家应该给儿童看病免费，如果看病免费的话，就可以给孩子买营养品，不光是低保户儿童，应该是全体儿童。

◆希望政策力度扩大一些，很有必要出台专门针对儿童的补贴政策。

◆给予低保家庭更多学习机会，受教育机会，让他们在精神生活、体育活动，医疗、养老等方面融合于社会。

◆有条件组织儿童去旅游，给孩子减压，放松。

◆针对低保家庭的孩子设立奖学金，比一般的奖学金高。

◆定期给家长、孩子开展心理咨询，讲如何沟通、引导，增加孩子的自信心。

四 脆弱性根源及干预机制

（一）脆弱性根源

1. 风险——客观存在

家庭或个人所处的环境，包括经济环境、社会环境和自然环境，始终存在各种风险。风险是指能够损害人们福利的未知事件，包括自然灾害、经济风险（失业、资产损失等）、社会风险（物价上涨、犯罪、暴力、政治等）、个人风险（疾病、受伤、事故、家庭变动等）。风险因素是客观存在的、不可预测的，是不以人的意志为转移的，是不可避免的。当风险来临时，将对家庭或个人产生直接或间接影响。

2. 能力——相对不足

脆弱性与风险密切相关。脆弱性可以分解为一个风险链的三个部分：一是风险或风险事件；二是管理风险的选择，或者风险响应；三是相关福利损失的结果。基于这种逻辑，当家庭面对风险打击时，家庭做出相应的反映，最终产生福利损失的结果。如果风险响应的能力强，则福利损失少，脆弱性程度就低。因此，脆弱性的程度取决于风险的特点和家庭应对风险的能力。贫困家庭及其儿童由于资源的限制和应对风险的能力限制（如经济收入少、受教育程度低、营养健康状况差、生活居住环境差、家庭结构不稳定、心理承受能力弱等因素）而趋于脆弱。

3. 高风险与低能力——导致贫困

脆弱性既是风险的产物，也是家庭或个人抵御风险的能力和行动的产物。当风险打击程度相同时，风险抵御机制强的家庭脆弱性较小，风险抵御机制弱的家庭脆弱性较强。没有贫困的家庭面对较强的风险打击，如果自身的风险抵御机制弱，脆弱性强，同样容易陷入贫困；而风险抵御机制强，脆弱性弱，能够禁受风险打击的家庭，则可能不会陷入贫困。贫困家庭由于其脆弱性较强，风险抵御机制弱，家庭或个人的福利水平偏低，贫困则呈现持续贫困或永久贫困的趋势。

家庭的脆弱性表现为家庭经济收入减少，家庭成员患病率高，家庭环境恶劣，住房条件差，家庭结构缺陷，家庭关系紧张，婚姻出现危机，经济社会地位低下等。这些脆弱性的增强导致贫困，进而影响到整个社会的和谐稳定，使犯罪率升高，治安环境恶化，人民生活缺乏安全感，阻碍经济发展和社会进步。

如果儿童生活在贫困及经济社会水平低下的家庭环境中，由于所拥有的资源匮乏而导致其在物质上、生理上、心理上、情感上的脆弱与缺失，表现为营养不良，身体发育迟缓，心理健康敏感、脆弱，学习成绩下降，社会适应能力减弱，影响儿童的健康成长，导致儿童营养贫困，进而影响国民整体健康水平，使不良卫生事件如儿童肥胖、辍学、青少年犯罪和精神障碍的发生率增高。

（二）减少脆弱性的干预机制

通过上述研究得出，贫困家庭及其儿童的脆弱性，在城市贫困与反贫困研究中是长期存在的。因为风险是不可避免的，它来自于社会政策、市场经济、自然环境、气候变化等多个方面。只要有风险存在，就会有脆弱性存在。因此，提升家庭抵御或管理风险的能力，减少贫困脆弱性发生的可能性，成为新的反贫困战略的政策反思。

1. 建立风险预警机制

在风险来临之际，及时、准确地监测风险的动态变化，关注贫困家庭及其儿童将面临哪些风险。与此同时，建立一个基于家庭调查的脆弱性监测和分析体系，评估贫困家庭及其儿童的脆弱性表现，为预防和减少将来的贫困，提供适当的干预政策。

2. 建立风险抵御机制

家庭或个人是可以规避风险的。家庭自身存在风险抵御能力，同时也会采取各种行动来抵御风险，形成风险抵御机制。风险抵御机制包括两个部分，一是家庭的风险抵御能力，即家庭拥有的资源，包括物质的、文化的和社会的，如收入、储蓄、受教育状况、社会关系等；第二部分是家庭采取的事前和事后抵御风险的行动，如减少食品数量和质量，减少健康相关的支出，减少儿童受教育的机会，临时打工，减少投资等。

3. 建立脆弱性干预机制

建立脆弱性干预机制，提升家庭抵御或管理风险的能力，减少脆弱性。脆弱性干预可以通过事前行动和事后行动两个方面来进行。事前行动能够降低风险事件的发生或风险暴露，即降低风险。例如，政府可以通过制定公共卫生政策，提高公民健康水平，提高疾病预防能力，减少健康脆弱性。事后行动可以缓解风险的损失。例如，政府可以通过制定社会政策（包括教育、医疗、就业、住房、养老等民生方面的政策），建立社会支持网络，提供安全网，完善社会保障体系，帮助家庭应对各种风险的能力，提高家庭的养老保障、医疗保障、失业保障等功能，降低家庭因风险事件发生造成的福利损失。家庭可以通过调节生活方式（买便宜菜，减少大人开支，变换饭菜花样），提高自身的能力（努力工作），提高儿童营养等，减少贫困脆弱性，改变自己的现状。

（三）脆弱性分析对完善社会救助政策的启示

1. 形成脆弱性系统环境的改变，将使脆弱性薄弱环节向深处、广度延伸，最终使之在最薄弱环节处发生崩坍。因此社会救助政策应随系统环境发生"共振"，特别是面对市场化的背景，当前社会救助政策应该加强政策的弹性。

2. 根据"木桶"理论对脆弱性的解释，应使社会救助策略有堵有疏，

质性社会学的探索：理论·方法·应用

堵其最薄弱环节，疏其较薄弱环节，培养其应对脆弱性的能力。

3. 坚决打破脆弱性路径依赖形成机制，应使社会救助对象有进有出。

（作者　聂　翔）

参考文献

罗伯特·基欧汉、约瑟夫·奈：《权力与相互依赖》，北京大学出版社，2004。

商彦蕊：《自然灾害综合研究的新进展——脆弱性研究》，《地域研究与开发》2000年第 6 期。

黄承伟、王小林、徐丽萍：《贫困、脆弱性：概念和测量方法》，中国国际扶贫中心研究报告，2010。

陈春明、王玉英：《论营养与贫困地区的经济发展》，《卫生研究》2000 年第 5 期。

194

整合取向的民族社会工作

——以甘肃 H 乡移民村落为例

对于从事民族学、社会工作的研究与实践者来说，每一次进入工作现场都会感受到极大的冲击。这并不是因为选择这一专业的人情感过于脆弱，或是对于异文化持有新奇的想象，而是每每接触的社会现实总会打开这些人的眼界，刺激新的思考。几年前，我们还为社会工作课程的设置问题展开过一场激烈的讨论，传统的个案、小组、社区社会工作分类对于强调以实践为出发点的社会工作来说是否存在局限？如果存在，又需要怎样去颠覆它？民族社会工作作为社会工作或民族学的分支学科是否有存在的必要？如果需要，其意义又体现在哪里？今年夏季的甘肃河西走廊民族社区之旅，使我们对这个问题有了一些新的理解。

一 问题的由来：进入少数民族移民社区

这次访问的地点是甘肃瓜州县 H 乡。它位于瓜州县城以东 100 公里处，是甘肃省河西走廊（疏勒河）农业灌溉暨移民安置综合开发项目 2006 年成立的移民乡。现辖三墩、锦华、汇源三个行政村，安置来自和政、临夏等贫困县的移民 4000 多人。在这些移民中，既有国家疏勒河移民项目的移民、其他政策扶贫移民，也有后期零星到来的自愿移民。这里的土地多分布在沙丘和盐碱滩中，大部分耕地只能种植小麦等抗碱性农作物，亩产量较低。经过近几年的修整、改良，尽管土质已经发生了不小的变化，但是还有相当多的土地盐碱化严重，依然较为瘠薄。就大多数移民群众的生活条件而言，也还仅仅处于解决温饱的阶段。村中的基础设施建设已经初具规模，道路、水塔、水渠已发挥不小的作用，村委会和村民房前屋后的树木渐渐长成，小卖部的生意也还算红火。在访问期间我们听说，国家又为这里提供了一笔用于改善民生的建房用款，相当一部分村民正在修建新的住房，一派繁忙、互助的景象。当然，对于新移民，这里无论是从生存还是从发展上说，都还面临着不小的考验。

移民搬迁的过程实际上是少数民族社会对物理空间结构变迁及其适应的过程。民族社区空间结构是由风俗习惯、文化宗教、生产生活模式以及经济结构综合作用而形成的，是进行各种社区活动，产生各种互动关系而共生共存的社会地理空间（陈忠祥，2000）。甘肃 H 乡回族、东乡族社区空间结构的变迁是一个由单一向多样、由封闭向开放、地域不断扩大、功能不断拓展、结构不断分化的发展过程。在原居地社区，村民多是以自然村落为聚，土地利用结构较为单一，生产力、生产方式相对滞后，靠天吃饭、自给自足。他们在山地间生活，那里道路狭窄，交通不便，空间结构也显得狭小。农业几乎是他们赖以生存的唯一产业，传统的农耕经验，自然经济模式世代相传，社区处于一种超稳定的状态。村民的社会交往主要局限在村庄内部，他们之间以血缘、亲缘、地缘关系形成一个个团结紧密的群体，具有较强的乡土观念和社区归属感。移民扶贫项目实施以后，这些新移民由靠天吃饭、文化相对封闭的山区搬迁到灌溉农业、社会空间更加开放的平原地区，社会经济结构发生了很大的变化，传统的社区空间结构开始解体。基层社区的地域范围不断扩大，原来单一性的自然村分化为具有不同职能、不同地域范围的社区类型。随着社区商业、服务业迅速发展，社区内产业结构、土地利用结构也发生了重大调整，社区的功能大大拓展，不再是过去仅有的居住、生活、宗教方面，村民之间不仅是血缘、亲缘、地缘的联系，更重要的是生产和经济上的联系。

在移民区社会经济结构发生巨大变化的同时，也给人们的心理结构带来了较大冲击。随着传统社区空间结构的解体，新社区的建设还未完成，社区的差异性在社区的成长中逐步显现。因此，难免会引发社区问题的产生，而这正是社会工作实践的空间。在民族社区的成长过程中，也就自然地引发有关体现民族敏感性的民族社会工作的介入问题。

二　社区的经验：发生在移民社区的故事

（一）盖房："盖房子实在太难了"

搬迁过来的村民在陌生的异地白手起家，重建家园，在没有经济基础的条件下，单单依靠过往的存款和打工挣来的钱修建房屋，是一个很大的挑战。盖房需要花不少的钱，要做较长时间的筹备。对此，一位53岁的马姓村民说：

"我盖房用的石板、砖、水泥等材料是从镇上买来的。我们这里普遍的做法是这样，假如你一年可以存2000块钱，就先把盖房子的部分材料买回来，买些水泥、沙石和砖。这时候，便可以挖地打地基，先盖一部分起来；下一年，存够了钱，再继续买材料盖房，最好能先盖好旁边的一间，供家人居住，存放物品。要把房子盖好，大概要花个七八年左右。今年村里修房的，政府每户给了1万块砖，4吨水泥，2副窗子，1副大门。政府给这些的时候我们房子都建好了，给的都用不上，只能运回来在家里先放着。我来7年了，从来没有安安生生在家吃过饭，要么自己打工，只要在家就给别人帮忙盖房子，没闲过，我知道盖房子太难了……"

在齐整的街道两旁，相当一部分村民在热火朝天地盖着新房。在他们刚刚迁入这里之前，政府已经为他们提供了满足基本居住要求的土坯房。几年过去了，大多数村民都在张罗着盖新房。这时，政府决定为每个家庭提供相应的砖、水泥、房门等部分材料。村民则是互相帮忙，共同适应生活情境的变化。锦华五组的一位村民说：

"我们这边邻居关系特别好。盖房子的时候这边20几户人家只要家里有人的都来帮忙，人多力量大啊。这家盖好了，又给那家盖，平时就互相帮衬着，感情自然好得很。"

在这些相互帮扶现象的背后，我们也看到了社区的分化。一些家庭的房屋是一砖到底，还添贴了华丽的瓷片，显得富丽堂皇；一些家庭因经济能力有限，只是在房屋的主体部分用上了砖，其他部分还是土坯填充；更有少数较为贫困的家庭，还是住在几年前刚刚移民来的旧房子里。记得去过一位老年人家庭，一对老年夫妇有病在身，他们的子女都有特殊的原因而无法照料老人。这样，他们的生活来源都十分紧张，更不要说盖新房了。这对老人每每提到自己的生活，都可以看出他们在心理上有着极大的苦痛，表现出十分的无奈。像这样的家庭，在社区内也还有一部分，他们的生活相对较为贫困，因病返贫的现象还时有发生。这些家庭与其他住进和即将住进新房的邻居相比，会有多大的差距？缓解这些问题又将依靠谁呢？一个新兴的社区，社会分化在盖房的行为中已经显现出来。

（二）"结扎"："在老家可以再生一个（娃），这里只让生两个"

移民过程总会伴随多种经济和社会问题出现。一些在其他环境中很可能不会引发疑问的事件，在一些变化了的特定的空间中就会变成问题而引发不安。有关计划生育政策中结扎的问题，在访问中被村民不断地提及，从中不难体会到他们对这一政策的关注。

我们来到社区后，听到很多村民对计划生育政策中"结扎"的议论。村中传说，在这里将执行每对夫妻只能生育两个孩子的政策，至于已经生有两个孩子的妇女会被要求到医院做结扎手术。这一政策显然同原居地每对夫妻可以生育三个孩子的政策大相径庭。我们进入一户村民家里，一个已经生了两个孩子的妇女，拿出她们的户口本、生育本等证件给我们看，非常希望把她的实际情况证明给我们。她说：

> "我家已经有两个孩子了。在老家我们还可以再生一个，这里只让生两个。我们其实也不想再生了。自己控制不生就是了，不想去做结扎手术，我们害怕。听说做了手术一个多星期不能下床，那地里的活怎么办？"

也有个别的妇女反映：

> "我才生了第二个孩子，现在都不敢出门，听说出去被看到，就会抓了去给结扎。我现在很担心。还听说不结扎就要取消低保。"

计划生育在过去只是涉及人口的问题。但在少数民族移民地区，它不仅仅是人口问题，还隐含了民族、宗教和文化问题。在老家，因为当地属于民族自治地区，政府对计划生育政策有特殊的规定，每对夫妻可以生育三胎。但是，当这些移民从山区迁移到这个非自治的民族乡时，他们只能享受与当地人一样的计划生育政策。按照这里的政策规定，生育两胎之后，妇女就要做结扎手术。对此，大多数移民表现出极大的不理解，为什么身为同一民族在不同的地方就不能享有同等的优惠政策。为了调整由于区域变化带来的实际问题，相关职能部门将计划生育的结扎政策与低保政策、注册户口等一系列关系移民民生的规定捆绑起来，这引起了部分移民的普遍不认同。

（三）清真寺："建了寺，就安下心、扎下根了"

清真寺是社区移民文化语境中的一个重要概念。记得初进移民村的那天，也听到乡上的干部介绍了村中的清真寺，对此，他只是轻描淡写，我们也并未引起特别的注意。因为在信仰伊斯兰的社区，修建清真寺是普遍的现象，其功能也大都了解。但是，随着访问的深入，现在看来，作为一名合格的民族学、社会工作者，真的要有对文化，尤其是对异文化的敏感性。同样，社区工作的干部也要有这方面的警觉，否则，就很有可能因为某些方面的失误，给社区人带来感情的伤害，给社区的发展带来制约。

在移民村，现有三个清真寺，这是政府同意划拨地皮，由新教、老教不同的教民出资、投劳建成的。它们都是砖混结构的平房，并有一个不大的院落。这些清真寺论规模远远不如他们老家临夏的有气派，可是，功能性建筑和基本设施还算周全。在这三个清真寺中，北寺的规模相对较大，院门配有一个醒目的吊顶门楼，来这里礼拜的教民人数也最多。这三个清真寺分别建在两个村组中，对移民群众来说，从事宗教活动十分方便。

在移民的初始阶段，当地工作的同志由于没有接触过信奉伊斯兰教的少数民族，也不大了解相关的民族文化及其习俗。所以，没有周密地研究过修建清真寺的事宜。在这样的背景下，新移民就利用修建好的、还没有启用的学校进行礼拜活动。但是，随着移民的大量进入，新移民修建清真寺的愿望变得越来越强烈。在访问中才听说，在先前一批移民中就有些人因为这里没有清真寺而放弃了移民的计划，一些人迁到这里不久又返回老家了。深切关注社区发展的王阿訇极力强调：

> "没有清真寺，我们穆斯林的移民群众就生存不住，就没有生存的余地，人心不稳定，宗教活动无法开展，人们就全部跑掉了。为此，我们就往省疏管局打了报告，如果穆斯林群众这个宗教问题不解决的话，将来这个移民就是失败的……"

后来，王阿訇带领村民向村里提出了修寺申请，政府也给划拨了修寺的土地。于是，在移民的共同努力下，出钱出力筹资建设，社区的文化象征符号——清真寺出现了。

建设清真寺的时候也正值移民建设自己小家园的时期。他们干完十几亩地里的农活，还得兼顾家里的盖房事宜，即便如此忙碌，移民也乐意出工，为清真寺的早日建成献出一份力量。

> "所有的工人全部是移民，男女老少都来呢，两三百人在这建呢。今天你出一天工，明天我出一天，自愿来着呢，高兴得很。他们说，这么我们就安下心扎下根了。如果没有清真寺的话，就没有安下心扎下根。"

由此可见，这一社区的文化特征是以伊斯兰文化为核心。清真寺的建成，使得伊斯兰教的潜功能在移民社区建设中发挥了较大的作用。马林诺夫斯基在论述宗教的潜功能时指出，"在伦理方面，宗教使人类的生活和行为神圣化，于是变为最强有力的一种社会控制，文化对于宗教的需要虽然是衍生的和间接的，但宗教最后却是深深地生根于人类的基本需求，以及这些需要在文化中得到满足的方法之上"（马林诺夫斯基，2002）。民族宗教对民族成员具有强大的感召力。尽管这三个清真寺规模都不大，但正是这些清真寺，延续了社区人对原有社区的情感，更延续了对民族文化的信仰和忠诚。在移民发展的过程中，关注民族的发展就不能不关注民族的文化。对于民族的发展，不能仅仅考虑政治、经济和社会因素，还要关注对宗教和文化的理解。对于这些仍处于适应中的东乡族、回族新移民而言，民族宗教和信仰在以往的社区和新移民社区中，尤其是在他们的心目中都是最为重要的依托，是构成社会支持网络的纽带，是巩固族群内交往、强化社区凝聚力、维系民族文化的重要因素。开展社会工作，开展民族地区的社会工作，特别需要对民族文化的关照。

（四）妇女打工："与老家比，（她们）有了大大的进步"

在新的社区环境里，女性的生活方式和社会地位都在悄然地发生着变化。在这里，男性劳动力主要是以外出打工为生计手段，妇女除延续传统的照料家务外，还要承担地里的农活。如果有可能，往往还会到附近的饮马农场打零工，靠除草、择菜等赚取收入补贴家用。每到这个时候，她们会在早上5~6点在村上的路口边等候，由饮马农场的大拖拉机接去干活。一位在农场干过活的十五岁姑娘说：

> "基本上每家每户的女人都去农场，家里忙的时候不去，只要闲了都去。早上五点多起来啥都不吃，收拾一下就走了。早上从七点多干到十二点，下午两点干到……反正一天干十个小时，晚上八点多才能回来。回来吃个饭，收拾收拾睡觉都十一点多了。在农场干活，一天能挣四十几块钱。"

外出打工对这群妇女的影响是广泛而深远的。妇女在生产中承担的角色发生变化，其形象、地位也在发生变化。随着他们参与社会范围的不断扩展，水平不断提高，贡献逐渐增加，她们受社会承认的程度也逐步增加，社会角色也扮演得越来越成功（李静、赵伟，2004），自身能力也得到了很大的提高。社区的老党员马梅英是这样评价移民女性的变化的：

> "变化还是大，过去我们老家里妇女不敢出去，女人挣钱、发展经济根本谈不到，思想落后呗。跟老家相比，这里的妇女就大大的解放出来了。女人外面出去打工挣钱去了，思想上都解放出来了。与老家比，有了大大的进步。"

有一次我们结束访谈，在返回住处的路上，看见一位骑摩托车的妇女从我们身旁呼啸而过。在接下来的几天里，我们才发现其实骑摩托车外出的妇女并不在少数。跟村里的其他女性聊起这个现象时，她们会说，这是很正常的，但这在老家是绝对不可能的。我们在锦华村采访阿訇时，他给我们讲了很多，言谈中表露出这样一种心态，他在对村里发展表示强劲信心的同时，也流露出淡淡的困惑与危机，他们明显地感到文化同化的力量，青年一代的女性外出打工，逐渐受其他文化的影响，宗教教义对其约束也在淡化。

（五）灌溉农业："不种地光靠打工还是不行，地不改善以后怎么办"

与老家相比，新社区在地理环境上发生了极大的变化。对于世代种惯了山地、种惯了小麦、无需人工浇水的移民来说，平原上种什么、怎么种、怎么浇水都成了问题。面对新的生产方式，移民们有点不知所措。搬迁至今，已有七年多时间，勤劳的移民一直不断地在盐碱地上填充沙土，引水灌溉，改造着盐碱地。即便是在这样的土质条件下，他们也没有放弃耕种，小麦、玉米是这里的主要农作物。近些年，他们学习其他地方的经验，尝试种植红花等经济作物。

我们沿着修建完整的水渠行走，见到曾经开垦的成片农田已经恢复了盐碱化荒地的模样，看样子，它已经荒废有好几年了。相当长的水渠已被尘沙掩埋，无法再用于灌溉了。土壤问题、水的管理、耕作能力、资金的局限，导致了一部分村民在农田上已经很难看到希望。但农民还是农民，农民的心里必须有块农田，必须有地种，这样才能获得心理的踏实。锦华村四组的马姓村民说：

> "刚开始赔着来，现在就是没收成，盐碱太大。哎，我们是农民，不种地干什么，不种地光靠打工还是不行。以后这个地种起来还是有发展的前途么。现在地不改善以后怎么办，比如说我这一辈吃些苦到我的下一辈就好了么，娃娃就好了么。"

在访问期间，我们看到一些村民往自家的农田里拉沙子以改良土壤，也见到负责浇水的人员忙来忙去为有需求的农户开闸放水。锦华村文书在老家时念了些书，在青海、甘南等地也闯荡过多年，见过一定的世面。在他看来，盐碱地的改造、灌溉农业的学习并不那么难，靠农业挣钱同样有希望。在访问过程中，这位文书说：

> "去年天气好，我种了22亩地，光麦子种了18亩地就收了1万多斤，18亩地1万斤也不多，呵呵。给自己留下吃的和喂牲口的，光麦子就卖了5千多吧。红花还卖了9500元，还算不错。今年麦子种了12亩，其他全是红花。"

在新社区，由于移民对全新的生产方式不熟悉，这在影响移民经济收入的同时，更为重要的是影响了他们对新社区成长的信心。自迁移至此，移民们长年累月劳力、财力、精力的付出，却得不到相应的回报，也多少影响到他们对社区的认同度。但令人欣慰的是，新社区方便的交通和较为发达的市场经济为移民外出务工提供了优越的条件，农业的歉收和信心的降低在务工方面得到了补偿，且补偿力度达到了移民的满意。

三　田野反思：整合取向的民族社会工作

这次少数民族移民社区考察的经验为我们思考民族社会工作丰富了新的思维和打开了更大的视野。随着对田野的深度观察，不难发现，一个社区面对的发展问题是多元的，涉及个体、群体、社区，涉及经济、文化，涉及观念、制度、物质条件等不同的领域。因此，仅靠单一的社会工作手法很难回应"系统"遭遇的挑战。田野实践带给我们的启示是，要促进民族移民社区的发展，就要运用整合的学科理论取向、整合的社会工作方法，以实现社区发展资源的有效配置，最终获得整合状态下的社区发展。

（一）社会工作手法的整合

社区是一个复杂的系统，这就需要考量不同社会工作手法的优势，运用整合的社会工作方法开展实践活动，以达到促进社区和谐发展的目的。若将各种方法分别开来运用，就会是一种所谓的"海市蜃楼"（王思斌，1998）。调查中我们发现，小组讨论的方法和个案访谈的方法是在民族社区中进行沟通的桥梁。由于移民社区民族工作状况和民族关系比较复杂，以单一的行政手段做民族工作难以取得效果，同时仅靠民族工作部门去协调也是远远不够的。这就需要社会工作者的深度介入，运用小组和个案的优势开展工作，给工作对象营造一个相互信任的环境，了解社区居民的心声和遇到的困难，运用专业知识对他们进行帮助。前面提到移民妇女对跨地区计划生育政策产生的困惑，新移民对新的生产方式的不适感，一些村弱势人群生活的无助感，都暴露出由于环境的变化给居民带来的心理压力和自信心的弱化。他们普遍对政府有较强的依赖感，但是又不能够完全理解政府的政策，对自身能力评价低，追求更高生活质量的信心不足，心中充满了各种困惑。这些困惑不能够通过政府行政手段或专门机构的协调解决，只有通过社会工作者的介入和整合社会工作方法的综合运用，发挥个案工作和小组工作的特点，通过与当地居民面对面的沟通和交流，帮助他们消除心中的困惑。

在研究过程中这些社会工作方法的综合运用，展现出在新的移民社区，民族社会工作以整合的社会工作方法为取向，还有很大的发展空间。民族社会工作将超越"方法为本"（个案、小组、社区）和社会工作行政的局限性，将政策倡导同社区、小组和个人有机结合，以农村可持续发展和社区能力建设为主线，强化社会工作方法的规范性和主导性，突出研究方法的系统实践运用，从而更好地体现"以人为本"理念在社会工作中的价值。

（二）结构功能的整合

结构功能论把社会看作一个均衡的、有序的和整合的系统，系统中的每一部分都对系统整体的生存、均衡与整合发挥着必不可少的作用。在整个社会系统运行过程中，运用整合的社会工作方法可以有效发挥它作为动力机制、整合机制、激励机制、控制机制和保障机制五个方面的重要功能，对社会系统发挥着整合调控的作用，从而促进社会系统的和谐有序。通过实地调查，我们发现在少数民族移民区，除了政府政策和专门机构的协调作为社会工作工具以外，宗教发挥了重要的社会工作职能，它们共同发挥着社会工作在激励、整合、控制和保障方面的功能。

在移民区的民族地区，政府的力量往往仅限于政治、经济上的一些帮助，对农民的精神、心理需求常常力不从心，而新移民往往面临来自全新自然环境和社会环境的各种压力，精神负担很重，需要得到疏通和引导。这时候伊斯兰教在履行自己的宗教职能的同时，发挥了重要的、具有社会工作性质的功能，它在帮助服务对象解决精神和心理问题方面具有特殊的作用，以使新移民更好地适应环境和生活的挑战。从服务方式上看，以清真寺为符号载体的社团组织在社区民族工作中，既有个案服务，也有团体服务、社区服务、政策倡导等手段的运用。清真寺、阿訇、掌教等与伊斯兰教有关的机构和人员承担了面向信徒为主、兼及公众的社会福利职能，包括对社区弱势群体的社会救助、信教群众的精神心理调适、家庭服务等方面（段继业，2005）。以清真寺为标志的宗教团体在民族社区社会工作中具有重要的积极意义，补充了政府单一的政策倡导工作方式，从而在民族社区中充分发挥出社会工作在动员、激励、保障、控制等多方面的功能，促进新移民社区的整合与发展。由此可见，对于民族社会工作而言，需要整合社会政策、社区和社会组织等多层面的资源，发挥各种社会工作手段的多种功能，从而促进个人与社会的协调，促进民族地区的经济发展和社会进步。

（三）多学科知识的整合

社会工作者除了要有较为丰富的社会工作方法外，还要对不同文化背景下的生活方式、风俗信仰等有所认识。在民族地区从事移民项目或社会发展工作，其实和在其他任何地区一样，仅仅依靠单一的管理知识、普遍的社会知识是很难胜任的。对于处在不同文化的少数民族地区敏感地意识到这一点显得十分必要。同样，在民族地区开展与社区发展相关的社会工作，显然仅仅依赖通常具有的社会工作知识也是难以发挥真正作用的。我们可以说，社会工作有较为丰富的社区工作方法，包括田野访问、参与式评估、社区发展设计、项目执行，以及监测评估等工作方法。但是，对于处在不同文化背景下的社会工作对象来说，文化取向、生活方式、风俗信仰等可能是完全不同的。如果不能站在多元的文化判断社会工作的切入点，就不能真正了解社区的实际需求，更不要说制定适合本土、适合不同服务对象的发展计划，并实现社区发展目标了。"民族社会工作者必须具备多元文化能力，熟知、尊重少数民族文化并对与服务实践相关的民族文化议题保持敏感性"（李林凤，2009）。社会工作本土化的要求反映的是外来社会工作者进入到一个文化区域内工作时，要想发挥作用，就必须关注特定文化的主体性并站在本土的立场上提出问题、分析问题和解决问题。民族移民社区的经验告诉我们，要理解社区人的需要，就要依靠不同学科的知识优势。考察中反映的，一些基层干部对民族文化的不了解，的确给工作带来了一定的影响。可以想象，如果从事这一项目的社会工作者不懂得民族学、人类学的一些基本知识，尤其是不注意民族的风俗习惯，对民族兄弟不能持有平等、尊重的价值和情感投入，那么，移民工作就很难展开，更不要说取得积极成效了。通过实践经验的梳理，我们还意识到，发展民族社会工作的必要性和紧迫性。民族社会工作的重要成长点就是在民族地区开展社会工作的过程中，以社会工作的基本价值观和手法为基础，整合人类学、民族学、文化学等多元学科的知识，从文化人类学的视角出发，从民族学的角度审视社会工作，以民族为核心，融入社会工作专业方法。跨学科、跨专业的民族社会工作是将个人、社区和社会连接起来的重要尝试，关注焦点是个人与环境之间的互动和转变。

（四）社会支持多种资源的整合

社区发展的目的说到底是社区人能力的增长，并以此为基础，带来社区人生活的改善和社区的可持续发展。以能力建设为核心的民族社会工作应该成为当下移民地区发展的重要范式。社区"能力"是由多种因素构成和决定的，它的增长依赖于各种内在和外在资源的充分发现和有效利用。为此，它突破了社区建设传统意义上政府资源的局限，而看到了社区自身的资源、市场的资源，以及环境内外存在的资源，强调多方的参与、多元的互动和优势的互补。在考察中我们发现，正是政府在移民过程中为建房、整地和基础设施的建设投入了大量的财力和物资补贴，才使得移民获得了政策的支持和实际的帮助；而作为强化社区意识，凝聚社区力量的清真寺的修建过程，则体现了政府、民间良性互动的结果；同样，新移民由不适应灌溉农业到逐渐了解其劳作特点，开发出成片的农田，也体现了社区人的相互帮扶、周边长期从事农业劳动的汉族兄弟的大力支持，以及政府相应的组织与管理。周边农场对劳动力的需求也成为新移民进入市场，获得经济利益、改善生活状况，逐步融入社区及其周边环境的重要渠道。正是不同社会资源的发掘和有效利用，动员和组织了各种社区内外的资源，才为移民成员提供迫切需要的服务和保障，帮助他们克服生活困难，培养其对新社区的认同感和归属感。可见，社区的发展需要多元资源的整合。然而，整合多元资源都要将村民置于重要的主体地位，把村民的广泛参与作为能力建设的出发点，最大限度地发挥农民的主体性和潜能，同时整合利用政府、社会、市场资源等环境资源，以实现新移民生活空间的变迁，新社区的成长和可持续的发展。

（五）行动干预理念的整合

坚持行动干预理念，就是要给服务对象赋权，将村民置于重要的主体地位，增加社区弱势群体在发展活动中的发言权和决策权。把村民的广泛参与作为能力建设的出发点，最大限度地发挥农民的主体性和潜能，从而使他们参与到行动中，达到干预的效果。在社区发展中运用行动干预的理念，首先要赋权给社区，通过充分听取社区的意见和放大社区在决策过程中的声音来实现社区的参与。在这一过程中，不仅强调社区和目标群体参与发展项目的实施过程，更重要的是社区参与对发展项目的方向和内容要有决策力。其次，行动干预要求在社区内部赋权给弱势群体，通过充分听取社会中弱势群体和放大他们在发展决策过程中的声音来实现弱势群体对发展过程的参与。另一个关注点就是，对社会性别的敏感性，在少数民族移民区需要特别关注弱势群体中的妇女群体。在调研中发现，随着农业女性化的发展，在新移民社区内妇女扮演着越来越重要的生活与生产角色。这些地区的发展更需要普及平等的社会性别知识，提高移民区少数民族妇女的地位。要使社会性别知识在移民社区里生成，就要坚持参与性理念，创造平等的社区氛围，提供充分的表达空间，倾听妇女的声音，从妇女的需求出发，为妇女提供资源和机会，提高妇女的行动能力。通过多种知识的融合和妇女参与度的提高，不断学习和整合新的知识理念，从而实现社会性别理念本土化，提高少数民族妇女的地位。在这一过程中，社会工作者整合运用行动干预的理念，关注弱势妇女群体的地位，通过赋权，提高了妇女的参与程度，实现了整合社会工作方法的功能，体现了新的社工手段在实践中的运用。

通过调研，我们意识到发展民族社会工作的必要性和紧迫性。民族社会工作的重要成长点就是在民族地区开展社会工作的过程中，以社会工作的基本价值观和手法为基础，整合人类学、民族学、文化学等多元学科的知识，从民族学的角度审视社会工作，以民族为核心，融入社会工作专业方法，从事跨学科、跨专业的民族社区发展工作。整合的民族社会工作需要有不同分支社会工作理论与实践的有机互补，为了实现建构整合取向的民族社会工作目标，社会工作者还需要在参与社区发展的过程中不断地探索和实践。

（作者 李 巾）

参考文献

陈忠祥：《宁夏回族社区空间结构特征及其变迁》，《人文地理》2000 年第 10 期。

段继业：《宗教在西北少数民族地区的社会工作功能》，《青海社会科学》2005 年第 6 期。

李静、赵伟：《社会性别角色获得与民族文化系统》，《西北师大学报》（社会科学版）2004 年第 1 期。

李林凤：《多元文化下的民族社会工作》，《黑龙江民族丛刊》2009 年第 2 期。

马林诺夫斯基：《文化论》，费孝通译，华夏出版社，2002。

王思斌：《社会工作导论》，北京大学出版社，1998。

山区学生的自我叙说
——西部贫困山区家庭关系研究

一　研究的缘起：阅读的再发现

作为"西部贫困山区基础教育需求与政策评估"课题组的成员，参与式评估的亲历者，我们更多地将自己的目光聚焦于贫困山区基础教育在新政策的实施过程中产生的需求，专注于贫困地区的基础教育的现状及其对教育政策的影响，没有专门去设计有关家庭的问题，也很少对相关问题进行有意的追问。重新翻阅学生们的口述资料，笔者发现了原来不曾关注到的一些事实。

"我的家里非常穷，父母给了我很多的期望，但是我的家非常穷，就拿上学来说吧，有时学费都不够，每次父母都向别人借钱。我妈生下我时已经是一个痴呆的人，奶奶非常疼我，我是奶奶一手抚养长大的。我的父亲是一个有病的人，而且年龄大了，干活还非常努力，这都是为了我的学习，因此我在小学的时候非常认真，也曾获得一些奖励，对他们也是很大的鼓励。到了中学，学费就相对贵了些，父母就更加努力地为我挣钱，但是我父亲的眼睛一直治不好，一干活就非常疼痛，因此挣钱就非常不容易，这时候我的学费就经常拖欠，有时候不够就贷款。"（初二男生1）

"我无法跟他们（父母）交流，跟他们交流得用'狠招'，想跟他们交谈，想跟他们交流，但是没有交流。因为光想也没用啊，试着做过，聊上没几句，他们就干别的活去了。我有时候和他们说话，他们嫌我烦，说，你去看看书，别在这里老烦我，老在我耳边嗡嗡的，我还要干活。我感觉有些气恼，又有些失望，我好容易才向他们说一些，也不敢说，谈到我考高中，我觉得有些困难又不敢想，肯定是矛盾极了。我没有给他们说，我不敢想他们会怎样反应，我猜他们肯定会伤心，肯定会失望，也许会揍我一顿吧，但是我现在大了，估计他们不会了。但是他们肯定会伤心，母亲有病，所以不能气啊，我不敢，父亲比较倔，我怕他会揍我。"（初三女生3）

　　再次翻检资料，大量有关家庭诸如经济困难、亲子关系、社区压力等相关家庭的叙说不断出现在他们的口述中，山区中学生对自己生存状态的描述，对家庭表现出来的复杂而丰富的情感，他们的纠结与彷徨，无奈与接受，甚至隐忍，与城市学生形成的强烈反差，使我十分震动，也让我深切关注到他们家庭和他们的状态，不得不思考关于生存环境特别是家庭生活，会怎样作用于他们的生活、学习、心理甚至是他们对社会的看法和价值观的形成，影响着他们的选择和成长；对山区家庭及青少年，社会和我们又能做些什么。

　　这些口述资料来自秦巴山地深处国家级贫困县岚皋县和旬阳县的初中学生，由于山高路远，一般都会寄宿住校。他们所在的学校，距离县城也有几十甚至上百公里的路程，学校是他们主要学习和社会生活空间，但是，那个在十几里外的家，却时时刻刻牵动着他们，影响着他们，成为他们奋斗的动力，另外，对家庭困境的无奈，成为他们牵挂又无法挣脱的羁绊。

　　口述资料中关于家庭的叙说往往间杂在对学校、学习生活和自己的困难与问题中，缺乏完整的关于这些学生与家庭的资料，但大量叙述中反映出关于家庭及家庭对他们的影响，不同类型家庭的差异。为什么他们会这样叙事？以及他们叙说的方式背后到底是怎样一种实际的状况，这些问题就在那里，吸引着我，使我不禁关注目前对于中学生特别是农村社区的中学生与家庭的研究，发现其中还有很多的空间。

　　关于家庭与中学生这一主题，有大量的研究成果，主要集中于教育学、心理学、法学等方面，为深入研究建立了基础，但也存在一些局限，这主要集中于，第一，问题取向的制约。更多研究集中于中学生的犯罪、心理及学习困难等问题，家庭只是作为分析其成因的工具，缺乏优势视角或者是对广大群体的全面关注。第二，"他者"研究视角。在研究理念上，更多的是从教育或者干预者的角度，自上而下地开展研究，缺乏对该现象各相关群体，尤其是中学生自我评价的关注。第三，对差异性不够敏感。山区社区的家庭结构、经济社会状况有自己的特征，而山区中学生对于家庭的认知、需求与一般城市、平原区农村以及在城市里的农民工子女面临着不同的问题，有着不同的困惑，而相关的比较研究较为欠缺。呈现山区中学生眼中的家庭和他们叙说的故事，追寻背后的原因是本研究的初衷。

二　山区中学生的家庭故事：叙说的差异

这些中学生所在家庭结构，大部分都不同于现代中国的独生子女家庭，他们都与父母兄弟姊妹，有的还有爷爷奶奶共同生活在一个大家庭中。在他们的叙说中，对于父母的感受最为强烈，有关亲子关系的感受成为他们叙说最多的内容。

（一）共同的主题：家庭

山区中学生在对整体家庭的叙述中，父母的辛劳，以及自己感恩与报答的情愫占了很大的篇幅。"我觉得他太累了"、"非常辛苦"、"累得满脸大汗的妈妈"这些语句是他们描述父母经常提及的词汇，也会与父母的工作联系起来，开车的爸爸、采矿的爸爸、开小商店的妈妈、种地的父母等。他们通过对父母的感受体会着生活的艰辛与勤劳。"我的家非常穷，学费不够，他们都要向别人借钱"，提到家庭和父母，也有学生这样描述其困顿的情景。辛勤、困顿的父母，成为他们学习的动力，"拿好的成绩和考上理想的高中报答他们"、"我不会辜负我父母对我的期望"等几乎是每个人都会有此类的表达。对未来的打算也与改善家庭状况和完成父母愿望密切相关，"将来去学个什么手艺，为家里挣钱盖房"，"带全家去蒙古大草原"。家人互相支持、协助、团结、互相激励，体现家庭凝聚力的方方面面成为他们叙说中的主线。

对于父母他们也希望能够得到平等的沟通与交流，但往往很难得到这方面的回应，"我无法跟他们交流，跟他们交流很少"，"想跟他们交流，但是没有，因为想也没用啊，试着做过，但没聊两句，他们就干别的了"。因为"很忙""不愿意和我多说"等原因，他们与父母交流的愿望往往受到挫折，将原因归结为"他们文化低"，或者是"不必要"等。父母对教育过高的期待和家庭教育的相对缺少，及山区很低的升学率使他们在自卑与茫然间徘徊，而女生表现得更为显著。显示山区家庭在家人互相鼓励公开表达上的不足。

而父母的争吵，"我想让我的父母和睦相处，我的父母经常吵，我也不知道为什么"，"他们经常吵，可以说像家常便饭一样"，婆媳的不合，"我奶奶不喜欢我妈妈"。对父母的不满情绪，"他们老是嫌我烦"，做错事说错话"会揍我一顿"等关于家庭中的冲突关系都不时出现在他们的叙说中。可见家庭中的紧张与冲突也时有发生。

从有关家庭的项度上来看，家庭凝聚力成为他们最为关注的点，在叙说中，不管是有关家庭和睦还是冲突的表现，实际上都有一个共同指向，希望家庭更加和睦、团结、互相支持等良好的互动关系，得到更为直接的肯定，显示山区家庭关系中积极的因子。但父母夫妻之间的关系紧张、亲子之间互动的缺少，表达性的不足和冲突性的无处不在，面对这种状况，由于缺乏必要的社会支持，应对知识与策略手段不足，他们束手无策，因而形成和加剧他们的压力与焦虑。这使得贫困山区的中学生一方面面临着物质上的缺乏，更可能面临着文化和心理上的贫困，在成长过程中，心理与身体健康一样成为他们迫切的需求，相对于物质贫困的日益被重视和干预，对于心理与文化的关注及干预依然处于政策的盲点。

（二）不同故事与叙说

1. 经济的力量：家庭凝聚与信心

这是一个自认为"经济比较宽裕"的男生，看上去比较单纯，也显得更为感性。"爸爸是采矿的，经济上比较宽裕"，每年可以收入"两万多块"，这种家庭收入在当地属比较高的水平。而这种经济能力获得也被描述为"爸爸开车，进货，妈妈在家开个小商店，卖货"，是父母共同合作操持生意的结果，同时显示出家庭拥有的凝聚力。因为一个即将上大学的哥哥，"爸爸愁白了头发"，对自己则是父母"他们比较疼我，望子成龙，对我寄托了殷切的希望"，他们的性格和精神状态呈现出比较积极向上的一面。在未来的取向上，直接与父亲所从事的工作相关，"我想当一名巡警，因为我爸是开车的"，显示父亲对男孩的榜样作用。在学习方面，也处于中上等的位置，对未来充满信心，"希望能考上高中，将来考上大学"，"如果经济比较富裕的话，我可以一直上到博士"。

但另一个男生叙说的家庭故事显示出经济困顿的问题更为突出。这是一个看起来很稳重、思想比较成熟、很有打算的 14 岁男生，不需要太多的提问与引导，娓娓道来，显然是经过了一些准备，"要给省城来的说说我的家庭、学校和我在学习、生活中遇到的一些困难、问题和想法"。"经济比较困难"是使用比较多的一个词汇，首先他讲述经济困难的原因，尽管父亲很辛苦打工，母亲在家种地，"但母亲身体一直不太好"，家里有三个兄弟，都在上学，花销很大，他很精确地计算出每年光三个孩子花销就需要"9000 块"，而父亲"打工一个月也挣不到多少钱，吃喝扣除，一年才5000 ~ 6000 块钱"，显然这种状况也是家里常说的一个话题。但"好在我们兄弟 3 个学习都差不多"，学习已经成为他们对抗经济困难的力量。继续深入访谈显示，经济因素也伤害到自尊，影响到同伴交往，"平时我基本没有零花钱，班上好多同学都有零花钱，他们买零食吃的时候，我一般尽量避开他们，觉得看他们吃，他们肯定会给我，自尊也受到一定刺激"。经济困难也给学习造成了压力，"钱是最大的问题，这可以说是现在生活的压力，也直接是学习上的压力"，经济困难导致困顿和沮丧的情绪，虽然也讲到父亲说只要学习好，会一定供他上学，"只能说是有这个心"。他看重物质上的激励，物质的奖励和免除的学杂费成为"最高兴和可心的事"，并且会比较详细描述当时的心情，"当看到名单中有我的时候，我确实感到高兴"，也成为学习好的动力，"学习好的，除了给发奖状之外，在物质上也给奖励"，因此学习"还是拔尖的"。经济困难也可能减退学习信心并可能导致他们辍学，他最大的压力"不是自己的学习，主要是心理上的压力，就是老想着家里，因为我家上学的多，家里经济比较困难"，"一想起这些，心里就觉得很乱，有时候也有放弃念书的想法"。

可见，对于一个山区的家庭来讲，经济水平反映一个家庭的能力，也是一个家庭功能实现的基础条件，对于一个人的成长起着至关重要的作用，对于中学生，也影响他们的人格形成、心理、未来取向及学习成绩。

2. 社区的压力："男孩偏好"的观念与反应

这是一个主干家庭，家里有"七八十岁的爷爷奶奶"，父母和两个妹妹，家里没有男孩。尽管我们所到的秦巴山区并没有像关中和陕北那样更加显著的"男孩偏好"特征，但显然，只有三个女孩的家庭使她不断感受到压力，在她的叙述中，关于女孩的问题成为篇幅最大的一个问题。提到父母，"妈妈在我们面前没有叹过一口气"、"爸妈非常疼爱我们姊妹三个，我们农村重男轻女的思想严重，大家都说我是女孩，但我在他们面前，会抬头挺胸，不红脸，我会见人就说，我要做一个女强人"，"我爸对我非常负责"，显然，"重男轻女"的社区文化使得她的父母面临着更大的生活压力。她也会安慰父母"我常对爸妈说，别看我是女孩，我以后一定要报答你们的，一定要给你们增光，让别人看到你的女孩真好，比男孩好"，对爷爷奶奶的描述，也是"他们把孙子、孙女一个个都养大了，看到我们都很听话，都非常高兴"，她的家庭被描述为一个长者慈祥，子女听话的大家庭，在外来人的面前，对家庭凝聚力的高度重视成为她努力抵抗重男轻女的社区压力的手段。她学习中等，在学校当班干部，"被评为优秀班干部，教育局给我发了一个荣誉证，妈妈高兴地说，孩子，你还有点用"，显然父母的赞赏和为家庭争气、证明女孩比男孩好成为其学习和努力的动力。

重男轻女的社区文化传统对于故事叙说者的思想观念、价值取向和行为方式影响深刻而全面，而对于这种社区压力的反抗也是曲折而无奈的。

3. 家庭关系的意义：紧张、冲突与反思

这个女生故事中的家庭，是所有访谈中，关于家庭关系特别是亲子关系谈及最多、篇幅最大的一个，"干火"一词（当地方言：吵架）不断出现在她的叙说中，亲生母亲与父亲"干火"导致自杀身亡，因为学习、做家务继母与继女"干火"，因为孙女奶奶与后母"干火"，冲突似乎成为这个家庭的主要基调。虽然"爸爸和后妈的关系比较好"，但依然显示出家庭生活的高紧张状态。

无处不在的家庭冲突影响了她的学习，"学习不好，因为后母不喜欢我学习，到了奶奶家就好一点"，她一再提到，"我的家庭状况对我的学习的影响有时候还是比较多，这些小事我总是记在心上，听课也不专心，下课后没心思做作业"。也对其心理造成了很深的伤害，"我的感觉是，一个好的家庭对小孩心理这方面比较好，一个好的家庭对学习是比较好的"。加深了自己缺失感和失落感，"回家去了，别的孩子在复习，爸妈都宠着他们，而我呢，爸爸不在家，后妈对我又那样"。也加深了她对美好家庭关系的渴望和向往，"如果有个亲妈该多温暖啊"。她一直想探寻有关亲生母亲的往事，但奶奶不说，爸爸不告诉，"哥哥说她非常漂亮"，只有在邻居的描述中，得到了零零碎碎关于母亲的信息，"我的亲妈也是同父异母，一大群姐妹，她命比较苦，她承担家务，终于有一天熬出了头，和我爸结了婚，反正她这一辈子都没有得到幸福"。

紧张的家庭关系，也使她反思自己的行为，"也许我错误比较多，脾气比较暴躁"，也希望能够改善与后母的关系，"对我的后妈，我感觉是，虽然他不是我的亲生母亲，但是现在爸爸娶了她，她毕竟是我的长辈，我还是应该对她比较好一些。我想，她是女性，我也是女性，我和她交流还是比较方便的"。但很茫然也很无奈，不知道怎么去改变这种现状，"有时候我不知道怎么和她谈，她也对我忽冷忽热的"。

紧张与冲突家庭关系对一个女生的伤害是表现在方方面面的，使这位女生表现出敏感与成熟，但同时也使她对家庭关系和性别视角反思，只是这种反思是浅尝辄止的、经验性的，也难以对自己所面临的问题有所帮助。

4. 成就的动机：家庭的榜样与激励

这是个初三的男生，他的态度和清晰的表达，给我留下了良好的印象。他口中父母是令他可以骄傲和学习的。他的父母都是高中生，学习很好，"用的东西都是奖励的"，"父母在我心中很伟大"，"相对他们，我还是很有差距的"，"我觉得我比父亲要差一些，因为我父亲，比较诚实，比较正直"。但因为"奶奶去世"没有上成大学，所以把希望都寄托在他身上，"我父母给我的印象是，只要我考上大学，就是再穷、再累也要供我上大学"，更何况"现在的经济状况比他们那时好得多"，还有一个有钱的二叔，"如果没有钱，可以向他借，以后再还"。因此，在他身上，虽然学习压力很大，日常生活很紧张，但学习成绩不错，对未来充满信心，"一定要考上旬中（县城最好的中学）、安中（安康中学，市上最好的高中）"，"大学要上国家的名牌大学，我的理想是要上清华大学"。对未来的选择上，"我将来想做企业家，自己做一个大企业，因为做企业家，可以不受人约束，自己好好管理"。这与其骄傲地谈起的小叔直接相关，"我的小叔是个企业家，他的经历还是很曲折的"，"他靠自己的诚实肯干到广东后成为了一个企业家"。

可见，家庭中的成功者会引起他的兴趣和认可，帮助他明晰自己的未来目标，也是追求成功的勇气和信心源泉。

三　被建构的家庭和价值认同

以上所呈现的内容主要是基于口述者的叙述，是他们的兴趣所在，也是可以告诉"他者"的内容，因为提问是开放的，对访问者和访谈者来说，都是没有预设的问题，因此可能表现出来的只是他们家庭人际关系的一部分，那些可以诉说的，自以为是可以理解也可以被访谈者认同的部分，实际上也映射着他们自己认同的价值。"任何叙事者都会通过自己所讲的故事，建构自己的身份——通常是一个好人的身份，比如有社会正义感的人。在面对不同互动对象的时候，叙事者会通过不同的叙事策略完成这样的身份建构"（葛中明，2007）。因此呈现在我们面前的家庭是生活在山区农村社区的中学生自己建构的，也反映了他们认同的价值观与选择。

从字里行间里，我们可以发现山区初中生对于人际价值观更多表现为对传统伦理价值的认同，作为一种基本的传统文化因子，在家庭中，"和为贵"，父（母）慈子（女）孝等人伦观念已凝聚着巨大心理能量，在他们的意识中积淀、沿袭、衍传下来，这也许就是荣格所说"集体无意识"。即使他们不能自觉地感知它，但它确实存在，并对他们的人际交往与评价产生巨大影响。因此我们可以看到：父母应该为子女操劳，子女应该感恩与回报父母，在目前应该好好学习，为父母争气，夫妻应该和睦，兄弟姊妹应该互相照顾，应该尊重老人、"无后为大"等，否则，就难以被社区和个人接受，应该受到谴责。因此无论是无男孩家庭营造的其乐融融的大家庭图景，还是对后母的评价以及男生的未来取向更多地与父亲相关，回报父母的报恩情感，都与这种传统家庭关系的价值观吻合。显示出山区中学生对传统家庭关系价值较为强烈的认同。

所以形成如此的家庭观，与山区中学生的生长环境以及学生本身所处的年龄段有着密切的关系。一方面，作为初中生，其人际交往由小学时期的"儿童—成人"关系逐渐转变为"成人—成人"型关系。在这个转变过程中，其独立意识逐渐增长，同时由于心理还不成熟，也存在着与成人关系的另一面——依赖性。他们解决难以处理的问题的办法是寻求成人的帮助，但成人的帮助有时在方式或者内容上都不一定恰当，有时表现出一种疏离。在复杂多变的生活中，"基于中国民间传统生活方式和实用生活伦理……的自然应对"（李长莉，2004）中，他们逐渐形成了自己有关家庭价值的知识体系。

可以发现，在山区中学生家庭价值观的形成过程中，有关家庭价值知识主要来自于传承与个人的人际知识积累。父母祖辈、邻居和社区起着强大而稳定、至关重要的作用，而这三者均被赋予家庭伦理的角色，由于接触到的环境相对封闭，学校教育这一至关重要的因素在对家庭价值观的形成中影响十分有限，因此传统的伦理价值观念起着主导作用。同时由于与父母交流的缺乏，以及对知识、教育等的崇尚，也使他们质疑父母的价值观，对民主、平等而丰富的家庭生活心存向往。这种不确定性，使得他们对有关"家庭应该是什么样"的问题有更多的探寻兴趣，也表现更大的敏感。但由于他们对于家庭的评价主要来自主观的感受，理性的分析和科学的人际交往教育的极端缺乏，这种自发的行为和观念必然使他们对家庭的关注存在很多盲点和误区，也会产生困惑。由于缺乏必要的知识和现实的支持，更多表示出无奈、彷徨。因此，对那些处于家庭焦虑的山区中学生来说，可能走向极端。知识建构理论认为，知识具有动态性和相对性，在山区中学生对家庭关系的知识建构过程中，通过社区、父母等他们获取了相关的经验知识，但这种知识不足以解释和应对他们面对的问题，因此，需要进一步促进完善知识经验的"生长"环节，以实现知识经验的重新组织、转换和改造。山区中学生在成长过程中，其家庭关系知识的建构是缺乏的，需要教育和社会的特别关注。

四　田野研究体验：叙说背后的不断发现

目前文本所呈现的是笔者在三易其稿后的一个作品，由于本文的研究是在田野调查之后，显得比以往的研究更为艰难，也有很多难以弥补的缺陷，但也成就了笔者未曾预设的学习过程。一定意义上说，这不是一次严谨的研究，也不是一次很好的体验，失败感常常打击着我。

（一）被悬置的主题与主题的再发现

任何研究，即使是田野研究，也是带着主题去研究的，不带理论视角的田野调查只能算作一种社会调查，而不能称为社会学调查的田野研究。本次走入田野的主题是"贫困山区的教育需求"，而本文研究主题可以说是田野研究主题的副产品。最初开始时，并非带着有关山区中学生"家庭"这一主题进入田野，只是在对访谈资料的反复阅读和相关的文献分析后，才觉得这一问题具有实际意义，应该成为笔者关心的问题，而对这一问题学界也确实缺乏认识，需要进一步研究。

（二）文本再"对话"与深刻记忆

因为没有预设的问题，因此会带着开放的心态，认真仔细、怀有热情地再读了山区中学生的口述资料，在阅读过程中，发现关于"家庭与山区中学生"这一问题。在不断与口述资料的对话过程中，注意到有关家庭与山区中学生成长中的烦恼与思索，这一主题的表达在力度上明显有别于其他内容，并且不断被重复。也发现各种不同背景的学生对于故事叙说的一些不寻常特征，叙说者对之提供了更丰富的细节。从而发现了中学生的感觉世界，也获得了相关事实的真相，尽管经过了被访人在叙说时的建构，但依然显示出另一种意义的真实。

（三）主题"置后"的研究过程

本研究的进入是在田野之后，是一个在不断阅读现场文本记录中，不断发现问题的变化，不断聚焦的过程。在对资料的对话过程中，经过了对所有的资料（包括学生家长、老师、学生叙事以及各种调查者的手记）——学生访谈资料——中学生访谈资料；在对研究主题的聚焦中，通过对中学访谈资料的阅读，关键词从山区中学生人际关系评价——家庭人际关系评价——家庭结构及家庭的力量的研究过程。

在这一过程中，首先，对于家庭及其功能、影响的关注，实际上也是笔者一直关注的主题，因而在阅读中才会使笔者更为敏感。研究过程中，从开放的、没有偏见的需求开始，通过中学生的叙事发现了在农村社区家庭生活的场景或情境，使笔者十分欣喜。但随之而来的是笔者的焦虑感甚至挫折感，因为资料的零散难以支撑一个完整的分析框架，使研究成为一个令人畏缩而难以完成的论文，现在即使算是有一个文本，依然是不满意的。其次，在研究汇总过程中，体验到了田野研究面临的问题，来自于田野的资料往往是庞杂的，虽然有时也是很丰富的，甚至是令人惊喜的，但在案头研究中，由于"主题"发现是被"置后"的，依然是难以完全满足主题研究的需求。因此可以肯定地说，对于任何一个主题的研究，应该比较早地进入研究过程，在进入田野之前或者再次进入田野之前，而不是等到现场文本已经完成之后。同时为了获得更大的成绩，在田野调查中需要更为广阔的视野，不仅有助于主题任务的完成，也可以挖掘更多的资料。

本研究之完成，对研究者的意义不只是对山区中学生家庭人际关系的探究，在以后对山区青少年的日常生活及成长保持了持久的关注，也在研究过程中，反思、深化了自己关于家庭关系以及亲子关系的理解。

（作者　杨红娟）

参考文献

葛忠明：《叙事分析是如何可能的》，《山东大学学报》（哲学社会科学版）2007 年第 1 期。

李长莉：《从晚清上海看女性家庭角色的近代变迁》，《家庭史研究的新视野》，三联书店，2004，第 401~422 页。

〔加〕克兰迪宁、康纳利：《叙事探究：质的研究中的经验和故事》，张园译，北京大学出版社，2008。

冯忠良、伍新春、姚梅林、王健敏：《教育心理学》，人民教育出版社，2010。

艰难中的行进

——新生代农民工个案分析

  处在快速转型期的中国社会，由于经济体制转轨和社会结构转型的交织与叠加，进一步加速了社会阶层、利益群体等的分化，多元化格局鲜明地摆在人们面前。生活已将人们带入到一个充满不稳定和不确定的发展时期，现实社会中的各种不和谐因素更容易被激活并释放出来，从而引发社会矛盾乃至社会动荡。农民工问题就是在当前社会结构性变迁之下的一个突出的社会问题。改革开放 30 多年来，经过工业化、城市化和现代化浪潮不断地冲刷和洗礼，农民工这一庞大的社会群体由过去盲目流动的"散兵游勇"逐渐成长为取向明确的独立社会阶层，从而造就了特征鲜明的两代农民工。新生代农民工出生于 20 世纪 80 年代前后，是伴随中国改革开放成长的一代。与父辈们相比，他们大多接受过较为正规的学校教育，之后从学校直接迈入城市社会，基本上没有从事过农业生产活动，因此，对农业、农村、农民及土地的认识既熟悉又陌生，对农村乡土文化和制度性身份的认同感相对较弱，尤其对农村的一些传统习惯以及父辈们的生活方式持否定甚至是批评态度，他们有着自发的城市化动力，尽快融入城市主流社会、获得更多的尊重和认可成为他们内心更强烈的渴望。与此同时，在"扎根"城市的奋争中，新生代民工由于种种境遇和因由使其认同危机开始凸显，新生代民工的个体生存和所处社会的既有秩序也随之面临挑战。

从来没拿过锄头，也没种过地，对这一切很陌生

  新生代民工在务农经历方面，和第一代民工相比较少，其乡土的情感脐带几近断裂。他们更多遵循的是"出生——上学——外出打工"这样三点一线的生活轨迹，与父辈相比，他们对农业、农村、土地的感情相对淡薄，

尤其是走过了城市的繁荣，故乡留给他们的记忆依然是：泥泞的土路、破败的瓦房和单调重复的生活，与城市的繁华相比显得有些遥远、陌生。然而在他们内心深处，故乡的印迹又难以抹去，毕竟那里有他们的挚爱亲人，也有他们童年生活的痕迹。

新生代民工的强烈诉求和渴望是能够实现"脱根"，从"乡下人"成为"城里人"。然而生活空间的变换亦随之带来了新的问题，新生代民工从户籍上依然是农民，而居住空间、生存环境、生活方式、思想观念等趋于城市化，这使得新生代民工在短时间内无法完成对自我社会身份的准确定位，难以摆脱在"农民"与"市民"之间摇摆挣扎的尴尬处境。

陕西宁强县的小 W 说，他一点都不留恋农村。"一到晚上到处黑漆漆的，没有热闹的气氛，而且晚饭吃得太迟，城里的话都是 6 点多准时吃饭。"话语中，他已经自觉不自觉地把自己当成了城市上班族的一分子，把城市当成了自己赖以生存的第二故乡。然而，小 W 与城市的关系仅仅是一种单相思，这让他经常会回味故乡曾给他的美丽的记忆，回味更多时候在农村老家才能获得的尊重和满足感。"在农村如果帮别个装修房屋，工钱不如城里的高，但人家口里尊称你为'师父'，还要给你递上好烟，人情味浓得很；在城里，你技术、手艺再好，最多也还是个打工的"。

在珠海打工的紫阳女孩小 M，说她已经两年没回家了，这一段时间打工的厂里开工不足，她就利用这个时间回家陪父母过个年。家里一切依然如故，二层的自建房，在村上算是比较好的。离家不远有几间很小的杂货店，网吧在很远的县城。看着父母辛苦劳作，自己也本想帮他们做点什么，但"我从来没拿过锄头，也没种过地，对这一切很陌生。"她只能每天都待在家里，或守着旧电视或拉家常，屏幕上斑斑点点的雪花印宣告着它的"工龄"，频道永远是那么四五个，声音嘶哑地在耳边叫嚣。"我简直待不下去，一种强烈的恐惧袭来，我可不会像父母这样白天当机器人，晚上做木头人"。

习惯了逛街、购物和吃夜宵的城市生活，即便回到家里，小 M 也不时叫上几个同学打车到县城玩，可惜那里的 KTV 音响很糟糕，像坏了的电风扇，发出嘎吱嘎吱的杂音。她沮丧地发现，农村与城市的距离又一次在她的"验证"中拉开，就像一道"鸿沟"。

看着小 M 成天往外花钱，父母欲言又止，旁敲侧击地劝她生活节俭一点。小 M 却不以为然。"我们跟省吃俭用的父辈不同，孩子就一个，父母在老家花不了什么钱，每个月 2000 多的工资足够自己花销。"她曾经很不理解长辈们出门打工还要端着破旧的饭盆，吃着陈米做成的饭、没有油水的青菜，她认定，出来是为了过好日子，所以经常会跟姐妹们尽情享受肯德基、麦当劳。

刚过完年，小 M 就迫不及待地要回珠海去了，尽管在这个令她向往的城市里，她拥有的不过是一张床、一份辛劳的工作而已，想起自己在乡间田野大声宣布自己是"城里人"时的自豪感，心情突然变得有些复杂。

就在年前，她租住的村子热热闹闹筹备新年晚会，村文艺队在空地上排练，她都要挤上去看，心里暗自幻想着可以加入其中，就像在家乡时那样其乐融融，载歌载舞。小 M 非常爱唱歌，在老家是出了名的"金嗓子"，读书时大小文艺演出总少不了她，但到珠海后，她只能在 KTV 里自我欣赏。

"当地人唱的是咿咿呀呀的粤剧，我听不懂，而我会唱的紫阳山歌，这些南方的城里人也不一定会喜欢。"小 M 有些不知所措，与生俱来的文化底色，在走进城市的瞬间，失去了原有的"自信"，并不得不慢慢向城市文化倾斜。

生活中这样的文化"隔阂"有不少。城市文化就像一个圈，把许多外来工都挡在了外面，而他们自身又组成了一个个新的圈子，游荡在城市与农村之间。

在小 M 上班工厂周围来打工的紫阳老乡有十多个，虽然不在一个工厂，但小 M 经常与他们一起去玩，浓浓的乡音和共同的生活背景，是他们心灵相互依托不可缺少的圈子，"就算在同一个车间里，如果不是老乡，也玩不到一起去。"小 M 说，工友间有个明显的群体划分，大多以地域为界限，过着各自的集体生活，相同的是，他们都站在了文化"孤岛"上，身后的故乡已模糊，眼前的"故乡"仍遥远。

两种文化的对撞，重重地压在了这群年轻人身上。"跟着城市跑，我们也很累。"小 K 试图在农村与城市文化的天平上站稳脚跟，在城市打拼的梦想中，无疑多了一种徘徊，那是文化冲击与融合的艰难历练。

城市想要的只是我们的劳动，并不是我们这个人

个人在社会分层中的位置是由多个维度决定的。韦伯（M. Weber）强调了阶级、地位和党派（或者权力）等维度对人们社会交往的限制，认为

地位群体倾向于围着他们自己画一个边界，来限制地位群体内部亲密的社会互动、婚姻和其他关系。这样，地位群体就发展成为一个相对封闭的"社会等级"。农民工这些农村社会的精英流动到城市以后，虽然自身经济收入得到了很大改善，但同时，他们又面临着新的环境适应与城市融入的问题，在城市社会中寻求适合自身的地位。而城市原有的群体倾向于划出一个边界，来限制外来人口的城市融入。这个边界实际上形成了一种社会性排斥，成为农民工融入城市社会的制度性障碍。尽管新生代农民工大多接受过较好的基础教育，但由于其特殊的成长经历和已被固化的农民身份，使他们在城市社会中，遭遇到令他们尴尬、无奈的歧视和偏见，他们虽然进入到城市中，憧憬城市生活，但无法逾越的身份成为很难融入城市社会的原因，也迫使他们不得不"生活在城市的边缘"。向往城市，却不被城市所接纳；根在农村，却对农村日益疏远。

城市，对新生代农民工来说，同样也意味着在他们前行的路上横亘着一条难以逾越的鸿沟。高昂的生活成本、严格的户籍制度、冷漠的社会歧视等一道道有形无形的门槛阻挡着他们与城市的融合。城市文化的多元性与生活的多样性又不断消解着他们对家乡存有的情感认同和社会记忆，城乡全方位的巨大反差也使他们渐渐不再适应农村的生活方式。与其父辈们相比，他们真正成了既融不进城也回不了乡，行走在城乡之间的"边缘人"。

像大多数农民工一样，来自白水的小 L 清楚地知道，自己与所在城市仿佛从出生起就已经存在一道难以跨越的鸿沟。在东莞打工的小 L 说，"自己在这里没有什么朋友，偶尔烦闷想喝点小酒，大多也是对影独酌。在厂里的收入与乡下相比多一些，但花费也要高得多，一年下来虽说能有些积蓄，可大部分也就花掉了，尽管这样自己还是想留在这里。"

在城市里，生活着许多和小 L 一样的新生代农民工，他们或做保安，或穿梭在工地，或忙碌在工厂车间。虽然生活在城市里，他们感觉更多的是迷茫。除了每天在机器旁边劳动外，城市其实并没有给他们留下更多的位置。"我们不停地加班、加班、再加班。城市想要的只是我们的劳动，并不是我们这个人。"也在东莞一家日资企业打工的 19 岁农民工这样陈述她的感受。

穿梭在城市熙熙攘攘的人流中，新一代农民工困惑，为何有人天生就是"市民"的身份，而自己在打拼之后依旧游走在城市的边缘？充满阳光的脸上常常流露出丝丝迷茫与无奈，梦想被现实无情地撞击着，快乐、苦闷、挣扎、期冀纠结在一起充斥着他们的内心世界。

"本想着在城市有更多提升机会，但实际上接受专业技术教育对我们来说依然可遇不可求。"在成都打工的安康汉宾区小 F 的无奈，也是许多新生代农民工共同遭遇的尴尬。和第一代农民工大多靠没多少技术含量的体力劳动在城里打拼不同，新生代农民工对技能培训的欲望强烈。他们希望通过培训，掌握技能，得到技术性强、收入高的工作。然而他们的期望在城市并没有得到特别照顾，在争抢城市学习资源中，他们仍处于弱势。小 F 说，"自己希望能学一门实用性强的技术，而不是从理论开始重头学起的普通教育。但是，一打听，附近只有一家电脑培训机构，外语、机械操作等根本找不到地方学，有些课程太深奥又不适合我们。每周定时上课制也不适合我们，因为经常加班，肯定会落下课。就这样三拖二拖，几年下来还是一无所获。"

小 F 虽说年轻，但也到了成家立业的时候了，他的工友担忧的孩子教育问题在他心里埋下了阴影，城市教育就是好，老家跟这没法比，但是只能读到初中，就得回家了。"我的孩子应该在城市里长大，接受最好的教育。"小 F 暗暗定下的目标，他说，"虽然现在还'漂'着，但只要未来孩子能扎根，也就是他的根了！"然而，这一切对于他们来说，又好像是可望而不可及的梦想。要在城市扎根肯定要先买房，提起买房，小 F 的心情是复杂而难以言说的，自己是想买又不敢买也买不起。"工作不稳定，如果一段时间接不到活，那贷款咋办？而且像我这种没有固定收入的人，如果按揭商品房，银行估计都不会放款吧！"

今年一月份，小 F 听朋友说，成都出台了一个政策，打工满几年以上的农民工可以申请经济适用房。他心里高兴了一阵，可到上网搜出相关的报道仔细比对自身的条件，却发现要求满足户籍属于成都市行政区域内农村户口。"这一道门槛，就把我们这些来自外地的农民工全部挡在了门外。"就这样，他的城市梦也一次次不了了之。

无数新生代农民工在不同的城市里奔跑着，一心想离城市近些、更近些。一方面，他们是城市建设和发展必不可少的"脊梁"；另一方面，城乡二元体制、政策限制等一道道屏障，在短时间内还无法消解情况下，无处"安身立命"依然是他们的彷徨和苦闷。他们不同于父辈，因为他们身后的乡村已经模糊，如果不能在城市里站稳脚跟，又不能回归土地务农，他们极易在城市现代文明的繁华中迷失自己。从乡村田园牧歌式的生活，一下子投入半军事化的企业中，随着原有人际关系被割裂，孤独、无助和焦虑成为他们的生存常态。

不停地加班、吃的不好、宿舍没空调、生活太单调

城市，对新生代农民工来说，意味着一种新的生活方式，意味着不一样的前途与命运。他们希望通过进城务工经商，告别祖祖辈辈"面朝黄土背朝天"的生活。漂浮不定的外出的经历，让他们更加深刻地体会到城乡之间的巨大差异，以至于"死也要死在城市"成为他们共同的心声。然而，在现实的城市生活又是残酷和艰难的，为生存而疲于奔命。

只有19岁的小N，刚从东莞辞工回到西安找工作。穿着黑T恤蓝牛仔，说话时小N脸上没什么表情，也几乎不直视别人，眼神一直落在自己手中那部杂牌手机上，表现出一副自以为是的样子。"不停地加班、吃的不好、宿舍没空调、生活太单调……"，在数落自己打工的那家企业一串"不是"后，小N颇为得意地说，"离开时，企业工长还说给我每月加200块钱，我拒绝了。既然不好，我为啥还要坚持下去！"个性鲜明，不愿忍气吞声，有自己的想法，是新生代农民工和老一代农民工最大的区别。

新一代农民工进城不完全遵循"生存"法则，更为重要的是将进城看做改变生活方式的机会，把个人的成长与发展看得比"饭碗"更重要。与第一代农民工为了养家糊口，吃苦耐劳、逆来顺受相比，新一代农民工为了寻求发展的机会，追求平等，崇尚个性。倾向于学习、上网、听音乐等新潮的娱乐方式。他们在闲暇时间除了看电视、听广播，还会经常光顾网吧、迪厅、酒吧、溜冰场、卡拉OK等娱乐场所，绝大多数人的通信方式都很现代化。

"我的想法其实好简单，找份工作，不要太累。"但工厂的活儿并不好干，打工的日子和自己想象的根本不一样。"累，太累！手要跟上流水线的速度，稍稍赶不上，物料就堆积在面前，不要说拉长严厉的眼神瞪着你，自己也不安生。"由于操作不熟练，来自旬邑的小J没少被主管批评。心情郁闷的她曾经坐在宿舍楼栏杆上发呆。试用期的收入也不高，只有1000元左右。

让小J不适应的还有单调而紧张的日程。"在工厂里，有规有矩，做事不能快不能慢，要听候厂方的铃声指示。起床、上班、睡觉，都有一个编排好的时间表。"

正如广东省人大代表，四川南充的打工妹郑小琼在其诗作中描写的那

样："她把自己安置/在流水线的某个工位，用工号替代/姓名与性别，在一台机床刨磨切削/内心充满了爱与埋怨"，"站着时候，你已成为它（机器）的一部分"。

提到自己在外打工多年，心里想法的变化时，小 Z 说自己是"由开心到死心"。工厂的工作压力很大，小 Z 干的活又是整个流程中的第一道工序。"如果有人不小心把好布料剪报废了，赔都赔不起。"死心的另一个原因是由于自己文化水平不高而产生的自卑感，"他们说的话都文绉绉的，自己很难和他们说上话。"小 Z 好几次提到自己没文化，做什么事都抬不起头。

每天从早上 7 点，上班到晚上 7 点，保安工作机械而单调，开门关门，发卡收卡，今年 20 岁的小 X 大多数时间都是斜靠在椅子上，翻着手机，看着黑社会性质的小说和电影，看他们怎么占场子、砍人，最后轰轰烈烈地死去，觉得他们的人生很过瘾。

在流水线上，每天重复同一个动作的人们，容易产生抑郁，行为也容易极端，譬如纺织厂的工人、鞋厂的工人等等。同样一个工人每天在流水线上，做同样的工作，甚至就单调地重复几个动作，人的思维会固化、枯竭，抑郁感就很容易产生。所以即便是正常人，也要培养广泛的兴趣爱好，业务时间干点与本行无关的事情，这样才能刺激思维活跃，性格也会比较阳光。

很难有亲密的朋友，内心常常被孤独和无助困扰

"个性鲜明，不愿忍气吞声，有自己的想法，是新生代农民工和老一代农民工最大的区别。"有关专家指出，新生代农民工年龄轻，社会阅历少，承受能力、适应能力差，欲望强却受约束多，因此，极易产生内心的焦虑。长时间的焦虑需要宣泄和排解，但是在一些农民工聚集的地方，由于人员地域来源的复杂性，在某种程度上限制了他们的交流倾诉。没有合理的缓解机制和适合个人的宣泄途径，使他们产生情绪的严重波动，极易造成悲剧的发生。

遇到问题基本上先是找附近的老乡、同学，再找家里，最后才是同事。至于情感与生活问题的沟通，更多还是依靠老乡和同学，或者几个要好的朋友，但更多的情况下，是不知道找谁，只能憋在心里面。小 P 说，"大部分工友长期与家庭分离，再加上打工的圈子流动性相当大，很难有亲密的朋友，内心的孤独和无助常常困扰着我们。"

"工厂的人员流动性比较大，常常是刚和几个人成为朋友，就得分开，

其实我在这个厂子已经干了好几年了，但却没什么知心朋友，在工厂，我一般是从周一工作到周日，每天从早上8时到晚上9时，中间只有2小时的休息时间。"在所剩无几的空闲时间里，小G总是选择上网来逃避现实，"在网络里，没有人知道我是谁，没有压力，很快乐"。

面对来自工作的无聊与压力，他们都会选择一些几乎可算是本能的自我调节方式。这些选择一定程度上缓解了心理压力的积累。然而，对未来的无所适从和自我规划的缺失，却让消极适应不断地重复和积压。

"老家很穷，KTV、酒吧是来了宁波才'认识'的。"今年20岁的小D说。城市的多彩缤纷深深吸引了她，成为眷恋城市文化的典型代表。然而更多的农民工与城市文化生活依然停留在"隔岸相望"的状态。"工厂在郊区，周边没什么娱乐场所，要出去起码坐一个多小时的公交车，来回不方便。"这样生活在城市边缘的新生代农民工不在少数，电视仍然是他们的主要娱乐活动。

"为脱离'农门'跳入'城门'，几乎什么都付出了，但面前仍然是一道道难以逾越的门槛。户口、教育、社保、医疗、住房……看似距他们仅一步之遥，但不知被什么力量操控着，我们怎么努力也难以达到。"农民工如是说。

新一代农民工们穿梭于城市忙忙碌碌的人海中，在城市生活、打拼，都难免会遇到合同、扣薪、伤残等问题，公平维权难之又难。新生代农民工的"城市梦"变得有些模糊，既不愿重新返回农村，又无法享受和城里人同等的待遇。这个缺乏归属感的新生代农民工群体，成为一个疏离于城市和乡村的"夹心层"。

虽然有太多的艰难，但我们还年轻

同上一代农民工相比他们常常不满于生活的现状，也就是说理想与现实的差距非常大，这说明与上一代农民工相比，新生代农民工是怀着远大的理想或美好的梦想来到所在的城市打工的，他们试图通过进城务工实现自己的理想。同时新生代农民工对于未来生活的预期普遍高于上一代农民工，不满于生活的现状，对未来的生活充满期望，"希望换种活法"，这是由新生代农民工的新生性和现代性决定的。他们采取的是典型的"重过程轻结果"的生活方式，追求现时消费与即期效应最大化，注重工作和生活的愉快，重视生活的过程，追求生活的经历，追求刺激的体验。

刚出来打工的一段时间，小 C 和父亲租房住在一起，周围租房的都是和他们一样的农民工。为了省钱，父亲租的房子一般都是城乡接合部那种低矮的平房，每个月房租几十元。在小 C 看来，那些房子外面都是黑漆漆的，窗户上糊着旧报纸，屋子里的摆设也很简陋。

小 C 说，"住在这样的房子里很不爽，周围的环境每时每刻都提醒着你的农民工身份。"他几次建议父亲去附近的小区跟别人合租套间，父亲都舍不得钱。后来自己打工手头有了钱，他就搬出去单独租了 40 多平方米的单间，每月房租 300 元。房间里摆着饮水机、台式电脑、音箱，床上还有靠枕，玻璃窗上挂着干净的窗帘。其中电脑是 500 元买的二手电脑，音箱是父亲拆房子的时候捡来的。他说，"从表面看我的生活和城里人也没什么区别，每天早上六点左右起床，第一件事情是打开电脑，看看新闻，玩一下网络上风靡的偷菜游戏。梳洗完毕下楼吃一碗面，然后骑上摩托车穿过三环去上班。中午一般是在工地附近的摊上买盒饭，一盒五块钱，一荤两素。下午六点左右，骑车回来去父亲那里吃晚饭，再回到自己租的房子里上网、看电视。"碰上断活的时候，小 C 也会给自己放几天假，和朋友逛逛春熙路或者是骑摩托车到周边不收门票的景点去耍一盘。如果有工友过生日，大家会一起去撮一顿火锅，然后也会去唱 KTV 之类的。"这种生活也正是我从家乡出来的目的，是我所想要的生活。"

城市生活尽管让他们面临着许多现实困难，但每一个人都怀揣着自己的梦想，"等我攒够了钱，想去服装培训学校学习服装设计。"只有这时，小 H 的眼睛中才闪耀着光芒。

25 岁的小 L 从陕西老家略阳来京打工已经快 5 年了，每当休息时，他就会到附近的商店、街市转着看着。他想知道别人都是怎么挣钱的，也关注一切挣钱的门路和信息。酒店附近有一片新开的饭店、理发店、服装店，"我很羡慕这些开店的人，喜欢和他们聊天，他们有勇气、有眼光，也有资本。"慢慢地，小 L 和这些小老板成为朋友，他的想法也越来越坚定，"再干几年，多挣些钱，也出来做点生意，不能一辈子给人打工，哪怕再困难，也得从头做起！"

"老家和这里比起来，那真的太落后了。"在杭州打工的小 Q 说，2008年初，她曾在父母催促下短暂辞职回家 3 个月，经介绍进了一家肉联厂工作，只干了 1 天就辞职，"车间到处都是难闻的腥味，工作环境根本没法和杭州比。"在老家，像她24岁的年龄，只能嫁人，然后带小孩，"可我根本不愿意过这样的生活。"不过，由于原先LED芯片厂的工作太累，1天12个小时还要倒班，她也辞了职。目前小Q正在人力市场找工作，她已经有了也在当地打工的男友，梦想着能和男友在杭州买房、安家，"虽然这对我们来说有太多的艰难，但我们还年轻嘛，年轻也是一种本钱"。

未来对于年仅18岁的小S来说，似乎有些渺茫，虽说出来还不到一年，已经换了两次工作了，主要是因为太苦、太累，"一次因为工作太苦，工资又低，一个月下来刚够吃饭和花销，我就辞职了。另一次是因为和主管吵了一架，被辞了。我现在还没什么长期的打算，打算了也没用，走一步算一步。"他说，像"我这样的人多的很，每个人都想在城市里有一份稳定的工作和不错的收入，可在城里打拼很不容易，需要面对的问题太多，有些问题我们也无能为力，老家我也不愿回去了，对我来说只能过一天算一天。"心情不好时，小S就约上几个工友喝酒，或者独自跑去溜冰。而对于生活在城市里的小S，他的爱好就是用手机看看小说和听流行音乐。

与小Q相比，小G有着自己的想法，提到未来，小G是这样为自己规划的，"先在城市再打拼上几年，然后再回到老家买套房子结婚。这样离家也近些，既可以照顾到家里的父母和地里的果树，同时也可以在镇上做点生意。"

农民工的逆向流动其实是一种无奈的选择。尽管从农村流动到城市、从农业流动到城市就业是一种积极的向上流动，但是，由于农民工城市社会地位的获得面临诸多制度性障碍，造成他们社会流动的渠道仅仅通过劳动力市场进行流动的单一化，而难以进一步融入城市生活，回到家乡就成为农民工重新获取社会地位，实现地位转移、赢得社会声望的最好选择。这种选择不是因为农民工自身不想留在城市，而是受制于诸多外部因素。

结　　语

新生代农民工是"性价比"较高的劳动力，成为目前城市农民工的主体和主力军。在新的形势下，其思想形态、意识状况、社会认知都出现了很大的变化和转型。同时，也应当看到，虽然他们的状况较前有了很大的改变，但改善的程度还远远不够，仍然是最苦、最累、地位最低、贡献巨大、精神生活贫乏的一个青年群体。新生代农民工没有切实纳入国家规范管理的体系和城市公共服务体系，还处在城市和乡村的接合地带和公共服务的边缘地带，受到现代城市理念和城市生活方式的冲击，形成了独有的特征。因此，从心理上、文化上、制度上善待他们，通过促进新生代农民工的全面发展，达到经济发展、国家安定、社会和谐的总目标。

置于历史的特定时间段考量，化解"新生代农民工"问题所积累并仍在持续发展的诸多突出矛盾——譬如社会保障难题、对城市的心理认同难题、社会阶层之间互不认同难题、社会群体间的歧视和价值观差异难题，等等——其本质是统筹化解由城市化及农业劳动生产力提高所共同带来的、农村富余劳动力进城就业和生活的难题。长期以来农民工一直被排斥在城市社会的公共服务体系之外，在城市里，他们的社会支持体系极为脆弱，仅仅是靠自己的私人关系、亲戚朋友，极少有公共权力的支持。国家和社会应当建构起良好的农民工的社会支持网络，使公共服务全面、无偏地全面惠及新生代农民工，使他们在城市能够安居乐业。

面对新一代农民工更为丰富、多样化的诉求，诸如收入、情感、交往、娱乐等多方面的追求与体验，更有着强烈的融入城市社会生活，真正成为城市中一员的梦想，那种传统的、"榨取式"的用工模式已经到了尽头，无论是政府还是企业都要转变观念，通过一系列社会制度和政策的创新，逐步改善当地的用工环境，随着经济的发展，在稳步提高农民工收入的同时，制定和出台更具人性化的政策措施，从生活条件、工作环境的改善上下工夫，搭建起更有利于农民工融入城市社会的绿色通道，使他们真正成为城市的建设者，也成为建设成果的共享者。

（作者　牛　昉）

参考文献

刘俊彦等：《新一代农民工发展状况研究报告》，《中国青年研究》2009 年第 1 期。
韩俊：《新一代农民工拓宽城乡统筹路》，2009 年 2 月 23 日《中国经济导报》。
张轶骞等：《中国新一代蓝领农民工生存状态纪实》，2010 年 6 月 10 日《第一财经周刊》。
简新华等：《中国工业化和城市化过程中的农民工问题研究》，人民出版社，2008。
陈占江：《新生代民工的认同危机及其重塑》，《长白学刊》2007 年第 6 期。

青春对话

——青少年对休闲活动的认知与需求

在当前的社会语境中，关于青少年参与休闲活动与其成长之关系的主流话语主要有两方面的论述。一种认为，随着传播媒介大众化和电子网络社会化，电子、网络几乎已完全融入青少年的生活中，成为青少年休闲活动不可或缺的组成部分，成为除家庭、学校教育和同伴群体之外影响青少年成长的重要因素。青少年休闲活动处处被打上了电子和网络的"烙印"，电子、网络活动似乎已成为青少年休闲活动的代名词，谈论青少年成长必须聚焦于电子和网络，一提到青少年休闲活动，一些人会将关注的焦点敏感地集中在"网络少年"，以及其他"问题少年"上，似乎青少年休闲活动是不利于其成长的"不良空间"。另一些人认为，在以考试成绩、升学率为判断学生优劣标准的现行教育体制下，青少年的休闲活动已经被严重地挤压了，青少年休闲活动其实是不存在的，而代之以无休无止的作业和名目繁多的补课班、辅导班等。在笔者看来，休闲活动作为一种"获得松弛、娱乐、扩大知识、促进社会参与、实践创造力"（Dumaedier，1974）[1] 的一种手段和过程，参与主体不同，其对休闲活动的认知、态度、休闲行为以及价值判断也会有差异。作为被建构的社会文化现象，它必然体现话语的力量。因此，探讨青少年休闲活动与其成长之间的关系，我们在关注公众话语体系有关论述的同时，决然不能忽略青少年"个体"、"草根"声音的表达。也正是基于这样的考量，笔者在选择研究方法时采用了焦点小组访谈的质性研究方法。如此，才可深刻认识青少年休闲活动的实态，感受休闲活动对青少年成长的影响，继而思考促进青少年成长的休闲活动的社会工作介入模式与建议。

---

① Dumaedier（1974）. Sociology of Leisure. Amsterdam：Elsevier.

一 对休闲活动的理解

关注青少年的声音，也就是要求我们在研究中尽量减少或摒弃有关"青少年休闲活动"的前理解、前观点，而将研究议题置于青少年自身思维、讨论的情境当中，让他们来阐述对休闲活动的理解和思考。据此，在焦点小组访问中，我们以"头脑风暴"的方式开始了叙说之旅，以"据你所知，中学生目前一般都有哪些业余休闲活动或者爱好？"为题，请参与小组的中学生来谈论对休闲活动的认知和理解，阐述他们对休闲活动与其成长之关系思考的"集体性解释"。

• 乒乓球、羽毛球、篮球、足球等球类运动	• 上网、听音乐、看电视、看书
• 很多，例如：听歌、打球、跳舞、上网	• KTV、听歌、爬山、打牌
• 足球是不行的，由于场地等因素	• 听歌、玩电脑游戏、聊天
• 上网、打篮球等一切与学习无关的事情	• 上网聊天、各种运动、看电影
• 参与各种比赛（作文、外语、绘画、篮球）	• 补课、逛街
• 参加各种兴趣班、社会公益活动	• 看电视、绘画、唱歌等
• 跑步、跳绳、上网、看电视	• 玩电子游戏
• 运动打篮球、踢足球；休闲上网、看电视	• 电脑、电视
• 运动、上网、图书	• 听音乐、看书
• 爱好画画、书法、舞蹈等	• 打篮球、玩电脑、看小说
• 没有，如果一定要说学习算不算	• 游戏、KTV、上网、吸烟
• 业余休闲活动没有，爱好上网吧	• 上网、KTV、去户外运动、看书
• 很少，大部分时间都是学习和上课	• 读书、运动、散心、摄影等
• 上网、找 MM 去化蝶	• 很多，只要有空闲时间

透过上述话语，我们首先可以深刻感受到，从"看电视"到"上网聊天"，从"听歌"到"打球"，从"KTV"到"公益活动"，无不展示着当代青少年从事休闲活动的丰富多彩，体现着青春的力量，彰显着他们追求自我、崇尚自由的个性。正如国外研究者所指出的，"人在休闲时最近似神，因为在休闲时不用做买卖、只为创造美好愉悦、实践高贵的自我"[1]。其次，从青少年的表述中我们亦可发现青少年参与休闲活动呈现如下特点：一是活

---

[1] 巴默尔等（G. Bammel et al.）：《休闲与人类行为》，涂淑芳译，台北桂冠图书出版公司，1996。

动形式多以室内、静态、视听等休闲活动为主；二是在休闲活动类型选择偏好中，他们显然更青睐感官享乐型、娱乐消遣型休闲活动，而较少参与兼具知识性、智慧性、教育性的增智型、社会参与型休闲活动。倘若单独对他们的话语进行解读，我们难免会陷入"玩物丧志"、"业精于勤，荒于嬉"等传统教育对青少年"标签化"的漩涡中。毕竟，在我们的传统教育观念中，"万般皆下品，唯有读书高"被认为是青少年社会化的重要管道，它规训着青少年及其家长，使得大多数家长认为青少年参加休闲活动的必要性不大，是一种生活上的浪费。然而，在应试教育的情境中，课业重压着青少年群体，迫使他们不得不放弃休闲活动，认为休闲活动"很少，大部分时间都是学习和上课"，"爱好很多，只要有空闲时间"，休闲活动就是"上网、打篮球等一切与学习无关的事情"成为他们共同的经验与感受。我们不难发现，在青少年看来，休闲活动距他们很近又很远，充分利用难得的休息时间从事喜欢的休闲活动来稀释自己高度紧张的学习压力变得弥足宝贵，无论静态抑或动态，也不管室内还是室外。这也正契合了有关学者对休闲活动重要性的论断。例如，补偿理论学者瓦兰斯基（H. Wilensky）认为工人渴求休闲，是为了对工厂令人窒息的生活寻求强烈的补偿；熟悉理论学者伯屈（W. Burch）认为人们渴求休闲，是因为做自己喜欢或熟悉的活动可以使自己感到轻松及神采奕奕；剩余理论学者帕克（S. Parker）认为人们渴求休闲，是因为在工作外的剩余时间里可以不必负工作责任与义务，可以自由地休憩。由此可见一斑。

当然，少数青少年对休闲活动意涵的界定如"游戏、KTV、上网、吸烟"、"上网、找 MM 去化蝶"则让我们不免有些担忧。相关研究显示（吴梦珍，1975；李安妮，1983；许春金，1986；刘素秋，1997；Kelly，1977；Stewart，1981；王淑女，1993），不正当的休闲活动参与是导致青少年犯罪行为的主要原因之一。犯罪学的社会控制理论也认为不正当休闲活动的参与是导致犯罪的主要原因之一。在此，我们不想再纠缠于青少年有关参与此类休闲活动的表述。我们需要追问，青少年为何会有这样不健康的休闲观和休闲活动？是他们内心世界的暂时性情绪发泄还是真实的表达？他们持此表述的主观意义是什么呢？其背后是否有隐藏的"故事"需要诉说？毕竟，从青少年阶段的发展特性而言，他们正学习由家庭步入社会、由依赖家庭成员庇护到追求独立自主，因此，休闲活动选择不当必然会对其成长造成很大影响，继而影响家庭和谐，增加社会管理成本。

二　休闲活动与自我成长

　　探讨青少年对休闲活动的认知与需求，青少年无疑是主体，他/她们喜欢休闲、渴望休闲的原动力是什么？他/她们又希望在参与休闲活动过程中有何收获？休闲活动对青少年心理、性格、人际关系、学习成绩、社会适应力等方面积极或消极的影响和作用又有哪些？他们是如何理解和看待的？如下话语呈现的既是他/她们的认知和感受，更是他/她们的"肺腑之言"。他/她们希望透过休闲活动的历练，自我发展能越来越社会化，越来越成熟。

（一）培养道德观、价值观

• 提高自身修养,促进身心发展	• 陶冶情操,促进全面发展
• 培养学生良好的思想品德和行为习惯	• 让我们知道如何做人
• 培养正确的价值观,树立良好的性格取向	• 修身养性,齐其家,以报国平天下
• 促进价值观的养成和认识的提高	• 提高信心与综合能力
• 对中学生各方面素质都有提高	• 丰富我们的精神世界,增强精神力量

（二）增长知识、学习技能

• 可以促进学生们了解信息	• 开阔眼界,拓宽知识面
• 课外积累增多,有利于学习	• 可以增加知识量和信息量
• 丰富课外知识,获得课堂上学不到的东西	• 提高个人技能
• 在课堂以外的领域参与全方面的"学习"	• 有助开阔思维
• 了解更多课本上学不到的东西	• 培养创新思维和意识

（三）完善人格，促进身心健康

• 适当放松可以培养人健康的心态,调节机体	• 让人保持乐观心情
• 有利于排遣学生心情,阳光健康成长	• 促进身心健康
• 增强青少年对于体育活动的热爱	• 可以锻炼身体,促进身心健康
• 运动项目可使学生性格越加开朗,加强交流能力	• 能提高 EQ、IQ
• 变得更加成熟,考虑问题也会更全面	• 身体倍儿棒,吃嘛儿嘛儿香

（四） 增进友谊，扩大社会交往

• 增进友谊,广交朋友	• 提高社交能力
• 可以增强同学、朋友之间的关系	• 增强人际关系
• 促进同学间友谊	• 有利于增进友情
• 促进同学间友谊,促进社会和谐	• 增加友谊和知识
• 增进同学间的情谊	• 结交朋友,长了见识

（五） 学习社会适应

• 培养独立自主的能力	• 接触社会,提高自身的素质
• 参与社会活动,提高适应社会能力	• 接触社会,增长知识面
• 增强社会实践能力,培养社会爱心	• 增强社会适应能力
• 培养对社会的认知能力	• 增加人生阅历
• 看到学校以外的空间	• 丰富单一的学习生活

（六） 娱乐放松，缓解学习压力

• 放松心情,使学习生活丰富起来	• 使身心得以放松
• 放松自己,使自己有一个好的学习状态	• 可以充实课余生活
• 放松紧张的心情,感受生活的多彩	• 产生快乐,调剂生活
• 放松心理压力使劳逸结合,提高学习效率	• 调整心态,更好地融入学习中

　　穿梭于上述话语的字里行间，我们能深深地感受到，青少年作为休闲活动的主体和需求方，虽然他/她们声音的出发点更多的是站在自己的立场和视角来表达诉求，但他们所反映的，在我看来不仅仅是具体的"功能"和"感受"，也恰恰是青少年成长过程中所必需的而我们现行社会教育、培养系统中又没有关照到的重要内容。国外学者 Iso-Ahola （1980）认为人们参与休闲活动具有以下功能：第一，通过游戏与休闲参与可获得社会化经验而进入社会；第二，借由休闲所增进的工作技能有助于个人的表现；第三，增长并维持人际行为与社会互动技巧；第四，娱乐与放松；第五，借由有益的社会活动从而增加人格的成长；第六，避免怠惰及反社会行为。我国台湾学者廖荣利也认为，休闲活动有助于个人身体的舒畅安全、情绪稳定

和个人成长。① 他们上述提到的"培养自我情操，让我们知道如何做人"、
"有益于拓宽我们的知识面和视野"、"能提高 EQ、IQ"、"增进友谊，广交朋
友"、"提高适应社会能力"、"放松心情，使学习生活丰富起来"，等等，正是
从不同层面对休闲活动的功能性和工具意义给予了具体而全面的阐释，系统诠
释了休闲的意义及其对青少年成长的重要性，很有建设性和启发性。

这难道不也在提醒我们的家长、教育部门和社会：在人生的旅途中，青
少年时期是他们个体生理、心理从未成熟走向成熟、从未定型发展到定型的
急骤变化时期，是他们从社会"边缘人"向社会"参与人"身份过渡，逐
步体现其社会主体地位的重要时期（沈贵鹏，1999）。站在青少年为本的理
念和视角来观察，青少年的成长，不仅仅包括学业上的积累和进步，休闲活
动对其成长的影响也应成为大家关注的议题。其实，健康的休闲活动，就如
生活中的调味剂，不仅可以增加青少年的人生乐趣，缓解青少年心中的压
力，更可以丰富青少年的生活，提高青少年的生活质量和生命质量，促进青
少年全面成长。他们的理解是这样的，他们的期望更是如此。

三　休闲活动与自我成长限制

为了更深入地认识青少年对休闲活动的认知和理解，我们在研究中更多
采用了主观表述和主体发声的方法，以了解青少年对休闲活动的休闲限制与
自我成长取向的真正认知和感受。如下话语不仅是学生对参与休闲活动的简
单"抱怨"、"发泄"或"担忧"，而是促使我们透过青少年的"话语"表
达，来分析现行青少年休闲活动安排中存在的缺失、盲点和误区，从而为完
善制度、革新政策提供参考依据。

（一）影响学习和成绩

◆有些对生活与学习都没有帮助	◆不务正业，对学习产生厌倦
◆不顾学习，对待学习不认真	◆不利于学习，耽误学业
◆耽误较多时间，影响学习	◆容易沉溺于活动中，无心学习
◆贪玩从而忘记学习，会使成绩下降	◆怠慢学习
◆尺度掌握不好，对学业有影响	◆会占用学习的时间

---

① 廖荣利：《休闲行为与工作满足之因素分析》，《社区发展季刊》1995 年第 69 期。

（二）导致沉溺、上瘾

◆不利于学生学习，使学生沉迷其中	◆过多的休闲会让人产生惰性
◆过度放纵可能毁了一个人的前程	◆容易玩过了、上瘾，欲罢不能
◆青少年不能控制好自己的上网时间	◆自制力不强可能会沉溺于此
◆事前相当积极，事后相当消极	◆过分放松并不利于未来的发展
◆不良影响导致学生走向弯路	◆过度的玩乐，荒废学习

（三）影响身心健康

◆不良的休闲活动影响学生的身心健康	◆择友不妥，误入歧途
◆不良信息危害青少年思想观念	◆会养成不良嗜好
◆沉溺于此，与不良的人接触，影响身心健康	◆过量导致劳累，对身体造成伤害
◆太过于投入，会影响生活、学习、人际关系	◆较早接触社会不安全
◆接触不健康的事、不良信息的机会较大	◆会学到一些不良的东西

（四）浪费时间和金钱

◆打羽毛球可以增强体质，但花费较大	◆比较耽误时间
◆沉溺于电子游戏浪费时间	◆休闲活动要花钱，浪费时间和金钱
◆浪费时间，我们有很重的学习任务	◆不可过度，浪费时间
◆容易养成大手大脚花钱不好的生活习惯	◆减少学习时间，耽误学习时间

　　从上述访问结果可以看出，提及休闲活动对自己的限制，受访学生提及率比较高的关键词或语句有："影响学习或成绩"；"把握不好度就会上瘾"；"容易沉溺其中，荒废学业"；"不良信息影响身心健康"；"浪费时间，耽误学习"；"影响自我成长"；等等。表面上看，他/她们对休闲活动限制的评价是从自我的角度直观、感性的认识，充满着各种非理性与主观的感受。但若将这些话语置于青少年成长系统的情境中，我们会发现，他/她们其实是家长、学校、老师和社会的"代言人"，"他者"的痕迹比较明显，处处渗透着"社会环境"的声音。在考试成绩决定一切的社会背景下，家长和老师对休闲活动存有刻板印象，认为"业精于勤，荒于嬉"，如果青少年"少

小不努力"则将来必然"老大徒伤悲",所以,在青少年时期,青少年应该致力于学习成绩的追求,休闲活动则有碍青少年的进步,甚至容易使青少年变得散漫,荒废学业,从而不利于他们未来的生涯发展。可见,上述话语既呈现出青少年从事休闲活动面临的担忧和顾虑以及出现上述担忧、顾虑的显性或者潜在的问题,其实他们叙述的背后也在告诉"我们"解决青少年"休闲限制"的途径和方向。

四 对休闲活动的需求和期望

青少年是休闲活动最直接、最根本的实践者和受益者,他们的认知、感受、评价、面临的限制和期望是休闲活动能否为其成长带来持续激励的关键性因素。关注他们的"困难"和"建议"对于探讨青少年对休闲活动的认知和理解,同样具有重要意义。因此,我们还采用了反复叙述的方法,即通过"意见"和"建议"的表达进一步探讨青少年休闲活动存在的显性或潜在的问题,并从这些"声音"的背后探寻解决这些问题的路径和方案。

(一) 自己

◆多增加一些有益的,对自己有好处的活动	◆合理安排、有效利用学习和课余时间
◆加强各方活动,建议多培养自身兴趣	◆少玩多学才是本
◆从自身做起,主动投入开展课外休闲活动	◆能得到来自周围人的鼓励
◆加强休闲运动,与学习互相调剂,劳逸结合	◆尽量避免接触社会中的不良事物
◆对自己有帮助和有利于自己发展的活动	◆提高自我的保护能力
◆不要做没有意义的事,避免无谓消磨时间	◆不需总是在家上网,常去野外散步更好

(二) 学校

◆学习时间少一点,作业少一点	◆要有双休日,放假不补课
◆学校多宣传,提高我们对课外休闲活动的认识	◆学校组织春游、踏青
◆学校多开展课外活动,少补课	◆学校多带领学生参加公益活动
◆到外面了解社会,比在学校学到的知识有用	◆学校能给同学们更多的自由空间
◆多增加一些课外活动的时间与条件	◆多组织集体参与的活动,增进同学友谊
◆多开一些休闲娱乐课,丰富学生课余生活	◆活动能减少学习压力,压力大影响身心

（三）父母

◆学习压力太大，家长要理解、体谅与支持	◆父母态度太不好，学习压力太大
◆家长和老师应支持、指导和引导课外活动	◆家长应对有利的活动应给予支持
◆父母学校少干预学生安排课外休闲活动	◆学校与家长应鼓励全面发展学生
◆学校、家庭应鼓励学生自己创造一些东西	◆学校应当配合，对家长进行相关教育

（四）社会

◆社会各界应给予青少年一些自由空间	◆从根本改革教育制度，取消高考制度
◆多增加体育场，双体日学校开放	◆教育局不要把"减负"减成负的了
◆政府应多建造免费的足球、篮球场	◆有关部门或学校应该组织体育竞技
◆早八晚五一定要落实透彻	◆教育部注重学生的全面发展
◆学校不应一味地追求成绩	◆加强娱乐措施，净化社会环境
◆社会应多加强健身基础设施建设	◆课改不要改得越来越重，成绩越不好

　　阅读着学生们对休闲活动的需求和期望，仿佛向笔者清晰、生动地呈现着他们成长的生活图景，并一次次撞击着我的心灵。学生们提出的丰富的想法和观点发人深省。他们对学校、父母提出的需求和希望中无一例外地都有前缀"多"，对社会和自己都有前缀"应该"，这并非简单的语法修饰语汇，而是折射出了青少年目前的成长环境以及他们的渴望和需求。他们大多数人在表达共同的或者是相似的需求和期望：自己要多参加有意义的活动；父母应该多理解和支持；学校应该多组织活动，少补课；社会要多修建休闲场所，多增添设施；等等。这，既是青少年目前成长的实态，也是对休闲活动与成长之关系的"最有资格"和"最有力"的描述和阐释。它一方面提醒我们只有从多重角度才能认识青少年休闲活动与成长之关系的本质，发现建构青少年休闲活动与其成长之关系的多样性；另一方面，更唤醒我们思考该如何建立青少年休闲系统，为他们营造更好地成长环境。这些，既是作为社会工作者应该予以关注的，更是社会工作者在工作实践中应积极介入的。

五　促进青少年休闲活动的社会工作思考

　　前述话语脉络就是在应试教育语境中青少年关于休闲活动的认知和需

求，它给我们呈现的既有当下青少年参与休闲活动的形态，也有嵌入社会发展结构中青少年参与休闲活动遇到的困扰和期待，更有他们对于各社会子系统与其成长之关系的梳理和判断。根据社会学理论，青少年成长其实就是青少年在社会生活实践中通过与他人、群体及社会之间的互动影响，学习知识技能，接受社会规范，发展自身社会性，适应社会生活，成为合格社会角色的过程。而在这个与周围环境的社会互动过程中，休闲活动是其社会化的重要管道之一，扮演着重要的角色。透过青少年的心声，我们不难发现，他们目前在参与休闲活动方面面对的困扰是多元性、交互性和多层面的，涉及家庭、学校、同伴群体、社会环境，涉及个体休闲价值观、家庭教育观、学校教育理念、国家教育政策等不同的领域。所以，要回应上述挑战，绝非单一层面的考量可以获得解决，而应将其纳入青少年社会成长系统的视域寻求突破的路径。接下来，笔者根据上述质性研究资料的结果，从青少年成长过程中涉及的个人、家庭、学校和社会等层面，提出促进青少年休闲活动的社会工作思考。

（一）个人层面

1. 厘清个人发展的任务是前提

美国社会学家 Havighurst 的"社会发展任务"理论告诉我们，人的发展实质上是学习并完成社会所要求的各种任务的一个过程。而这个发展任务包括技能、知识、功能、态度，等等，这是人在特定的阶段、特定的社会中取得成功的必需。否则的话，将会导致下一阶段发展任务的无法顺利完成，甚至导致社会的非难和个人发展的失败。由此可见，青少年在成长过程中的进步幅度首先取决于自我教育的主动性和自我教育的能力。无论是思想教育还是知识传授，都需要青少年用自己的感官去感受，并经过大脑的加工、整理和储存，最后实现思想和知识的内化。如果个人内化的过程出现抑制或是断裂，任何外在强制性的措施都无济于事。

2. 增强青少年对休闲活动的认知

青少年透过休闲活动的参与，即可以直接或间接达成 Havighurst 社会发展任务的目标。[①]但青少年在社会中尚未定型，他/她们在自身不断变化成长的同时，还必须面对来自家庭、学校、同辈群体和社会的期望。对于青少

---

① 黄立贤：《青少年休闲辅导——模式与取向》，《测验与辅导》1997 年第 137 期。

年而言，这些成长的过程本身就是压力，面对这些有形及无形的痛苦及无奈，倘若没有宣泄渠道，容易造成心态不平衡。因此，青少年应该认识到，休闲活动的本质是一种生活方式，其价值、功能与形态均与青少年的成长和发展有密切的关系，会直接或间接影响青少年对学习、生活、社会和事物的兴趣、态度等，对于青少年的社会性发展更有显著的影响和作用。

（二）家庭层面

1. 改变家长对青少年休闲活动的刻板印象

青少年成长包含生理发展、认知发展和社会性发展等方面，课堂学习知识仅为其中一环，而休闲活动也是很重要的一环，它在青少年的成长过程中所扮演的角色和起到的作用具有课堂学习无法替代的作用。所以，家长应多鼓励孩子参与休闲活动，使得他/她们在休闲活动参与中健康成长。

2. 家长树立正确的休闲观念，关注孩子的休闲活动，做好孩子的休闲督导工作

在休闲意识中，认识到家庭休闲教育是帮助孩子健康成长很重要的一环。在休闲价值取向上，通过与孩子沟通、讨论、规划休闲活动，增强孩子对权能的认识，减少或消除他/她的无权感，实现增权自助。在实际生活中，多利用时间与孩子一起参与休闲活动，不仅对他/她进行正确休闲观与态度的教导，同时借机进行良好的情绪教育示范，以供孩子观察学习。同时，家长应鼓励孩子走出户外，增加活动机会，多参与休闲活动。

3. 利用休闲活动创造亲子间良好的互动机会

随着社会竞争压力的加大和生活节奏的日益加快，家庭成员间的互动关系日趋减少，并且随着子女的成长，家庭的休闲活动也日渐改变，父母和子女间缺乏良好的沟通机会，导致家庭间的紧密度降低。因此，建议家长多利用节假日与孩子一起开展休闲活动。如此，既可改善和孩子间的关系，更可以教导孩子正确的休闲观念，让家庭有个良好的生活品质，这其实也是创造亲子间良好的互动机会。

（三）学校层面

1. 减轻学习负担，增加休闲时间和活动

学校，对于青少年而言，既是一个学习的场所，但也是令其焦虑不安的场所。学校造成青少年情绪压力的主要来源包括：频繁的考试焦虑、枯燥无

趣的课程、呆板僵化的教学、紧张竞争的同侪关系等。因此，学校应开放适当的场地、装置设施及安排青少年学生合适的休闲活动，以纾缓其情绪压力。此外，建议学校能从学生全面成长的角度调整教学安排，减轻学生学习负担，把时间还给孩子，增加他/她们的休闲时间，让孩子们在课外时间参与一些有利于身心健康的休闲活动，从而提高学生的身心健康和良性发展。

2. 在日常教学安排中强化休闲教育

在学生生涯中，老师对学生的影响不言而喻。因此，建议在师资培训中增加休闲教育科目，增加教师对休闲教育的认知，从而经过教育的影响，给予学生正确的休闲观念和更宽广的休闲活动。老师也应尽力收集健康的休闲信息供学生参考，教导休闲活动所需的技能，并利用教学活动传输正确的休闲观念与态度，协助学生认识自我的特质、兴趣，发展适合自己的休闲活动类型。

3. 重视休闲辅导，强化学校休闲辅导之功能

建议老师除注意学生的课业辅导、生活辅导外，也应重视长期以来被我们所忽略的休闲辅导。老师应积极教导青少年如何去休闲，如何利用现有资源，创造出更大的休闲效益。尤其针对学生上网聊天玩游戏、听音乐人最多，时间最长的情况，老师更应帮助他/她们适当控制次数和时间，注意时间的合理分配。还有，多鼓励学生参与户外型休闲活动，多与大自然接触，以增进身心健康。

（四）社会环境层面

1. 教育主管部门应加强休闲教育的组织和指导

首先，在师资培训中增加休闲教育科目，增加教师对休闲教育的认知。其次，教育主管部门成立休闲教育推动小组，定期巡回举办讲座，培养教师和学生的休闲认知。再次，定期培训教师，培养教师的休闲技能。最后，鼓励教师多参与校外各项休闲活动，学习休闲技能和带领技巧，并促使老师将休闲活动与教学相结合，探索教育新模式。

2. 政府应加强宣传和倡导正确的休闲观念

休闲是随着中国经济快速发展和人们生活质量提高才出现的字眼，而很多学生家长的休闲观念仍停留于以前的认识，认为休闲就是看电视、聊天、没事做，如此，必然会成为青少年休闲活动参与的阻碍。因此，政府应加强宣传正确的休闲观念，让学生家长树立正确的休闲观，并能将这种观念渗透于日常的家庭教育和家庭休闲活动中，使青少年既获得休闲资源，更获得休闲支持，健康地成长。

3. 政府应加大青少年休闲场所的建设力度

政府相关职能部门，应该针对青少年参与休闲活动的需要，一则提供现有的社会资源，充实适当的休闲活动空间和场地设备，以提高青少年休闲活动的参与机会。二则政府应加大青少年休闲场所的开发、建设力度，为青少年提供比较充足的休闲活动设施和场所，解决他/她们青少年休闲"无好处去"的现实困境。

（作者　谢雨锋）

参考文献

埃尔·巴比：《社会研究方法》（第 10 版），邱泽奇译，华夏出版社，2005。

陈向明：《质的研究方法与社会科学研究》，教育科学出版社，2000。

石英、江波主编《贫困对教育的呼唤——西部贫困山区基础教育的一项质性研究》，西北大学出版社，2006。

高中建等：《当代青少年问题与对策研究》，中央编译出版社，2008。

石英、江波主编《贫困对健康的呼唤——西部农村医疗与农民健康的一项质性研究》，西北大学出版社，2006。

黄立贤：《青少年休闲辅导——模式与取向》，《测验与辅导》1997 年第 137 期。

杨敏玲：《推展青少年休闲生活辅导的新思维》，《测验与辅导》2000 年第 160 期。

黄伟才：《青少年社会化的挑战及对策》，《湖北社会科学》2008 年第 1 期。

巴默尔等（G. Bammel et al.）著《休闲与人类行为》，涂淑芳译，台北桂冠图书出版公司，1996。

沈贵鹏：《社会转型期青少年亚道德试探》，《当代青年研究》1999 年第 3 期。

廖荣利：《休闲行为与工作满足之因素分析》，《社区发展季刊》1995 年第 69 期。

约翰·凯利：《走向自由——休闲社会学新论》，云南人民出版社，2000。

刘梦、陈丽云：《中国社会工作研究（第一辑）》，社会科学文献出版社，2002。

张孝铭：《休闲参与形式、休闲需求与休闲阻碍间之相关研究——以彰化市居民为实证》，台北高立图书有限公司，2001。

黄仲凌、高俊雄：《台湾离岛大专学生休闲参与动机与满意之相关研究》，《大专体育学刊》2005 年第 7 期。

共青团北京市委与中国人民大学政府管理与改革研究中心：《青少年视角的新休闲及其发展研究》，2005。

Erikson，E. H：*Childhood and Society* ［M］，New York-Norton（2nd），1963：260.

Dumaedier（1974）. Sociology of Leisure. Amsterdam：Elsevier.

so-Ahola，S. E.（1980）. *The social psychology of leisure and recreation*. Dubuque，IA：Wm. C. Brown Company Publishers.

他们的世界

——男同性恋群体的生存图景

虽然同性恋现象已被非罪化，也被排除在精神病态的行列之外，但对同性恋行为的歧视和质疑仍普遍存在，同性恋污名化的现状并没有发生实质上的改变。面对社会和家庭的压力，男同性恋群体隐蔽于人们的日常生活世界，并形成自己的生活场域，在他们的世界中对自我性别和身份进行了另一种建构，然而，恐惧和孤独成为他们内心世界无法摆脱的状态。

一 边缘：男同性恋群体的现场与遭遇

在以自在和自发的实践与思维为主要特征的日常生活世界，因为性别取向不同而被主流社会边缘化的同性恋群体一直自觉地隐蔽于人们的视野之外，并逐渐形成相对封闭的生活圈子和网络，在日常生活世界之中又建构出另一个不同于异性恋群体的同性恋部落。

（一）场域视角下的身份转换

1996年，新刑法对流氓罪的内容做了更为明确的解释后，同性恋在我国被非罪化。随后出版的《中国精神障碍分类与诊断标准》中，认为同性恋活动并非一定是心理异常。由此，同性恋得到正名。但受传统社会道德的影响，人们对同性恋行为的理解和宽容仍将需要一个漫长的过程。因为害怕受到伤害，同性恋（同志）群体以隐蔽的方式生活在他们的"圈子"里。这里所说的圈子，泛指同志人群活动的空间场域，在网络出现前多指具体的同志活动的场所，现扩展到同志彼此交往、沟通的一个模糊的范围。从男同性恋群体的日常生活和活动来看，主要集中在以下几个场域。

室内场所主要是酒吧和浴室。这些酒吧和浴室从外部来看与普通的酒吧、浴室并没有区别，对外并不公开，但是同志活动的主要酒吧和浴室在同志圈内广为人知。交谊舞厅和公厕多是一些中老年同志经常光顾的场所，尤其是公厕，多是中老年人或 MB 发生"419"或性交易的场所；男性按摩院或者一些男性会所也是现代生活中中年同志群体愿意光顾和消费的场所，男性按摩院也多是 MB 聚集点；"渔场"则是指 MB 经常出入的露天场所，一般为街心花园、广场或隐蔽的江边等；许多同志人群还会经常光顾一些餐厅、KTV 等场所。进入后现代社会以后，具有隐蔽性的网络则成为中青年同志人群主要选择的生活交流和互动场所，主要通过同志门户网站、交友网站、聊天室、论坛、QQ 群、MSN 等，利用化名进行相互交流和沟通，也成为同志群体身份变更和转换的特殊场域。

从同志群体活动的场域可以看到一个明显的分层，即可分为青少年和中老年两大类，前者多在网络或酒吧，后者多去浴室、舞厅和露天渔场、按摩院甚至公厕等。但目前青少年群体也有开始光顾浴室、按摩院的趋势。

在日常生活中，同志群体和异性恋群体一样，都扮演着不同的社会角色，受制于社会、家庭机制的长期规约，多数同志都能自觉控制角色的转换，不会轻易暴露自己的同性恋身份，但是进入他们的世界和这些特定的场域，就会立刻转换自己的身份，做回真正的自己。这种性别角色虽然在他们的世界中具有相对的稳定性，但也不是固定不变的，在不同的场域，由于环境、感情等外界因素的介入，性别转换成为生活世界的另一种图示。可以说，场域的变更直接决定了同志身份的转换，使其不断地徘徊在现实生活和自我世界之间。

（二）同性世界中的"艾滋"恐惧

1981 年，在美国的男同性恋人群中发现世界上首例艾滋病病人，其病原体很快被确定为 I 型艾滋病病毒（Human immu-nodeficiency virus，HIV - 1）。我国于 1989 年发现的第一例 AIDS 病人也是有男男同性性行为的男性病人。MSM（男男性接触者）由于其特殊的高危性行为，如非保护性性交、多性伴、商业性行为、双性性行为等，使其成为感染的高危人群，已在许多国家被视为 HIV 传播的桥梁人群而日益受到重视。

近年来，我国 MSM 人群的艾滋病感染率上升较快，其中以男同性爱者（gay）、男双性爱者（bi）为主体。据《2009 年中国艾滋病疫情估计工作报告》的哨点检测结果显示，男男性行为人群 HIV 抗体阳性检出率均大于

1%，且逐年快速升高，成为推动艾滋病疫情的重要原因之一。2008～2009年在61个城市开展的男男性行为人群专题调查结果显示，全国大、中城市的男男性行为人群 HIV 抗体阳性检出率年平均高达5%，在西南的主要城市，如贵阳、重庆、昆明、成都，HIV 抗体阳性检出率高于10%，提示艾滋病在该人群中呈快速流行的趋势。中国四川省成都市政府官员在针对男男性行为者中快速攀升的艾滋病疫情召开研讨会上发布的数据显示，中国大约每3例艾滋病新发感染中就有1例为男男性行为者；艾滋病病毒在男男性行为者中的感染率，在西南地区的一些城市达到了近20%。[①] S 省在2004年出现第1例因男男性接触感染的艾滋病患者。截至2005年年底，明确的因男男性接触感染 HIV 的有10人，占全省感染者总数的2.18%。而到2008年年末，全省累计报告艾滋病病毒感染者和艾滋病病人中，男男性行为者占全省感染者总数的7.4%，到2010年，经男男同性性接触感染的人数上升速度较快，感染比例明显高于其他人群的感染比例。

艾滋病的侵袭使人们谈"滋"色变，而媒体对于艾滋病的相关报道中一方面是单纯的数据呈现，另一方面往往简单地与男同性恋群体相关联，强化了男男性行为的艾滋感染率，这就使得很多男同性恋者对性病和艾滋病产生恐惧。相关数据显示，因担心而产生的焦虑、强迫等心理反应成为同性恋人群常见的心理问题之一，约占15%。可见，艾滋病及艾滋恐惧已经成为同志人群必须面对的事实。

> T：提倡大家固定性伙伴，注意性安全。因为家人和自己都希望我们健康！
> E：注意是应该的。这玩意儿可不是闹着玩的。有了这东西可不好，咱这圈子里的。
> G：传播率还高。有3.××%多呢。大家还是要小心啊。不是让你乱搞。但是必要的防范措施还是要有的。谨记！
> J：艾滋！好可怕啊！
> D：同性恋＝艾滋病。我到底还做不做 GAY？

同志群体多性伴现象比较普遍，而安全套的使用率都比较低，这就使其

---

① 国际在线：http://gb.cri.cn/27824/2011/07/11/5311s3302059.htm。

成为艾滋病的易感人群之一。他们的焦虑是在同志生活圈中如何保护自己，既要爱情又要远离艾滋，这种挣扎和恐惧甚至迫使其对自己产生质疑。还要不要做GAY？

针对普遍的恐艾心理和将同性恋等同于艾滋病的现象，也有人认为这是社会建构的结果，并举例反驳，发出，"请别再歧视同性恋了"的呼声：只要是不戴套的高危性行为，都有传播艾滋病的可能，绝非仅是男男同性行为。感染的人口比各国各地情势不一，因国因地而异。在我国感染艾滋病的人：共用注射器吸毒第一，卖血第二，母婴传播第三，男同高危人第四，男女高危人第五。在欧洲，针刺吸毒第一，男女高危第二，男同第三。在美国，针刺吸毒第一，其他大致相当。在非洲，由于男女之间卖淫业发达，男女高危第一，男同第二。在拉美，男女高危第一，针刺吸毒第二，男同第三。这些情况在不断变化。所以别以为只有男同传艾滋病，只有男同最危险。（hide）

二 性别：家族谱系与角色的重构

男同性恋群体在日常的交往活动中，由于爱好和习惯的不同而形成各种圈子，而关系更亲近，交往更密切的朋友，往往会根据相互之间的性别角色和交往角色而逐渐形成家族。家族成员中的性别角色不同于传统社会中男女生理角色与心理角色的统一，而是他们自我认同的心理性别，也是心理角色对生理角色的否定与自我建构。

（一）家族谱系与族规

"家族"是同志圈内的特殊组织形式，他们以家族成员的身份聚在一起，彼此以亲人相称相待，比如"兄弟连"，"××家族"，等等。家族中，通常由一位公认的对象担任族长，不定期地组织活动，一般都是AA制的形式。也有部分家族强大后开始有自己的积蓄，不过财政与经费的使用常常会引来一些争议甚至引发家族动荡。

随着互联网技术的发展，网络成为同志家族联络和管理的新的手段和平台。在网上，各家族成员都有自己的ID，会在网络昵称前统一冠上家族的名称作为自己的姓氏。每个家族中，从申请成为家族成员到成为真正家族一员并在家族中发言、活动等，都有一定的规章制度和规范，成员必须履行一定的权利和义务，家族成员对家族及其管理制度要有极大的认同，一旦违反，族长及其管理阶层有权对其进行处罚，甚至开除族籍。

从内部结构来看，家族中会设有族长、长老等职位。族长管理全族大小事务，掌握家族成员的详细资料，对本家族负责。并管理全族事务及管理直属部门，副版协助族长管理家族版面工作，家族长老负责调节解决家族族人间的内部矛盾，协助管理家族事务并提出合理化建议及意见。在下设的机构中，家族议事会负责家族重大事件的调解与协调；纪检部负责家族管理族规的实行，有权开除族人；人事部负责族人入族，开除等，并建立入族申请规定；企宣部负责家族大小活动的策划及宣传等，做出详细计划交上级部门审核最终执行；外交部负责家族对外一切事务及活动的协商与联系工作，具体活动内容形式等；财务部负责家族一切活动的账务工作。

GZ 家族内部结构

通过这些家族，很多同志从独来独往的个人行为慢慢地聚集到了一起，成为一个团体，他们在空暇时间一起聊天喝茶、相互交流和沟通，不仅认识了更多的朋友，扩大了交往的圈子，而且也增强了同志之间的凝聚力。

GZ 家族族规（摘录）

3. 家族族人间要相互团结，相互帮助，积极参与家族活动，对故意破坏本家族活动或有损本家族名声的族人，无论是谁，一律开除家族，望族人引起重视！

4. 家族族人间严禁乱扑拉，严禁以进家族为由，在本家族内乱扑人，各族人要交友慎重，看管好自己物品。

7. 本家族和其他家族共同约定一条家规，为避免因互相拉人而伤和气，即双方家族族人在退出或被请出原家族后，不得再次进入新家族！新家族也不收任何原进过家族的族人！

8. 家族的群号是保密的，请不要私自地把家族群号公开，违反者一律踢出家族！

9. 一个月内参加家族活动不到两次者，第一月警告，第二月踢出家族！有事不能参加的提前请假！

（二）性别角色的重构

传统意识中，社会性别分析一直限制在男/女二元性别的绝对框架中，性别角色在同志圈内或家族谱系的权力地图上表现得却不完全相同，男女性别角色被重新建构。比如，1/0 或者 I/O 和 A/O，都是指同志关系中两种角色，主动方和被动方，数字 1 常用来代指"哥哥"或"丈夫"，数字 0 常用来代指"弟弟"或"妻子"。

同志圈内性别角色术语

哥哥（葛格）：同志族群中，比较具有男子阳刚之气者。

弟弟（底迪）：同志族群中，指其气质、心理、行为上均装扮男性，又兼具阴柔特质者。

CC：又称为"妹子"，指气质、行为、装扮女性化的同志。

同志人群会根据自己的心理认同对自己的性别进行重新的建构，妈妈、哥哥、姐姐、弟弟、嫂子等传统的有着生理性别区分的称谓，在同志群体中也频繁地使用着。这种性别角色的转换究竟呈现了怎样的面貌？

在某同志网站上，有一个圈内较有威信的被称为"妈妈"的人——W，在日记中提到自己的妈妈生病住院了。于是，很多圈内的朋友给他留言，表以安慰。从他们的相互称呼和语言中可以看到，同志群体对性别角色自我建构的特点。

C：妈妈，请你带去我的问候，祝她老人家早日康复！

W：谢谢丫头，一定带到你的问候。

C：菩萨保佑！

W：你姥姥是天主教徒！

C：啊，姥姥跟我还不是一个宗教啊。妈妈这么好的人。妈妈的家人也会好好的，所以不要担心了，不会有事的。

传统意义的性别角色主要是以男女生理性别为主，生理性别与心理性别完全一致。而在同志圈内，他们可以根据自己的性取向来扮演自己的性别角色，标示出自己的身份。随着对身份重新定位权力的获得，他们可以通过角色转换和扮演，暂时遗忘自己的社会性别，构建出自己内心欲求的性别或角色，以弥补现实生活中的缺失。

在一次例会后，我和 H（圈内一位略有威信的同志）等六七个人走在小区的路上，H 很自然地挎着我的胳膊，边走边和我们聊天，没有半点不自然，而且其他人也没有露出特别的表情。他比我大很多，可是还称呼我为姐姐。我想，在他的内心深处是真的把我当成了同性姐妹。

三　爱情：另一种信仰

爱情与婚姻一直是困扰同性恋人群的首要问题，也是他们承受社会与家庭压力的主要原因。男婚女嫁，生儿育女是传统婚姻习俗和观念的核心。而这对于男同性恋群体，他们不可逃避地要面对出柜还是服从于传统婚姻的思考和选择。内心的排斥与外界的压力相互挤压，使得他们在追求与坚守爱情的信仰中不断地抗拒与挣扎。

（一）出柜：痛苦的抉择

在传统的"礼、孝、仁、义"为核心的文化道德熏陶下，传宗接代、延续子嗣成了为人子女的第一责任，这也是父母的最大期盼。在这样一个人文环境中生活的同志人群，如何面对父母，无疑是最痛苦、最矛盾的事情。"你出柜了么？"，这是同志圈内常常聊到的一个话题。

所谓出柜，是指公开自己的同性恋身份，狭义地是指向父母，广义地可向任何人。现实中，同性恋人群很少会向周围的人公开自己的 GAY 身份。在问及周围人是否知道他们的 GAY 身份时，大多数人还是说"只有一些朋友"知道，而这些人大都是圈内的朋友，极个别的是圈外自己特别要好的朋友。

D：父母通常已经为孩子的生活勾画好了蓝图。他们希望你结婚，建立自己的家庭，然后让他们抱上孙子……，基本上也就是他们自己生活的再版。

Y：其实我们并没有做错什么。我们只是按着我们想的去做。但是，对于出柜这个问题，我们还是要考虑清楚。

E：我不会出柜的，不会让父母担心的。

大部分的同志并不愿意向父母坦白自己的性取向，这也是与中国的社会文化传统分不开的。父母对同性恋的看法、对婚姻的要求、中国传统观念对子女和父母之间关系的形塑，都使其在出柜这一问题上顾虑重重。

（二）同志爱：天长地久的梦想

在网络场域中，同志人群大多隐去了自己的真实姓名和资料，用昵称和自己认同的性别角色与其他同志进行交流，寻找朋友。可以说，这一虚拟社区赋予同志人群身份转换的最便利条件，使其更容易抛开自己的同性恋身份，选择出柜或现身。为了能够找到自己真心相爱的另一半，很多同志人群走出了自我封闭的空间，在网络上开始大胆地张贴征婚广告。

Z：想了很久，最后还是决定来这里发最后一个寻 BF 的帖子，没办法，因为不知道要去哪里才可以找到自己喜欢的人，聊天室是不用说的，在那里我从不报什么希望，常常说做人要低调，可是找朋友就必须露出来，再怎么不想让别人知道自己是个 GAY，也由不得自己。没错，我是个 GAY，可是一直以来都隐藏得很好，如果有必要我会继续下去，因为我不喜欢让别人知道我是 GAY，我只想过自己的生活，和自己喜欢的人在一起，平平淡淡……想找一个伴侣，要求：22～30 岁之间，男性，一定要有男人的味道，不可以 C，一点都不可以有，要喜欢运动，身材匀称的，长相嘛，不要太帅，也不可以丑，一般也要有个标准，性格不要怪异就好，喜欢干净，感情要专一，能静下心真的过日子，有事业心，真诚，老实，坦率！最好短发。有合适的请留下自己的QQ。

Q：或许我们将会彼此错过，或许我们可以走下去，彼此珍惜，才能拥有！我们一起牵手走过这难忘的季节，等待你的出现！我是大一学生，希望找个同龄的 BF 相伴，我会好好去爱，去珍惜！我属于阳光型，绝对不 C，不丑，希望认真想找另一半的朋友联系，电话（略）。感情需要两个人共同维护，希望我们彼此认真！

W：本人，今年大学毕业，喜欢✕市，但也可以为了爱情随夫远行，希望找的对象是：1.✕市人，或者确定留在✕市的；2. 本科以上学历的，是✕市本地的条件可以放宽到大专；3. 孝顺父母，真诚善良，勤奋上进。QQ（略）

F：想找个伴了，要求：175cm 以下，不要胖的，长相顺眼的，可以一起生活的。本人经济条件一般，长相一般，有一颗足够爱人的心。QQ（略）

虽然在必需的爱心和感情之外，经济条件、文化程度、户籍情况等也成为同志人群择偶的重要参考。然而，天长地久的爱情成为他们一直梦想的爱情童话，但是相伴一生的爱情得来并非容易。网上流行一个帖子《我们的爱能走多远？》说出了广大同志群体的心声：在如今的快餐文化时代，是什么让同志的爱变得短暂而易逝，到底是因为都不懂得爱情，还是因为世俗对同志的偏见为爱设置了重重障碍，终究让爱似昙花一现。这种爱情到底能走多远？一个同志网友的话则显示了同志爱的无奈，"你要一生一世的爱情么？那是白雪公主和白马王子白头偕老的童话啊！你已不是儿童，现实点吧。不要期待同志天长地久的爱情，一个同志曾说：两个男人没有海誓山盟！是啊，夕阳下有一对老夫妇在散步，可没有一对老头在打太极。"（LXER）

一方面受到传统伦理道德文化的影响，不愿意出柜，不敢表露自己的身份，不敢大胆地追求自己的真爱，但其内心又十分渴望拥有一份他们欲求的那种爱情，两者之间的矛盾就让他们的爱情之路更加扑朔迷离。在各种社会压力下，如何寻找自己的真爱，在这条爱情的路上走下去，是同志人群一直困惑和矛盾的事情。

（三）拉拉：婚姻的另一种结局

虽然社会越来越宽容，但对同性恋问题的认识仍需要一个长期的过程。由于传统的婚姻家庭观念影响及其社会舆论和伦理的压力，80%的同性恋群体最终还是选择了传统的婚姻和家庭。

在一次项目培训会议中，我遇到了刚参加志愿者活动的 M。从外表上看，他是一个沉默寡言，很不容易接近的人，可能是大家不是很熟悉的原因，略显得拘谨。在五天后的一个会议上，我们再次相见，这次的他明显比以前放得开了，偶尔主动和我们说几句话。在闲聊中，他慢慢打开了心扉，要了我的电话。第二天的例会正好是 M 接热线的日子，其他的人都还没到，于是我和 M 又闲聊起来，就这样我们成了朋友。开完会已经晚上 10 点多了，我们坐一趟公交，他帮我刷了公交卡。在车上，他就给我讲了他的感情史，我佩服他的勇气，也很感动，为了他对我的信任！

M：我都结婚五年了，去年离婚的。

I：为什么要离婚？

M：我觉得对不起她。

I：你喜欢过她么？

M：是啊，当初很喜欢她，而且追求了很久。我们结婚的时候我带她去新马泰玩儿了二十多天，过得很开心（他的脸上浮现出一丝笑容）。

I：好浪漫啊！

M：呵呵。后来我发现，我和她在一起的时候，那方面不行，不感兴趣。时间久了觉得对不起她。我也就提出了分手。现在一个人过得不坏，但是也不是很好，提起这些，免不了伤感。也不愿意和别人说这些，怕人家笑话我，除了你，我从没对任何人说过这些。可能和我的工作也有关系，我做保险的，每天需要接触的人很多，不能让人家知道我这些。

I：那你现在是怎么打算的？

M：我现在的愿望就是找一个拉拉结婚，我们谁都不干涉谁。不能总这样一个人，怕别人能看出来，父母也总问。

I：没有爱情为什么要结婚？

M：没办法，至少给一个交代。

为了掩饰自己的同性恋身份，同时也是给父母一个交代，他们把结婚生子当成必须完成的任务，组成一个貌似完整的家庭。这种婚姻并不代表他们改变了自己的性取向，从同性恋到异性恋的转变，而是一种形式婚姻。他们的内心实际上是在不断挣扎，既有一种害怕面对妻子的内疚，但又迫于社会和家庭的压力，所以"拉拉"成为其最好的结婚对象，组成形式上的家庭，然而实现这种理想状态困难重重。

四 接纳与拒绝：一样的孤单

在其次活动中做了这样一个游戏：主持人在纸条上写上不同动物的名字，要求大家不能说话，但是可以通过肢体语言和眼神，根据纸条上的内容来找到自己的同伴。

游戏开始了，主持人将所有的纸条放在手里，每个人从他的手里选出一张纸条，然后根据纸条上写的动物名字，用自己的方式寻找自己的同伴，有熊、猴子、大象、鸭子……，每个动物种类都有五六个，组成一个小组，站在一个圈内。游戏最后，有一个人始终没有找到同伴，他站在中间露出尴尬的表情，拘谨地站在那里，脸有点儿红。原来主持人就写了一只孔雀，不幸的是，他就成了这只孤独的"孔雀"。

　　主持人：你现在什么感受？
　　孔雀：心跳加速，有点儿害怕，不知道大家会采用什么方式惩罚我。
　　主持人：你们哪个组愿意收留他？

猴子组和鸭子组的成员都积极地要收留"孔雀"，"孔雀"却仍站在中间一动不动，不知道自己该去哪一组，也不知道自己该不该去。就这样，站立了很久。

　　主持人转身问：你们为什么愿意收留他？
　　鸭子组成员：孔雀的生活习惯和我们差不多吧，应该能和我们生活在一起。
　　猴子组成员：孔雀和我们虽然差别很大，但觉得他一个人太孤单了。
　　主持人：你觉得他到你们鸭子群里或者猴子群里他会快乐么？即便你们因为同情而收留他，即使部分的习惯有可能相同，但是他毕竟是一只孔雀，生活在一群鸭子的世界中他一定会遭到很多异样的眼光，永远找不到归属感，他还将是孤独的。

大家都沉默了。

　　主持人：你愿意去哪组？
　　孔雀：哪里也不去，我还是愿意受到惩罚。

由于害怕受到歧视，他们无法向人表明自己的同志身份，他们过着相对封闭孤寂的生活，正如这只孔雀。迫于家庭和社会的压力，他们又不得不过着双重生活，这是同志群体最主要的痛苦所在。他们的内心充满了恐惧和孤独，而这种痛苦，多是来自外部，来自于社会规范的规约。理解和宽容成为社会对待这个群体的最好方式。

五　不得不说的话

对于日常生活世界的展现，质性研究相较于定量研究表现出极大的优势，而对于同性恋现象的介入也表现出社会科学中人性化的一面。不仅体现在从接触到真正融入的真实发生过程中，也体现在对于研究伦理的尊重。

（一）关于真实的过程

一个偶然的机会，认识了 A 老师，一位在同志群体中很有威望的领袖式人物。他所负责的工作组致力于在 S 省同志社区人群中从事健康干预工作。主要在同志社群开展性病、艾滋病宣传与防控，为同志社区提供性病、艾滋病防治知识、同志心理健康、法律援助和同志情感交流以及搭建同志文明生活社区等多方面的咨询服务，致力于建立文明和谐的同志生活社区。

A 老师是一个和蔼、健谈的人，最早是他自己出钱创立的这个组织，并且经历了很多坎坷和艰辛，听完他对同志社区所做的努力，我被感动了。为了扭转人们对同志的歧视，他们一直默默地在为自己的行为和生存努力着，并一直期望有人能站在第三者的立场把他们的真实世界完整地展现出来，从而消除人们的恐同心理和歧视。从那时起，我走近了他们的日常生活世界，成为同志社区的一个志愿者。

过了一个星期左右，正好有一个 CDC 会议召开，A 老师给我打电话，问我想不想参加，就这样，我开始和这些"GAY 们"打起了交道。这是他们自己调侃的称谓，也传递出他们面对自己身份的乐观和勇气。

最开始，圈内的其他人对我是很戒备的，因为在我之前，他们的活动场域中，从没有女性的介入。所以，这个研究的准入过程是比较曲折而漫长的，从 2005 年至今，和他们一起开会，一起出入酒吧，一起进行培训。在和他们一起工作和游戏的过程中，又认识了更多的圈里人，与其中一些人建立了良好的关系，打破了他们对于外界的戒心，逐渐走进男同性恋部落。与被研究者建立相互信任、平等友好的关系是质性研究的首要前提。

（二）关于质性研究的伦理

第一次接触同志群体之前，我还有一丝不安，总是在想，一个女性介入到男性群体中会是怎样。但是在第一次交流之后，这种恐惧就消除了，他们其实很愿意也很容易与人交流与沟通。这是我走进这个群体后思想认识上的一个重要转变，从恐同到融入，一个心理认同的过程。

对于敏感人群和敏感主题，做质性研究必须尊重被研究者的意愿，即研究的伦理。不得不承认的是，我当时的初衷只是出于被感动，有一种同情因素在里面。后来在一次会议上，有一个圈内很有威望的，年龄很长的人站在台上，"我们 GAY 不需要任何人的同情和可怜……"，表现出的那种自信和骄傲让我突然觉得当初的想法很幼稚。其实，他们需要的的确不是同情，他们会站出来为自己的权利和生活空间而努力，我们能做的是宽容、尊重和理解，给他们足够的生存空间，而不是像对待病人一样用异样的眼光去看待他们。而我能做的也就是把他们的日常生活世界真实地展现出来，让人们更充分地了解这个群体，从而减少社会的歧视。尊重被研究者的习惯和隐私是质性研究必须遵守的伦理。

（三）关于网络与质性研究

网络是质性研究的一个很好的手段和平台。在网络世界中研究者的身份可以根据研究的需要而重新建构，从而更容易获得准入。但是网络上质性研究的伦理更加重要，对所研究的群体来说，虽然身份准入相对比现实中较为容易，但是这种准入也是要有道德约束的，否则就成了"偷窥"。网络社会和现实社会一样，要讲求道德和伦理。每个网络社区也都有自己的社区管理员，也都有自己的社员，所以，在进入一个社区进行研究前，首先要遵守这个社区相关的规定和制度。如果是在一个敏感社区，研究一个敏感的问题，更要征求被研究者的意愿。从研究方法来看，网络中的质性研究，观察法和话语分析方法尤为重要。网络上的信息大多都是零散的，这就需要研究者根据自己的研究目标或者群体锁定几个相对固定的社区作为研究平台。对研究群体的言行进行细致的观察，采集相关的信息，并对研究群体的话语进行深入分析，解读话语背后的深层意义。

（作者　张春华）

参考文献

童戈等：《中国"同志"人群生态报告（一）》，北京纪安德咨询中心，2008。

荣维毅：《生存在边缘》，九州出版社，2007。

荣维毅主编《促进性别平等　男性参与的研究与行动》，北京出版社，2009。

郭晓飞：《中国法视野下的同性恋》，知识产权出版社，2007。

李银河：《同性恋亚文化》，内蒙古大学出版社，2009。

李银河、王小波：《他们的世界——中国男同性恋群落透视》，山西人民出版社，1992。

张北川：《同性爱》，山东科学技术出版社，1994。

斯冈茨尼等：《角色恋爱中的男性与女性》，浙江人民出版社，1988。

兹尼克：（Zinik，G.）：《身份冲突与灵活共处：关于异性恋的研究》，《同性恋杂志》1985 年总第 11 期。

万延海：《同性恋是天生的?》，《女性研究》1995 年第 1 期。

后　记

　　《质性社会学的探索：理论·方法·应用》是陕西省社会科学院社会学研究所在质性社会学研究领域留下的诸多探索足迹的缩影和近些年研究尝试的结晶。

　　追溯至 2003 年，我所倡导参与式研究方法，开始将质性研究理念、口述史和行动研究融入课题或项目实践中，完成了《贫困对健康的呼唤：西部农村医疗与农民健康的一项质性研究》、《贫困对教育的呼唤：西部贫困山区基础教育的一项质性研究》两部著作。这是我所对质性社会学研究产生兴趣并延续至今的缘起。

　　2009 年，我所在中国社会学年会上首次举办了"质性研究方法：社会研究方法回顾与反思"论坛。之后的两年，又围绕"质性社会学研究"的不同层面，从方法、理论到研究体系，持续举办了"社会学质性研究的本土经验与理论反思"论坛和"变迁的社会：建设质性社会学研究体系"论坛。通过论坛研讨，一方面想厘清和明确质性社会学研究的指向，另一方面也想借此平台与学界同仁分享思想观点、交流研究心得。

　　2010 年，我所成立了质性社会学研究室，创办了《质性社会学研究》（内刊）专业刊物，搭建起质性社会学研究的学术交流平台。质性社会学研究室的成立目的在于引导质性社会学研究进入常态化的发展阶段。与之相应，《质性社会学研究》至今已出刊 8 期，起到了联络学界同仁、打造研究网络、提升研究能力的作用。

　　本书围绕"质性社会学"研究主题，紧扣质性社会学的理论视角，对质性社会学研究体系进行了尝试性建构，以全新的文本形式完成了质性社会学框架体系的叙事探索。首先，梳理质性社会学的发展脉络及其基本论题，阐明质性社会学的历史使命、理论背景、文化基础、知识谱系、核心概念及关注领域。其次，围绕"质性"、"田野情感"、"知识生产"、"网络话语"、"在地性"、"实践性"和"倾听"等代表性话语进行反思，力图实现不同研究方法的视域融合。最后，通过对不同社会群体如新生代农民工、青少年、山区学生等的"深描"，呈现质性社会学研究的实践过程及其印迹。

本书既可以看做是研讨和思考质性社会学发展之路的一份提纲，也可以看做是阐释质性社会学研究理论、方法及其应用的一次努力，更是质性社会学研究阶段性成果的汇集。本书也是石英研究员主持的国家社会科学基金项目"本土经验与社会学质性方法研究"的阶段性成果。

本书得到陕西省社会科学院的大力支持，由社会学研究所质性社会学研究室组织编写，是研究团队成员辛勤劳动的结果。在此，感谢陕西省社会科学院院长任宗哲教授、副院长石英研究员为本书担当学术顾问，并给予了多方面的指导和支持。

本书得到了社会科学文献出版社的大力支持。皮书出版中心邓泳红主任一直关心书稿的写作和进展，责任编辑王颉辛勤工作，他们都为本书的顺利出版付出了不少心力，借此表示衷心感谢！

编　者
2012 年 4 月于西安

声　明

　　本书属于我们研究团队围绕"质性社会学"主题出版的第一本书，是展现"质性社会学"研究系列成果的开端和起点，由于我们的学术积淀和研究水平所限，本书难免存在不足和问题，恳请学界同行和广大读者给予批评指正，以便帮助我们更好地理解和把握质性社会研究，一起努力构建好"质性社会学"的学科知识，促使下一阶段能够推出更加完善、成熟、体现共识的"质性社会学"研究成果。

　　（如有意见和建议，请与陕西省社会科学院社会学研究所质性社会学研究室联系，地址：陕西省西安市含光南路 177 号；邮编：710065；电话：029 - 85254008；电子邮箱：zxshxyj@ 163. com）

图书在版编目（CIP）数据

　　质性社会学的探索：理论·方法·应用/尹小俊，张春华，杨红娟主编.
—北京：社会科学文献出版社，2012.7
　　ISBN 978 - 7 - 5097 - 3492 - 6

　　Ⅰ.①质…　Ⅱ.①尹…②张…③杨…　Ⅲ.①社会学 - 研究　Ⅳ.①C91

　　中国版本图书馆 CIP 数据核字（2012）第 121817 号

质性社会学的探索：理论·方法·应用

主　　编 / 尹小俊　张春华　杨红娟

出 版 人 / 谢寿光
出 版 者 / 社会科学文献出版社
地　　址 / 北京市西城区北三环中路甲 29 号院 3 号楼华龙大厦
邮政编码 / 100029

责任部门 / 皮书出版中心（010）59367127　　　责任编辑 / 王　颉
电子信箱 / pishubu@ ssap. cn　　　　　　　　责任校对 / 刘宏桥
项目统筹 / 邓泳红　　　　　　　　　　　　　责任印制 / 岳　阳
总 经 销 / 社会科学文献出版社发行部（010）59367081　59367089
读者服务 / 读者服务中心（010）59367028

印　　装 / 北京季蜂印刷有限公司
开　　本 / 787mm×1092mm　1/16　　　　印　张 / 17. 25
版　　次 / 2012 年 7 月第 1 版　　　　　　　字　数 / 292 千字
印　　次 / 2012 年 7 月第 1 次印刷
书　　号 / ISBN 978 - 7 - 5097 - 3492 - 6
定　　价 / 59. 00 元